読者・ユーザカード

このたびは小社の出版物をお買い上げいただき、誠にありがとうございました。このカードは、(1) ユーザサポート (2) アンケート集計 (3) 小社案内送付 (ご希望の場合のみ) を目的とし、あくまでも任意でご記入いただくものです。いただいた個人情報は決して他の目的には使用せず、厳重な管理の下に保管いたしますので、よろしくお願い申し上げます。

源流から辿る近代図書館
日本図書館史話

●この出版物を何でお知りになりましたか?

1.広告を見て(新聞・雑誌名　　　　　　　　　　　　　　　　　　　　　)
2.書評・紹介記事を見て(新聞・雑誌名　　　　　　　　　　　　　　　　)
3.書店の店頭で　　　　　　4.ダイレクト・メール
5.インターネット　　　　　6.見計い
7.その他(　　　　　　　　　　　　　　　　　　　　　　　　　　　　　)

●この出版物についてのご意見・ご感想をお書き下さい。

●主にどんな分野・テーマの出版物を希望されますか?

●小社カタログ(無料)の送付を希望される方は、チェック印をお付け下さい。

□書籍　□CD-ROM・電子ブック　□インターネット

料金受取人払郵便

大森局承認

603

差出有効期間
平成28年4月
30日まで
—切手不要—

郵便はがき

143-8790

(受取人)
東京都大田区大森北1-23-8
第3下川ビル

日外アソシエーツ(株)
営業本部 行

ご購入区分:個人用　会社・団体用　受贈　その他(　　　　　　)		
(フリガナ) お名前	生年月日 年　月　日(　才)	性別 男・女
勤務先	部署名・役職	
ご住所(〒　　ー　　) TEL.　FAX.　□勤務先　□自宅		
電子メールアドレス		
ご利用のパソコン　(OS)		

ご購入年月日	ご購入店名(書店・電器店)
年　月　日	市区 町村

源流から辿る近代図書館

日本図書館史話

石山 洋 著

日外アソシエーツ

装　丁：赤田　麻衣子

目次

第Ⅰ章　戦前の公共図書館　幕末期から辿る公共図書館の萌芽

第Ⅱ章　戦後の公共図書館　復興から発展へ

第Ⅲ章　大学の図書館　源流から学術情報まで

巻末の辞　あとがきにかえて　253

第Ⅰ章

戦前の公共図書館

幕末期から辿る公共図書館の萌芽

日本版大英博物館の創設者
―町田久成

日本の国立図書館は博物館と併立する形で創設された。大英博物館を模範としたからである。同館は一七五三年設立、世界初《はつ》の国立博物館で、その図書部門が国立図書館であった。

　大蒐集家ハンス・スローン卿の遺産を四散させないために、下院議員ら友人達が尽力し、国で買取り開設した。国庫に余裕なく富籤で資金を調達している。収税長官を父に、大司教の娘を母とするスローン卿は医学を修め、伯父の公爵が初代総督として赴くジャマイカへ侍医となり一年半駐在した。勤務の余暇に植物標本四百余点を蒐めた。以来、彼の蒐集は拡がる。軍医の道を昇り、軍医総監、王室侍医に至る。晩年まで上流社会の家庭医で人気が高く、アイザック・ニュートンの後任王立学会《ロイヤル・ソサエティ》会長も二五年務めたが、彼の名声は蒐集家にあった。同邸は名品拝見の客で賑った。手稿本三千五百冊を含む図書四万冊、貨幣や博物標本など併せて八万点は個人の蒐集の域を越え、しかも珍品揃いであった。ロンドン市内で一括保存を条件に、一〇万ポンドの評価を二万ポンドで譲ると遺言し、彼は九三歳で逝く。周囲の熱意で大英博物館法が成立、故人の遺志を遂げさせ、別の文献主体の二蒐書と併せ、収容する大邸宅も用意し、五九年博物館は図書部優勢で開館した。

　それから一世紀、博物館は大英帝国栄光の品で膨れ上がった。対ナポレオン戦争で奪ったロゼッタ石《ストーン》始めエジプト考古学遺物、クック船長の探検航海に同行したバンクス卿採集の大洋州植物標本二万点など珍宝奇品を加う。その自然と文明の妙を眺め、日本に同様施設建設の要を痛感し邁進したのが町田久成である。

　生麦事件から薩英戦争を経て薩摩藩は一転、親英開国に傾く。その一策に英国へ留学生を派遣、技術移転が企画され、慶応元年（一八六五）藩洋学校開成所学生から選抜した一四名を、大目付で開成所掛の町田久成が引率し赴く。学頭として藩との連絡調整に苦心、殊に藩送金が滞って父に百両を無心し、送付と叱斥を受く。彼は一所持《いっしょもち》という藩に散在する外城の一つの城主で一七〇〇石の名門嫡男であったが、経費を慮り、一年後、実弟二人を含め留学生六人を帰国させた。その翌年はパリ万国博覧会に藩が幕府の向うを張り出展、要員が来欧、彼等を案内したり手助けしたのは久成であった。博覧会終了後、万博要員と共に久成も六月帰国し、維新を迎えた。翌慶応四年正月新政府に徴され参与職外国事務掛に任命された。同僚に薩摩藩では、薩英戦争の立役者五代友厚と寺島宗則＝松木弘安、長州の伊藤博文や井上馨、肥前の大隈重信、大木喬任、土佐の後藤象二郎らが居る。翌月、長崎裁判所判事兼九州鎮撫使参謀となり、浦上キリシタン事件等に関わる。五月外国官判事、九月明治改元、東京へ移り翌二年七月外務省に改組、寺島宗則が大輔＝次官、久成は大丞＝局長格に任命されるが、三年九月外務省から大学（文教行政庁）大丞に転じた。主導権を巡り国学対儒学、皇漢学者対洋学者が争い、昌平黌を継ぐ大学本校閉鎖、長官ら幹部は被免されたところで、洋学体制確立が任務であった。久成は幕府開成所を継ぐ大学南校に物産局を設け田中芳男に担当させた。芳男は開成所物産学教授経験者、パリ万博では幕府の出陳担当であって、旧知の間柄だ。当時は立場を異にしたが、今度は同志である。四年四月、久成は新政府の廃仏棄釈政策に対し、古器旧物保存を訴えて太政官に献言、五月には九段坂上招魂社境内で物産会を開いた。同月、古器旧物の保護とその報告を指令する太政官布告が出た。七月廃藩置県が断行された直後には大学は廃止、文部省が設置され全国統一文教行政が始まる。制度改革は文部大輔就任の江藤新平の手腕に負い、同藩の大木喬任を文部卿に戴く。久成は文部大丞となる。早速南校物産局を本省博物局とし博覧会を企画した。折からウイーン万国博覧会へ招請を受け政府が参同を決定、久成の計画を拡大、万博出品物集荷を兼ねた博覧会を五年三月一〇日開く。会場は湯島聖堂。皇室御物始め黒田長溥（旧福岡藩主）出品の倭奴国王金印、名古屋城金鯱などの古器旧物、工部省出品のナウマン象歯顎骨化石、電信寮出品の伝信機など最新機械まで多彩である。一日千人の観覧人を予想していたが、三千人が押し寄せ、期間も二〇日の予定を四月一一日まで延長した。その後も毎月一と六の日（当時の官員の休日）に開館し一般に公開した。主催を最初から文部省博物館としており、博覧会から常設博物館への移行を計画的に狙っていたと思われる。しかし恒久的博物館建設の第一段階で、この後も波瀾は続くが、これまでの経過でも新政府出仕当初は同格だった仲間がわずか五年で差が開き、長官や次官に出世する中で、久成はその後も昇進することなく文化財保存一途で終る。

市川清流が書籍院建設を建白

文部省博覧会は明治五年三月一〇日一般公開された。その前に五日間官員の観覧を許す。同じ敷地内の旧昌平黌に設置された文部省の官員は殆どの人が足を運んだに違いない。その一人、編輯寮で諸原稿の校正などを担当していた十一等出仕市川清流（一八二二―七九）が大木文部卿にあて「書籍院建設ノ儀ニ付建白書」を提出、内には学校、外へは留学生、近頃は博覧場が開かれたが「一層ノ文化ヲ進ルノ挙ハ書籍院ノ設ケニ若クハ莫カルベシ」と訴え、楓山文庫（旧幕府の文庫）収蔵の群籍をその書籍院に移し役立てるように望んで「嘗て英都「龍動」ニ於テ目視スル所ノ書籍院建設ノ大意ヲ附記シと大英博物館図書館を解説した。市川清流は文久二年（一八六二）の遣欧使節竹内下野守保徳一行に副使松平康直の従者となって随行した見聞を要約したのである。

清流は維新前は皡《あきら》、通称は渡《わたる》伊勢国度会郡神原村の農民出身だが、勉学して江戸に出、目付海防掛岩瀬忠震の用人となり、対露外交交渉の幕府代表を命ぜられた主人に従って下田へ出張したともいう。しかし井伊直弼大老の下で忠震が一度は外国奉行に任命されたが、作事奉行に左遷、それも免職され差控を命ぜられて不遇の内に文久元年七月死去。嗣子も夭折して絶家した。当然失職した清流は直ぐ新しい主人に雇われた。忠震と同じ外国奉行を拝命し、神奈川奉行を兼ねた松平康直に随う。後藤純郎氏は大槻盤渓の推輓によると推論する。遣欧使節副使として海外へ旅立つ康直が頼りになる、多少は英語も判る人材と吹いたともいう。清流の渡欧記『尾蠅欧行漫録』には詳細に大英博物館の見聞が記述され、日本書を収蔵する部屋では『伊勢物語』『素絢画譜』、蘭書邦訳『察病亀鑑』などの書名まで挙っている。文部卿から建白書を受取った久成は即座に理解し、賛成したに違いない。四月二八日「書籍館建設ノ伺」が博物局から提出され、文部卿決裁を得ているが、その文言は清流の建議文をそのまま挿入しており、来館閲覧に限って館外貸出しを許さず、閲覧資格を二〇歳以上に限定も建言通りである。同日、同じく決裁を受けた「博物局博物館博物園書籍館建設之案」では、冒頭に「博物学之所務」を掲げ、動植鉱物三科の学を研究陳列し、観覧による知識の拡大と共に博物学書の編輯翻訳による情報発信を期待し、次に博物以外の人工物の進歩の沿革を示し、第三に「書籍館ヲ開キテ有志ノ者ニ珍書奇書ヲ放観セシム」を主務とする。不思議に古器旧物の保存や芸術への視点を欠くが、殖産興業的角度の強調が求められたと思われる。この提案が同時に決裁されているので、清流の建議提出時期は三月に遡るかも知れない。

書籍館は旧昌平黌、和学講談所、開成所、医学館等の蔵書を湯島大成殿に隣接する講堂に集結し、同年八月一日開館した。

後藤純郎氏の調査によれば、清流は開館時には「書籍受取方取扱」として、書籍館に暫く在職した。編輯寮が九月一三日廃止され、一〇月四日太政官正院新設の翻訳局へ要員は吸収される。清流も一二月には同局に移っており、翌六年秋に十等出仕へ昇進、八年九月頃退官、新聞界に入る。「書籍院建設ノ建議」を報じ、その効果を高く評価した『東京日日新聞』を発行する日報社である。戯作者山々亭有人または採菊粂《くめ》野《の》伝平、貸本屋番頭西田伝助、絵師落合芳幾が組んで明治五年二月創刊の同紙が書籍館を採り上げたのは博物局に水野年方が十二等出仕で奉職していたからでもあろう。年方の師月岡芳年と芳幾は同じ歌川国芳の弟子である。因みに伝平の子が鏑木清方で、清方は年方の門人となった。

明治六年、岸田吟香を主筆に迎え、翌七年吟香は編集長に廻って、岩倉具視遣外使節随行から帰朝下野した福地桜痴が主筆となる。桜痴は文久遣欧使節にも参加しており、旧知の清流を招いて校正主任としたのである。吟香以来、同紙が心掛けた口語体を容れた新聞記事平易化に清流が尽力したことであろう。しかし在社一年で退く。著述というか、出版に専心するためと見られる。彼が生涯三七種の著作と関係したと後藤氏が検証された。清流の著作は『尾蠅欧行漫録』のほか、オリジナル著作は乏しい。『姓林一枝』は難読姓氏辞典で、明治四年の平民の創姓布告に合せて出版された編纂物である。翻訳局の同僚寺内章明編『姓氏便覧』（紀伊國屋源兵衛　明治二）に刺激を受けたかも知れないが、豆本ながら上下二冊計七四丁の内容に責任を持つ。単に序文を寄せるものや校正、校注などもあるが、彼の本領は編纂物であろうと後藤氏は推定され、図書館の必要性が彼自身にとって是非実現して欲しいものであり、「書籍院建設ノ建議」も彼自身のためであり、切実な願望であったと指摘されている。

田中不二麻呂が東京書籍館を設立

廃藩置県は明治四年七月、同年もう一つ大事件があった。条約改正を主務に掲げる岩倉具視を大使とする大使節団の外遊である。問題山積の中で、五〇余名の政府首脳が二二か月の長期にわたり日本を留守にした。その間、国内がじっとしていた訳ではない。図書館史もまた然り。

田中不二麻呂（一八四五―一九〇九）は尾張藩士ながら明治元年参与職、町田久成と同列であり、久成が大学大丞に就任した一月後、同じ地位で並んだが、岩倉使節団理事官に加えられて洋行する。六年三月、本隊より半年早く帰ってみると「学制」が施行されており、改正を目指すが、博物館と書籍館が創設されたのに、彼の帰朝寸前に墺国博覧会事務局に移管され、怒る。

四月には大木文部卿が参議に転出、大輔も前年夏欠けたままになっており、不二麻呂は文部省三等出任の身で同省トップの地位に立ち、両館奪還から早速着手せざるを得なかった。

五月太政官正院に上申し、博物館と書籍館は「生徒教育之需要ニ相備へ傍ラ他之人民開智之一端ニモ及ホシ可申趣意」であり「博覧会事務トハ固ヨリ相違仕候」とし「合併相止度義ニ付伺」を提出した。

六月正院からの問合せに、文部大丞を返上、ただの四等出仕となって博覧会事務局に移った久成が大博物館建設の基礎堅めの重要段階で、正院の部局に位置付けられた今動かすべきでなく、博物館も書籍館も生徒教育に限らず「普ク衆庶ノ為ニ設候」であり、あらゆる分野で古器旧物から新発明物まで網羅し、比較学べるのが博物館であって、書籍館も「館中ノ書籍凡和漢ノ古書籍ニテ、方今陳腐ニ帰シ候物、或ハ高尚ニ属シ候物而已ニ有之、西洋書モ多クハ蘭書等」であり、学生向きでない。専門家向けの資料と反論した。

不二麻呂も上申を繰返し、七年一月四度目にも「生徒授業上、殊更差支候」とねばった。併し太政官は動かない。不二麻呂は彼に好意的な長州閥の巨頭参議木戸孝允に文部卿就任を依頼し、木戸文部卿の圧力で合併取消を勝ち取る。ただし名義と湯島聖堂及び小石川薬園を取戻したに止まり、博覧会事務局に渡った資料は書籍も戻らなかった。

博覧会事務局は八年三月末内務省へ吸収され、勧業奨励機関となる。久成は九年一月博物館長、二月内務省大丞に就任し、博物館が内務省の組織に置かれた以上、「皇国内ノ主館タル事判然相分り候」ゆえに他の博物館は必ず地名その他を冠して識別できるようにと求める太政官布告を出させた。その代りか、七年九月地方長官会議の会場とするために湯島聖堂を明け渡した書籍館は浅草の米倉へ移転「浅草文庫」と称し、書籍館としない。

他方、文部省では教育上、欠かせないと主張したからには、早急に両館を開設しなければならなかった。担当を命じられた辻新次は両館の内、書籍館のほうがすぐ着手可能と上申した。文部省には洋書が六〇〇〇冊、和漢書約四〇〇〇部一万四〇〇〇冊が溜っていた。洋書は欧米出版社が教科書の見本として送付してきたものが多い。内容的に和漢書より魅力的、充実している。湯島聖堂へ運び開設準備に入った。文部省は博物館と書籍館両方の創設を太政官に上申、中督学畠山義成（一八四〇―七六）を両館長兼務に発令した。彼は薩摩藩留学生の一人で、久成が帰国後、米国へ渡り、ラトガース大学で経済学を修めた。明治四年帰国を命ぜられ、帰ると三等書記官として岩倉使節団に加えられ、再び渡米する。同じ薩摩藩留学生から今は駐米公使となっていた森有礼（一八四七―八九）と協力し、ラトガースにおける旧師デビッド・マレーを招聘、文部省顧問（学監と呼ばれた）任命に尽粋した。使節団と共に帰朝、文部省に入り不二麻呂の最も信頼するブレーンとなった。彼は本務のほか、東京開成学校長を兼務、更に両館長を兼務させられた。不二麻呂が久成を意識し、対抗できる人物として彼以外なかったからであろう。その代り書籍館の館長補に尾張藩出身で米国へ留学し、ラトガース大学に学んだ永井久一郎（一八五一―一九一三）を据えた。ほかに督務鶴田揆一は伊万里藩留学生として数年間英仏独留学経験者、編輯掛兼書籍出納掛監督筧《かけい》三郎は浜松藩留学生として米国パシフィック大学に学ぶ。当時の職員の履歴を調査した西村正守氏は海外留学組で経営しようとしていたと論じた。学監マレーの指導し易い条件を用意したとも考えられる。名称を文部省書籍館とせず、東京書籍館とし、久成の書籍館が有料であったのに入館料無料としたのもマレーの影響もあろうが、不二麻呂の岩倉使節団に随って学んだ成果と見られる。「各都邑必ス一二ノ書庫ヲ備具ス（中略）右費用ハ分頭税ヲ以テ之ヲ領セシメ一ケ年大凡一弗ヲ超ヘズ」と報告『理事功程』に述べ、建国百年費府《フィラデルフィア》万国博覧会で頒布した英文冊子『日本の教育』でも無料制を明記した。

博覧会、博物館そして図書館の時代

明治九年（一八七六）は米国建国百年、その記念の費府《フィラデルフィア》万国博覧会が「科学技術の進歩」と共に「教育の普及」をテーマに掲げた。米国には文部省はなく内務省教育局が該当し、同局は公共図書館に関する特別報告を発表、この機会に米国の図書館界は奮起し、大躍進を遂げた。右報告書は①デュウイの十進分類表、②カッターの辞書体目録規則、③全国図書館調査集計から成り、移民国家の統合を連邦制の中で確立するには、公共図書館の整備、その標準化が課題であったことを示す。世界最初の図書館協会（American Library Association. ALA）も同年創設。

日本は万博を国威宣揚の場と考え、文部卿不在、代行の田中不二麻呂が学監マレーや結核療養のため休職中の中督学畠山義成まで帯同して出張し、日本の教育普及を宣伝した。又先進国から学ぶものを調べた。期間中に開催された万国教育者会議でカナダ代表が発表したトロント教育博物館に注目した不二麻呂は、博覧会終了後、里帰りのマレーと病状悪化で帰国を急ぐ義成を除く部下を率いてトロントへ向い、教育博物館を見学した。帰国すると、既に着工中の東京博物館を教育博物館へ改称改造した。教育上、必須の要素と主張した不二麻呂の立場を具体化したといえよう。しかし久成の計画と無関係ではない。

久成は文部省時代から博物館の設置場所を研究し、火災の危険が高い市内中心部を避けて上野寛永寺跡が好適と判断した。この地域は東京医学校建築用地であったが、臨時講師を務めたボードインの建言で公園化に変り、本郷加賀屋敷跡へ代替となる。更に寛永寺中堂跡だけは確保し、文部省が博物館用地に残したいとするのを北西隅の西四軒寺跡と交換し、上野公園を北から南まで貫く中心線域を、大久保利通内務卿を戴く内務省の圧力で確保する。この場所に殖産興業の催しとして第一回内国勧業博覧会が企画され、明治一〇年八月二一日から百日間開催された。西南戦争下、諸事節約の中で勧業促進を旗印に敢行される。教育博物館も勧業博の始まる三日前に開館した。やはり勧業博を盛り上げる一翼となった。その代償であろうか、東京書籍館は一〇年三月に廃館に追込まれた。不二麻呂もあれ程争って取戻した書籍館を手放しても、教育博物館創設に全力を注いだといえよう。もっとも東京書籍館は東京府知事楠本正隆に頼み込んで移管され、東京府書籍館となった。六年間預かってもらう内約だったというが、不二麻呂が司法卿に栄転し文部省を去って直ぐ一三年七月、同省に復して東京図書館と改称した。

他方、内務省博物館は工部大学校教師ジョシア・コンドル設計の本館を着工した。「永世不朽ヲ眼目」に七二五坪の壮大な建物となり一三年末に竣工する。現東京国立博物館の本館である。大久保利通の威令によるが、彼は一一年五月暗殺され、完成を見ることが適わなかった。第二回内国勧業博覧会（一四年三月一日―六月末日）会場として公開され、前庭には菊花形の池、池の東南に草木分科園、西北に有用植物園、本館裏手の美術館の北に動物館を設け、総合的展示場となった。博覧会終了後、動物館は水鳥の飼育に適合せず現在の上野動物園の位置に移された。図書部門も博物館書籍室が本館西南百歩の地に設けられ浅草文庫を吸収して久成念願の総合博物館が完成。翌一五年三月二〇日、天皇の行幸を仰いで開館式を挙行する。しかし博覧会の最中、一四年四月農商務省が新設され、博物館（局）は移管されてしまう。但し書籍は内務省図書局に残置された。久成は抵抗するが、博物書や絵図など五万点を留保するにとどまる。一五年一〇月突如罷免された。総合博物館にこだわる久成に上層部は業を煮やしたのである。一年後、御用掛（准奏任）という格落ち身分で再任し史伝課長を命じた。それを一年半勤め、元老院議官に任ぜられた。二二年末辞職し出家する。犬塚孝明氏は博物館長罷免の衝撃の故とし、後藤純郎氏は閲歴を辿って浦上天主堂裁判、廃仏毀釈などの宗教事件と桜井敬徳師の導きを理由に挙げられた。筆者は更に英国留学生の内、久成が早く送還した六人の責任を感じていたからではないかと思う。その一人東郷愛之進は戊辰戦争で戦死、村橋直衛も同じく従軍し五稜郭攻略に戦功を立て、参謀黒田清隆に認められ、彼がトップの開拓使に勤めたが、一四年官物払下げ事件に憤激辞職、托鉢僧となり諸国行脚に出て行方不明（後に二五年神戸近郊で行路病者として死ぬ）。その他四名は帰国時までは判明しているが以後、消息不明。その中の二名、町田申四郎・清蔵は久成の実弟である。彼等の消息不明は不可解であり、不幸な最期を暗示している。久成が負目に思い、菩提を弔う念が強かったのではなかろうか。久成は三〇年九月一五日示寂。その一七回忌に顕彰碑が博物館構内に建てられた。

新聞縦覧所の行方

西洋の新聞に着目した記録は『西洋紀聞』（一七一五成）が最初といわれる。潜入宣教師シドッチを訊問した新井白石は、世界図に照らして海外諸国の説明を求めた。シドッチの応答を鵜呑みにせず、江戸参府のオランダ商館長に尋ねて確めている。商館長が一反証として提出したのがクラント（courant 新聞の意）であった。「クラントはエウロパの俗に凡そ事ある時は其事を図注し鏤版して世に行ふもの也」と説明されている。歴代商館長は、重要新聞記事を選別献上し、通詞の訳解に成る阿蘭陀風説書《おらんだふうぜつしょ》として幕府に供された。

本邦では、粘土に文字や絵を彫り、焼成した瓦版《かわらばん》が大坂の役に刊行されたのを現存最古とし、災厄・仇討・心中などの事件を速報したが、柔い枹《ほう》の木板彫りに変っても名称は瓦版で残った。出版物は事前検閲時、迅速が生命の瓦版は無断刊行黙認だった。

開国後、蕃書調所は外国新聞を翻訳、文久二年（一八六二）『官板バタビヤ新聞』次いで『官板海外新聞』を刊行した。洋字は鉛活字、和文は木活字で組んだ。

在日外国人が増え、同年The Nagasaki Shipping List and Advertiser 紙が長崎で英人により創刊され、翌年横浜移転 Japan Heraldとなる。Japan Commercial News が別に創刊、六五年Japan Times と改題した。浜田彦蔵（米国籍 Joseph Heco）が邦字紙『海外新聞』を同年発刊、翌夏長崎へ移るまで二四号刊行した。外国人居留地は治外法権なのに目をつけたのが岸田吟香で、移民斡旋の曲者ヴァン・リード（E. M. Van Reed）名儀の『横浜新聞もしほ草』を一人で切盛りし、為政者批判も恐れなかった。慶応四年（一八六八＝明治元）四月創刊、明治三年三月まで四二編を刊行した間、日本政府は傍観するにとどまり、同じ時期に佐幕派洋学者が新聞を各種刊行して薩長政権を評し、逮捕や没収されたのに比較される。

しかし政府も新聞の創刊を奨励していた。維新の変革に伴い法令規則が続々と発せられる中で、伝達機構として新聞の重要性を認識していたからである。明治二年「新聞紙印行条例」を公布、「表題ヲ以テ開版免許ノ上ハ毎号検印ヲ受クルヲ要セス、只出版即日二部ヲ官ニ納ムヘシ」とあり、「誣告」と「教法ヲ説ク」を禁じるほか啓蒙的で保証金も求めていない。学校官権判事細川潤次郎がフランス法を参照し立案したという。言論の自由を謳わず物足りないが、書籍出版は政府の許可を要するのに対し、新聞は府県に監督を任せたのも、今日と違い交通通信が未発達な当時、適当な措置といえよう。停刊された佐幕派新聞も復刊を認められ、新たな創刊も相継いだ。

『横浜毎日新聞』(三年一二月創刊時『横浜新聞』、四年四月改題)は神奈川県参事井関盛良の肝入りで、地元実業家が出資、神奈川裁判所通訳子安峻と本邦活版印刷の祖本木昌造の直弟子陽其二《そのじ》が編集し、本邦初の日刊・鉛活字の組版、内容が着実と認められていた。木戸孝允が支援する『新聞雑誌』が四年五月創刊、五年二月には条野伝平、西田伝助と絵師落合芳幾が起した『東京日日新聞』が誕生した。三月、右三誌を「勉職進歩の一端にも相成候に付」と大蔵大輔井上馨は各府県へ配布すると令達した。当時は三府七二県あり、新聞界を勇気づけた。

各府県も新聞の普及に努めた。『京都新報』が四年四月創刊(九月『京都新聞』と改題)、同一一月『名古屋新聞』、一二月金沢『開化新聞』、五年三月『大阪日報』と創刊が続く。他方公設の新聞縦覧所を設置して、伝達面で普及に努める県も現われてきた。同年五月福岡県を皮切りに、滋賀・岡山・愛知・浜田・和歌山の諸県で公設の新聞縦覧所が設けられた。山梨県では「自今在々村々神官僧侶農民ノ内、当器ノ者ヲ選ビ、読師トシテ古新聞解話ノ筵ヲ開キ、彼ノ幼童婦人ニ至ルマデ、随意聴聞致サスベシ」と規則を定めて在村知識人を動員し、新聞情報伝達の徹底を計った。民間で吸収して、新聞を購入している富裕層が新聞を小作や店子に回覧したり、読み聞かせた場合も幾多知られる。静岡県下富士郡大宮町では、町民が各三七銭五厘拠出、新聞や翻訳書を取寄せ、社友三〇名が月一度会同、開化講なる学習会を催した。加入者が増え、今では百人にもなると六年一二月の『新聞雑誌』は報じた。また「東京浅草寺ノ奥山、茶店軒ヲ並ベタル中ニ、新聞茶屋ナルアリ」と全国各地の新聞を備えた茶屋も現れ、客に茶を出し、求めに応じ「新聞一冊見料二厘ヨリ二厘半、茶価五厘」で供したという。

七年一月、民選議院の建白を板垣退助らが提出、「政刑情実に成り、賞罰愛憎に出づ」と政権を批判、議会政治確立を要求、全国の新聞一五五紙は多くが建白書を応援、政府は動揺し、八年六月「讒謗律」と「新聞紙条例」を布告、言論圧迫に転じた。

永末十四雄氏は「このため公設の新聞縦覧所はより高次の社会施設へ発展する契機を胚胎しないままその時代的役割りを終えてしまった」と結論づけた。

明治前期の地方読書施設を旧南部藩地域に検証する

公設新聞縦覧所は「新聞紙条例」「讒謗律」に敢《あえ》なく消滅、しかし類似読書施設で民衆の自主的学習組織も同じ頃にあった。「図書館史上例外的に自由な精神の産物」と永末十四雄氏に評させた自由民権運動結社である。

旧南部藩地域に見よう。旧藩士田鎖高景は『易経』の「童蒙我に求む」に由来する求我社を起したのが明治六年、自宅に青少年向ケ書籍展覧場を設け、公開した。県下有数の実業家久慈千治、坂本安孝、鵜飼節郎を共同主宰者に中央で好評の新刊書を揃え、読者を惹きつけた。『西洋事情』『自由の理』『明六雑誌』などが争って読まれた由。上京していた民権家鈴木舎定《いえさだ》が帰郷参加した一一年、同社は『盛岡新誌』を創刊、社内に行余学舎を設け民衆教育に着手した。「生業の為昼間学ぶに暇なき者」と対象明記の教育は石井敦氏が最初と特記した。翌年末、社則を改正「国家ハ政府ノ国家ニ非ズシテ人民ノ国家」と宣言し人民の権利と幸福が大事で、その達成には「衆思ヲ集メ群力ニ籍リ」るべきと結社の趣旨を述べ「国家公共ノ裨益ヲ図ラン」方法を書籍展覧場開設、演説討論会開催、雑誌発行、学校増設の後「法律研究所ヲ置キ兼テ代言ヲ業トスル」「各社ト交際」と謳った。急速に政治結社化し、一四年自由党結成後は舎定が中心となって活躍したが、一七年一月盲腸炎を患い二九歳の若さで急逝した。彼の葬儀に弔文を書いたのは、行余学舎での教え子三田村勇治であった。勇治は民権運動に没入し、加《か》波山《ばさん》事件に連座し入獄。後に国家主義に転向、軍事探偵として満州でロシア軍に捕われ銃殺された横川省三の一七歳の時の姿である。

別に一〇年代初め、布施長治、宮杜孝一らの代言人を主とするグループが政治・外交・外国翻訳の書籍を会員制で読む会を作り、協同社と言ったが、求我社に吸収された。

県内に呼応する山田の立誠社、花巻の大壯社、遠野の開進社等があり、一四年一関で舎定が演説、応求社を結成し、水沢の立成社、東磐井郡沖田に共進会などが続いて結成された。

一三年三月、大阪で催された国会開設期成同盟会に岩手県から求我社鈴木舎定と会輔社岩館迂太郎が代表として参加した。県北の二戸郡福岡に在った会輔社を見よう。その主役は小保内《おぼない》定身（一八三四―八三）である。福岡呑香稲荷神社宮司の嫡男に生れ、向学心強く、父の手解き、藩内学匠に飽き足らず、安政三年（一八五六）江戸に出、江幡五郎に師事した。盛岡藩儒の兄江幡春庵が主家の相続事件に関与の科で獄死し、弟は脱藩出府、京にも遊学、諸儒に歴修、江戸で塾を開いていた。定身は長州藩士久坂玄瑞らと識るが、師がかつて安積艮斎塾で吉田松陰と席を並べ、白河まで一緒に旅している間柄であるから、師の導きである。定身は平田鉄胤門下に国学も学んで帰郷する。同五年萩藩儒小倉鯤堂が尋ねてくる。尊皇の事に係り江戸を逃れてきた由で、定身は鯤堂を講師に会輔社を開設、一七人が学ぶ。年余で鯤堂は去り、以後は定身が指導し、人材育成に努め、蔵書を稲荷文庫とし社員に解放した。さらに郷校設置を藩に申請、慶応元年（一八六五）創建された。令斎場と命名された郷校に藩儒一人が派遣された以外は会輔社員が教導、諸知識を授け勤皇の志を鼓吹した。しかし維新時に勤皇派は佐幕派に敗れ、奥羽越列藩同盟に加盟、朝敵となった。藩は二〇万石から一三万石に減封、白石に移封させられた。七〇万両献金を条件に明治二年盛岡復帰を許されたが、献金に堪えず三年五月、先んじて廃藩となる。これらの過程は藩内勤皇派にすれば全部不満であった。西南戦争が勃発の折、二戸郡から岩手県庁襲撃計画が発覚した。

聞き伝えた那珂通高（江幡五郎の廃藩後の改名）が「その代りに政府軍に従い西郷を討ち勤皇の実を示せ」と説得したが、定身は「西郷果して皇室に不忠ならんや」と皇室を盾にする政府を批判した。秩禄処分や地租改正等で南部藩への政府の過酷な誅求に不満が欝積していたのである。雁字搦めに陥った定身は国会開設期成同盟会へ会輔会の代表を送り、名簿に名を列ねた。翌一四年、板垣退助、片岡健吉ら愛国社系結社と各地中農層主体の諸社が合併し、自由党を結成するが、その中に会輔社は入らぬ。「立憲君主制ヲ望ム」定身らに自由党綱領が「一言皇室ニ及ブモノナシ」で同調できず脱退した。中村三喜夫氏は定身らが民権運動を全然理解しておらず、維新の際に蒙った朝敵扱いへの憤りを晴らす場として国会開設期成同盟を利用し、反政府の姿勢を示しただけと評した。その証拠に、稲荷文庫には『大日本史』『六国史』『資治通鑑』など数千部と大正二年（一九一三）関係者国分喜惣治・岩館武敏共著『小保内定身行状』にある由。散逸して現存は少い。それでも実見した中村氏は五二種をメモした。『兵要日本地理小誌』や『太政官日誌』等の明治刊本も見出される。しかし「自由民権思想の証在たるべく（き）書籍が一冊も残されていない」という。これは誤りで、僅か一冊だが『立法論綱』と挙っている本はベンサム著、島田三郎訳の功利主義の立法原理を述べた明治一一年刊本で、民主主義に無関心ではなかったと証される。それにしても社則「国家ヲ泰山ノ安キニ置キ皇統ヲ無窮ニ保護スルヲ要ス」を掲げて自由民権結社と認めた森嘉兵衛氏の判定は疑問視されても止むを得ないだろう。

＊

明治一五年（一八八二）盛岡市内在住の若手教員ら二五人が集まり、毎月会費一〇銭を拠出、図書の共同購入・相互利用組織を発足させた。盛岡の北東に聳える姫神山の異称玉東山に因み玉東舎と命名した。最初から将来は図書館建設が夢であった。当地に鉄道が通ずるのは八年後、東京で新刊が刊行されて噂になっても、盛岡では入手し難い上、低収入の彼等には多く買えず、会員制図書館組織発生の理由があった。会員は増えて一七年には一二三人となり、一八年刊行の図書目録には二八五部、『群書類従』六六五冊の多冊叢書を含み冊数は一〇〇〇冊どころではなかろう。八類に分類され、①修身宗教類一四部、②教育心理論理一八、③地理歴史紀伝五一、④政治法律経済七〇、⑤詩文四七、⑥小説紀行物語一五、⑦雑著叢書字典五〇、⑧雑誌二〇となっており、④が断然多い。次いで③⑦の順、①②が少く、⑤は漢文学主体と思われ、⑥の三倍で硬派を示す。調査した中村三喜夫氏の挙げる例示書名に著者・刊年を補記し列記する。『政治論綱』松永道一著　明一三、『自治論纂』（独逸学協会　明二二）、『欧州代議政体起原史』（魏像《ギゾー》著　漆間真学訳　明一五）、『民約論覆』（戎雅屈婁騒《ジヤガクルーソー》著　原田潜訳　明一六）、『各国立憲政体起立史』（ビーデルマン著　加藤弘之訳　明八―九　五冊）、『自由之理評論』（バックル著　土居光華・漆間真学訳　明一五）、『男女同権論』（弥児《ミル》著　深間内基訳　明一一）、『自由官権両党人物論』（森爲之助・大野泰雄編　明一五）となる。中村氏は⑧に『盛岡新誌』の所蔵を評価している。前回紹介した岩手県の自由民権運動団体、求我社機関誌であったが、一三年五月廃刊、翌年改めて盛岡新誌社から復刊した。蔵書は舎員に一度に五冊まで、期限三週間で貸出も認めていたが、一般公開とは違うし、収書の内容について官憲との事件は記録されていない。

設立後一〇年の二五年六月、蔵書・書架等の備品に貯金を添え、盛岡市に寄付を総会決議し市会へ申し出た。図書館を市で建設して貰う要望を持って行ったに違いない。二七年二月になって、市会は「寄付聞届難」と返却してきた。盛岡市長目時敬之は玉東舎の熱意に応えられないのを遺憾とし、市内の富豪を廻り四〇〇円を集め、玉東舎で図書館建設の費用の足しにと逆に献金した。書籍館創立委員会を設置し、市会へ働き掛けを強めたが、日清戦争、戦後も伝染病流行、三陸大津波、陸奥地震と災害続き、夢は一向に実現しそうにない。三〇年の総会では玉東舎舎長に市長清岡等を選ぶ。図書館を建てる側の責任者を呼び込んだ訳だが、図書館設立へ届かない。次の手は、逆に玉東舎最初からの舎員だった関定孝を市長に推し、その市長によって実現を期し、漸く三六年五月解決した。但し表向きは、市長が会長を兼ねている盛岡市教育会が設置主体となり、玉東会に所蔵書籍器具等を借受ける形になっている。ここへ来て、教育会は唐突だが、二〇年代から拡まった各地方有力者と教員との提携する団体、地方教育会は各自治体の財政補助を得て、読書施設の設置に手を染め、京都府教育会が二三年集書院の復活を計り、府教育会図書館を設立、二五年千葉、三〇年愛知と続く。三一年には島根県簸川郡教育会が付属図書館を設立し、府県レベル以下でも設けており、盛岡でも先例に倣ったのである。大正一〇年（一九二一）設立の岩手県立図書館へ移管された。

南部藩は北辺が現青森県東部に及ぶ。ここに南から八戸、七戸両支藩を置く。間山洋八氏の調査を借り、主に八戸藩の場合を補足する。幕末時代、八戸では藩主の好学に合せて、上級藩士は大仲間、下士は小仲間なる読書組織を結んで、各自相応に資金を拠出、購求書籍を仲間内の縦覧に供していた。維新後も読書仲間の寄合所「弘観舎」で管理し、運用していたが、学制発布後、旧藩主が市民一般に解放を決意、六年八戸書籍縦覧所と改称、翌年独立した施設に移し、藩文庫の全面公開に踏み切った。尤も実態は士族層の利用にとどまった。改正教育令後の一三年、私設の八戸書籍縦覧所付設で公立書籍館を設け、同年三戸町と五戸村にも公立書籍館を開設した。すでに大阪と浦和に府県立書籍館が九年に創設されていたが、町村立では日本最初であった。但し、庶民の自由な読書の場にはならなかったという。一九年五月、八戸は大火に見舞われ、三五〇戸を灰燼にに帰し、夏はコレラの蔓延で一〇〇〇人が亡くなり、翌年は天然痘が流行し、町財政は書籍館どころではなくなって閉館。八戸書籍縦覧所に吸収された。旧藩士仲間が維持し、その子弟世代に移っても大正二年（一九一三）八戸町立図書館として更めて発足するまで守り抜いた。八戸には民権運動組織の暢《ちょうしん》伸社が存在したが、それとは別の学習組織が図書館を育てた例となろう。

＊

南部藩は南で伊達藩と接する。南部氏は防衛拠点として遠野に一族の遠野南部氏を据え、一万二五〇〇石を給し、曾ては同家が南部氏の統領だった名誉を慮り、郡奉行と検断を兼務する陸奥《むつ》国代《こくだい》の地位を与えた。筆頭とはいえ、陪臣である。遠野の士は盛岡の士より格下と見られた。その御勝手詰め奥寺捷之の倅に惣馬がいた。弘化四年（一八四七）元旦に生れた彼は幕末少年期を和漢の学よりも実学を学んで過す。それは父の方針であったかも知れない。養蚕や牧畜を実地に修業した。維新後、彼は迷わず牧場経営に着手している。そして、興味深いのは改姓改名である。主家と同じ、先祖は山梨（甲斐）出身に因み山奈《やまな》、名も字を改め宗《そう》真《ま》としている。明治六年（一八七三）地租改正が施行されると、検地経費は住民負担と聞き、人びとは動揺した。増税されるのに、その調査費まで上乗せされるのは理解し難くて当然である。測量術を修めていた宗真が買って出て、無償で行い、好評を博した。九年管内二一か村の収穫取調嘱託、ついで岩手県地券取調顧問を委嘱され、管内の地券調査を指導した。ところが、彼の牧場がある小国村（現、川井村）では、従来四九円の地租が一挙八百余円と査定され、村民は警官三〇名を従えた出張出納吏と対峙し、一触即発状態に陥った際、副戸長の宗真が周旋し、検地計算間違い再調査に持込んで、無事収めた。それでも、四六三円の高額に跳ね上った。事件は落着したが、村民と結託して節税を果たした首謀者と目され、宗真は役職を被免されてしまった。

彼の編集した『地租改正凡例録』が国立国会図書館に現存する。「地租改正条例」「地絵図規則」ほかの規則、布告、通達などを主とし、『地租局報告』その他の官庁資料や新聞記事の抜書き、編者自身の備忘録などを併せた綴込みで、印刷文その物を挿入している場合もあるが、大部分手写であり、安直に複写できなかった頃の情報収集の労が偲ばれる。その中に「田方善悪ヲ知ル事」以下、検地の心得を挿入した末に「安政四年巳三月奥寺長右衛門」とあるのは、父の筆であろう。当時、宗真は一〇歳だから、その頃から父に手解きされていたようだ。明治三八年自筆履歴書の中に「明治六年東京ニ於テ地方大成五巻、地方凡例録二十巻、其他地方ニ関スル書籍購求講読セリ此事ハ大ニ余ヲ助ケタリ」とあり、系統的に学んだのは地租改正に直面してからであろう。六・七年は彼の牧畜、養蚕を含め農事全国視察期であって、北海道から九州まで、遠地へは船旅、内陸は健脚を駆使して各地を歩いている。帰郷して、彼は農事試験場を設け、遠野に適した農法を研究し始める。そして検地に奉仕した。彼は一一年「地方人民世上ノ進化ニ後ルヽヲ憂ヒ開進舎ヲ開キ新聞雑誌農書展覧所設立人智ノ進化ヲ奨励ス」また同年旧藩時の学館信成堂の蔵書を借り、有志の寄付を得て書籍館を設けたと後年書いている。小学校の一室を借りて和漢書二五〇冊が一般に公開され、一三年六五〇人の利用が報告されているが、三年にして歳費約一〇円の維持費に詰って閉鎖した。学館の教科書であった『論語』『中庸』『大学』『孟子』の四書その他の版木とその整本が小学校に現存するが、蔵書は散逸している。他方、『盛岡新誌』の売捌所として住所、名前入りで掲げ、開進社設立後は同社名に改め、求我社刊行の一三年まで続けた。しかし開進社設立時、宗真が戸長選挙で戸長に当選し『盛岡新誌』で批判され、同年岩手総代として内国勧業博覧会に出席し内務省へ公務で出向いていると指摘し、中村氏は宗真を「民権家とは言い難い」と評している。宗真の開設した開進社に菅原仙太郎ら数名が同人として参加し求我社鈴木舎定からの指令を受けたり、討論したりした。定期的な集会はなかったが、「国会開設」「地租軽減」を訴える演説会を催したことがあった。宗真は社長を一年後に退き、菅原仙太郎に任せた。展覧所には旧藩時の漢籍と同志達の読んだ新聞雑誌図書が備えられていたが読みにくる人は殆ど無かった。中江兆民『一年有半』や徳富蘇峰著が含まれていた由、古老の話が残っている。

宗真は選出による戸長や総代にはなっても、官職は受けず、ひたすら民間勧業指導者の道を歩んだ。企業家として成功も遂げなかったが、「べこの宗真」と慕われ、外来優良種の紹介その他牧畜経営改善とその巡回指導など、岩手県の産業振興に尽している。明治四二年二月二四日死去。遺言により『地租改正凡例録』は三月六日帝国図書館へ寄贈された。

「独立新聞記者」と呼ばれた陸羯南《くがかつなん》は、民撰議院設立建白から西南戦争終了までの民権論を「慷慨《こうがい》民権」と呼び、政府への不平不満の捌け口が民権論となったと批評している。南部藩の場合、完全に克服していたのは鈴木舎定だけだろう。彼は一五歳で上京し、宣教師や中村正直の同人社に学ぶ。九年天皇東北御巡幸の直前、郷里の父へ「天子とて神にはあらず、私どもと同じ人間に候えば、ぜひ拝みたしなどとお年寄や幼き弟妹ども人ごみにまじりて怪我などなさらぬよう御注意肝要にござ候」と書く。翌年、西郷追討軍参加を勧誘にきた鵜飼節郎らに、旧藩意識を払拭して民撰議院開設の急務を説いた。帰郷して求我社を主宰することが、その結論となった。宗真は差し詰め民権ファンの域かもしれない。

湯島聖堂から上野の山へ

明治一〇年東京府書籍館となって一変したのは人《ひと》である。楠本府知事が前任地新潟県令時代に、有能な補佐役だった二橋元長《ふたばしもとなが》を招き、専任館長に当たる幹事に据えた。二橋は自分の手足となる部下を新潟から呼び寄せ、組織作りに励んだ。伊達家支藩水沢出身の二橋は司書実務の指南役に仙台藩の名高い漢学者岡千仭を招聘した。傭身分であるが、今でいうなら非常勤顧問であろう。海外留学組で固めた東京書籍館とは全く違う雰囲気であった。一二年四月、二橋が辞職、岡が後を継ぐ。規則を改め年二回館内参観日を設けた。それは書籍館内部の見学を意味せず、湯島聖堂孔子像参拝の儀礼参列を念頭に置いていた。旧幕時代、昌平坂学問所に修学した者の懐昔の情を誘った。維新から干支一巡、そんな余裕が旧江戸人に醸し出されていた。

当の三月一五日に招かれて参集した名士に松平春嶽を初めとして古賀茶渓・向山黄村・川田甕江・重野成斎・

竹添井々・福地桜痴・成島柳北・依田学海・栗本鋤雲ら錚々たる面々が名を列ねている。大成殿の孔子像を拝し、川田甕江は「一に我身の幽鬱を排ひて青天白日を観る如し」と栗本鋤雲に語ったという。文明開化に押されて、肩身の狭い思いをしてきた儒学者が癒される日であったようだ。ただし書籍館として、この催しを再び持つ機会はなかった。その半年後の二度目の館内参観日を迎える前の一三年七月、文部省は東京府から書籍館を取り戻すからである。ずっと空席であった文部卿に同年二月末、河野敏鎌が任命された。彼は翌月一二日に大輔田中不二麻呂を司法卿に送り出す。不二麻呂が心血を注ぎ前年九月制定の教育令が就学の自由を認め、結果は就学率低下を来たす。不二麻呂が去ると五月には文部省は書籍館返還を太政官に稟請、裁可を受く。しかし河野の英断を見るより、省内を把握していた文部少輔九鬼隆一に注目する。書籍館設立が決った五年四月文部省に入り、その顛末から東京書籍館の経緯を知悉し、書籍館喪失の恨を晴らす措置である。彼は華府《ワシントン》駐在公使を経て、宮内省図書頭《ずしよのかみ》に転じ、町田久成の築いた博物館の後身帝国博物館総長に進んだ。古社寺保存法制定にも尽力している。

改称して東京図書館となったが、図書館の呼称は一〇年東京大学付属図書館のほうが先例である。東京図書館長には文部省書記官小林小太郎が二か月兼務。彼は慶應義塾門人帳の初筆、即ち最初の門弟として記録されている。前記九鬼も東京書籍館長補として奮闘した永井久一郎（荷風の実父）も福澤諭吉門下であった。

専任館長が二代続く。一人は長州閥の鈴木良輔、次は薩摩系の平山太郎であった。経常費も東京府時代の二倍の一万円に増えた。柳田泉が伝える当時の常連閲覧人幸田露伴の言葉に「当時の図書館は、この大成殿を書庫にし、左右の廻廊を閲覧所に当てたもので、杏壇門が入口になつてゐた。この入口を過ると、そこに司書が控えてゐて、書物の出し入れを司つてゐた。世の中がせち辛くないこの頃のこととて、閲覧手続も至極簡略であり、閲覧料も至廉、且つ急に紙を要するものには紙を与へ、鉛筆を忘れたものには、鉛筆を貸すという鷹揚さであった。電灯もまだない頃とて（中略）夜になると、西洋蝋燭を抱へた使丁が閲覧者の机上にそれを分配し、閲覧者はそれを燃して書を読みつづけるなど、文部省の所管ながら、官府の臭味などの微塵もない、うれしいところであった」とある。しかし施設の不適で火災の危険を訴え、当局は本省に新築移転を繰返し申請した。

一六年暮、実際に隣接する東京師範学校から出火、危く類焼を免れた。翌春、文部卿大木喬任が巡視、二万五千円の新築費を計上、上野公園東隅の文部省用地へ移転と決る。ところが、一年経ち、一八年六月に上野公園西隅の東京教育博物館に合併を指令、新築の代りに博物館の書庫を増築、東京図書館は博物館蔵書も移管を受け、博物館の閲覧室で利用に応じた。博物館はその代りに展示室と講義室を増築した。両館の館長には先の火災で焼失した東京師範学校摂理であった箕作秋坪一人に当てた。このような構想を想いついたのは、大木が曾て町田久成の大英博物館をモデルとした計画を初代文部卿として知っていたからであろう。十数年を経て、もう一度財務節約の手法に活用されたのである。その上、東京書籍館以来、無料であった閲覧料を有料化した。実は東京教育博物館が入館料を徴集していないが、一七年から博物館図書室の利用者に閲覧料を課していたので、それを継承したのである。

さらに一八年一二月内閣制度が敷かれ、初代文部大臣に森有礼が就任すると、学校教育制度の改革整備は進んだが、社会教育には消極的であった。国の図書館・博物館に対しても独立機関から文部省総務局付属施設に格下げしてしまう。館長の地位が消え、箕作秋坪も非職、燃え滓のように扱われた両館を預り、面倒を見る役廻りとなったのは手島精一である。次回は彼の仕事を語ろう。

手島精一と東京図書館

手島精一（一八四九―一九一八）は本邦工業教育の父として記憶されている。明治二三年（一八九〇）東京職工学校（現・東京工業大学）校長就任から同校が高等工業学校昇格後の大正五年（一九一六）まで二七年間、途中、文部省実業教育局長等に招かれ、一年二か月離任しただけで一貫して技術者養成に尽したからである。併しその前に博物館と図書館管理に功がある。

彼は沼津藩士だったが、明治三年渡米、辺西洼尼《ペンシルヴェニア》のラフェット大学に修学中、岩倉使節団を迎えて通訳となり米国から英国へガイドする。使節団と共に帰国し文部省に出仕、米国建国百年記念万博へ文部大輔田中不二麻呂に随行した。帰途トロント教育博物館見学にも従い、挙句は東京教育博物館の館長補を命ぜられ、苦闘した。教育博物館とは「各種ノ学術ニ入ル基礎ヲ立ツルノ物品即チ父母ノ家庭ニ用フル教育品幼稚及ビ小中学用教育品及ビ教育家参考物品等ヲ排列スル處ニシテ其物品ハ高尚ナラズト雖モ其関渉スル處ハ極メテ大且博クシテ一般人民ニ利益アランガ爲メ設立セルモノナリ」と書いており、学術博物館とは異質な啓蒙活動の重要性を意識し教育用具や学校器械の模範的展示場を期していた。

ところが一八年、東京図書館との合併、一九年には独立機関から格下げされて総務局付属機関とされ、手島に管理を命じられた。手島は文部省会計局次長、兼ねて総務局勤務、両館主幹兼務となったのである。彼は図書館や博物館を非道に貶《おとし》める措置に憤慨したが、財政の窮迫に対応し、東京書籍館以来の無料制を止め、積極的に有料化を計った。『東京図書館明治十八年報』に

○本館図書ハ従前無料ニテ求覧ヲ許シタレトモ然ル

時ハ唯求覧人員ノ増加スルノミニシテ頗ル雑還ヲ極メ真正読書ノ人ヲ妨ルノ幣ナキヲ得サルヲ以テ爾後求覧料ヲ徴収スルコトニ定メ即チ一人一回分ヲ金一戔五厘トシ別ニ篤志者ノ爲メニ十回分金十戔ノ求覧券ヲ発行シテ移転後開館ノ日ヨリ実施セリ

と報告している。さらに「将来須要ノ件」五項目の一項に

第三特別参観人取扱法ヲ新設スル事　昨年求覧料ヲ徴収セシヨリ以来大ニ濫読者ヲ減シタレドモ猶閲覧室ノ往々雑沓シテ真正読者人ヲ妨グルノ患ナキ能ハス。然レドモ更ニ一般ニ求覧料ヲ増収スルハ目下俄ニ施シ難キヲ以テ姑ク特別参観セシメ或ハ書籍貸付ノ法ヲ寛ニスル等ノ方法ニヨリ真正ノ読書家ヲ保護スルノ便法ヲ設ケントス。其ノ詳細ナルハ他日方案ヲ具シ禀請裁可ヲ仰カントス。

とあり、彼が閲覧者を受益者負担の形で「真正読書人」に限定する方向を指している。前記年報の「求覧人員」の項でも、合併移転のために三か月休館し「移転後ノ地位一方ニ僻在シ又夜間ノ閲覧ヲ許ササルト求覧料ヲ徴収セシ等ニ因ル」「求覧人員前年ヨリ減」が四万余人と述べながら「移転後ノ求覧人尚一日平均殆ト百ニ満チ仮閲覧室ノ狭隘ナルカ爲メ求覧者ヲ中止スルニ至ルコトアリ。亦以テ当館カ公衆ニ与フル利益ノ尠カラサルヲ知ルヘキナリ」と結んでおり、絞り込んでなお残る図書館の重要性を評価していたといえる。明治二〇年大日本教育会が経営する図書館へ通俗図書を貸与しその種の図書利用者を振り分け東京図書館は学術図書について調査研究する研究者用の参考図書館の機能に徹しようとした。

大日本教育会は、森文相の下に文部次官となった辻新次を会長とする教育普及のための全国組織の民間団体である。同会の事業として通俗図書館を提案し発展させたのは手島であった。二二年三月二五日、東京図書館は大日本教育会へ所蔵通俗図書を一〇年間貸与する方針を伝え、条件として教育会付属図書館が立地上、便利な場所にあり、不燃構造の書庫と座席数一五〇以上の閲覧室を備え、夜間も開館し、目録等も具備するなどと挙げた。設備手当一時金五〇〇円交付も掲げて

いる。大日本教育会は神田区柳原河岸和泉橋に煉瓦石造の家屋を借り、同年七月一五日、東京図書館蔵書一万四七六〇冊の貸与を受け、図書館を開設した。開館式には、文部大臣榎本武揚以下、多数の名士が参列し、その意義を祝った。しかし手島は臨席していない。当日祝辞を述べた西村貞は「本邦書籍館及ヒ教育博物館ノ今日ノ地位ニ進歩セシハ、今ヤ欧米ノ途ニアル本会議員手島精一君ノ尽力ニ依ルモノ多シ、是、深ク同氏ニ謝セザルベカラズ」と述べているが、直前辞職した手島は住友家顧問に迎えられ外遊中だった。それというのも東京教育博物館の敷地建物を東京美術学校用に召し上げられ、追い出された博物館は東京高等師範学校付属施設とされた。手島は憤激して辞表を出す。この経緯を見ると、岡倉天心が一方的陰謀を弄し、東京美術学校を進駐させた。政界、文部省に限らぬ官僚らに共謀者か、同調者がいたことも推定される。尤も一年後、手島を工業教育の旗手に復帰させた専門学務局長浜尾新のように、博物館・図書館を低く評価し、学校にしか教育を認めない人物も多かったのである。

京都府集書院の顛末

京都町衆は大政奉還を王政復古と受け止め、平安の都をもう一度と夢見たが、新政府は始め大坂案、遂には東京へ遷都する。落胆する京の民に天皇は一〇万両下賜、政府は、興業基金一五万両を贈って宥めた。京の衰兆を挽回すべく、府政を盛り上げたのは長州出身槙村正直で権大参事から知事に昇り一四年、地元出身蘭方医明石博高《ひろあきら》、会津出身キリスト教徒山本覚馬らを登用、各種の開化政策を推進した。

公立図書館の嚆矢といわれる集書院もその一つで、明治五年（一八七二）九月二九日開設を太政官へ届出たが、文部省書籍館開館から六〇日目であった。

京都市は全国に先駆けて学区制を敷き、小学校六四校を明治二年末までに開設した。五年の学制公布前に最も早く整備した地域で、槇村の業績であった。

「市郡の学校今や盛大なれ共人に老少の別あり、職に繁閑の別ありて、学校に入る能はざる者は天下の形勢に暗く、智を磨き才能を達する途なきが故に、正職本業の余暇を以て遊戯に費する時間を誦読の楽しみに費し、以つて一身を起し、広く世を益せんことを心掛けしめる様に集書院を設けぬ」と六年五月一五日布告にある通り、学校教育の補完として設けられたが、建議者は明石博高であり、彼が師事していた蘭人医師ボードインの提言に発する。しかし物事は素直に進行しなかった。御用商人として槇村に取り入っていた大黒屋太郎右衛門が先廻りし、貸本屋開業につき府所管図書の貸下げを願出、四年六月許可を取る。その図書は幕末公家子弟の学塾学習院蔵本と京都町奉行を勤めた永井尚志《なおむね》蔵本などで、集書院蔵書の基礎になるものであった。

集書院創設が発表されると、選り抜きの仲間を揃えた会社を作り、院落成までの営業認可を求めた。仲間の御用書林村上勘兵衛は天台宗と日蓮宗刊本を独占的に扱う江戸初期からの老舗、三国幽眠は五摂家一の鷹司家家従、そして滋賀県士族梅辻平格は姓より案じて社家であり、拠出本の帰属から北野天満宮神職らしい。集書院建設費を安田善兵衛ら百両宛献納したが、上記四人も同額献金している。社則には「官板新刻の書並に原書、翻訳、古今の書類、且内外新聞等備へ置く事」「御政府より仰出され候趣意は遵奉相違あるべからざる事」「書籍の出入並会計等は一々記録して後證に備へる」「読書の人は一ヶ月金一朱(廿五銭)で鑑札を渡す」「日限りは金二銭」「時限は朝六時より夜十時迄」「大声口論ヶ間敷儀一切禁止」等を揚げ、集書会社名義で五年五月開場した。集書院予定地の筋向いに位置し図書は前述府保管本と出願人や各書肆依託・寄贈本で、社則に「諸家所蔵の書も預り売捌き度き者は一割の手数料で之を取扱ふ」「若し返納期限を過れば書籍を受取らず、原価にて売渡候理に取扱申す可く候」と決めており商業的側面も見せている。経過から考えて府保管本は販売できないから施設内利用に限られていたものと思われる。

集書院は中京区曇華院前町高倉宮御所跡に建てられた。五年九月竣工、開設と共に集書会社を閉鎖させ府簿書課の管理に移ったが、集書会社が継承を申請、地代家賃共月額三〇円で借用し六年五月受託経営することになった。木造ながら洋館二階建て、三条通りに面した鉄扉石柱鉄柵の正門は厳《いか》ついが、運用は民間委託で従前と変りなく、通り抜け自由、門内飲食可、閲覧室と書庫は二階に備え、利用者が書庫に入り読みたい本を探し、自分で元へ戻したという。見料は一回一銭五厘に引下げられた。集書会社としては官設機関を巧妙に乗取った積りかも知れない。

ところが、寂れて行く。月々三〇円納入の負担増に見合う入場者二千人増はなく、書籍販売益を考慮しても赤字であった。経営の悪化は、提供する情報資料を狭め少なくし、一層来場者を減らせた。悪循環に陥った会社は八月末で府へ返上、九年から府が直営し、大黒屋と村上を院担当に雇い運用させたが、盛り返せなかった。翌春には天皇の行幸を仰ぎ宣伝に努めたが、一三年度には来観者七三四人収入一一円、支出七〇円で欠損過大となる。一四年一月知事槇村転出後は「有名無実、建物修理や外囲溝浚、溝蓋修繕等入費も多く支出の方法なく潰すべし」の建議が府吏から出、後任知事北垣国道は琵琶湖疎水工事資金捻出を検討していた折から即座に決裁して文部省に廃止を申請した。一五年二月集書院は閉鎖し、土地建物は払い下げられた。

永末十四雄氏は「公立図書館として集書院のような類型は前後に類をみることができない」としながら、吉川弘文館の前身近江屋半七経営「貸観所」や上州安中の「便覧舎」の例を挙げ、集書会社類似の存在が明治五年開設しており、京都だけの特異な現象ではないとし、他方、開明派官僚が構想において進歩的であっても、財政基盤の前提を誤り、恒常的読書層形成に何ら努めなかった点を指摘した。かくて最初の公立図書館は潰え去る。

帝国図書館と田中稲城

手島精一のもう一つの功績は田中稲城（一八五六―一九二五）を図書館界に送り込んでくれたことである。手島は博物館と図書館の合併に賛成でなかった。

財政に行き詰まって教育博物館を他機関と合併させるなら、町田久成が築いた農商務省博物館と一本化すべきだと考え、その趣旨の建白書を上申している。図書館は独立機関に復すべきと考え、官制案を用意し、担当官に東京大学卒業の申し分ないエリートで、海外留学して勉強する意欲的な適任者を挙げ、森文相に了承を取った。かくて田中稲城は明治二一年（一八八八）八月「図書館ニ関スル学術修行」のために留学を命ぜられて渡米、ハーバート大学図書館で館長ジャスティン・ウインザーらに教えを受け、ボストンへ移って辞書体目録を考案者C・A・カッターから直接学ぶ。ニューヨーク公共図書館はじめ東部の公共・大学図書館を見学後、訪欧した。英国では、大英博物館に刊本部長リチャード・ガーネットを訪ね、オックスフォード、ケンブリッジからエジンバラ、グラスゴーの諸大学を歴訪、さらに仏独各地を巡遊し、二三年三月に帰朝した。既にその一年前、東京博物館の独立した官制が手島の計らいで公布され、当座の責任者に田中稲城の代理人を置いていた。その人選が行届いていた。しかるべき実力のある人物であり、しかし帰ってくる田中の迷惑になるような余計なことをしない人でなければならない。

同じ防州出身、東大同期の学友で、法科大学教授の地位にある末岡精一氏の兼任としている。手島の配慮は帰国した田中が、文科大学教授兼東京図書館長、帝国大学図書館管理に任じられた辺にも行き届いている。館長の地位不安定を補強し、末岡に匹敵する条件を保証した形である（二六年東京図書館長専任）。

洋行帰り館長の目標は、先進諸国に遜色ない国立図書館の確立であり、余りにも貧弱な現状打破を渾身の力で邁進した。

一三年、文部省が図書館を取戻して歳費一万円としたが、漸次節減の方向で、田中館長着任の二三年度は八〇〇〇円、次年度には六三〇〇円に減額された。彼は断固不当を訴え、先進諸国の歳入に対して各国の国立図書館経費との比率を算出し、それを日本の場合と比較し、例えば、仏国で一〇〇〇分の一、英国で二〇〇〇分の一、普国で三八〇〇分の一に対し、日本は歳入八〇〇〇万円に対し、図書館費八〇〇〇円として一万分の一、それを削れば、それ以下になるとして、国家の体面を失する妄を戒め、施設の拡充を説き、図書館員の専門性を主張し、事務官並の待遇を不当とした。新聞や雑誌に筆名で寄稿したり、社説を代筆したりし輿論を喚起し、自ら先輩や学友を歴訪し、賛成支援を乞うた。貴族院議員加藤弘之は同年三月議会で、政府案文教予算八九万円を衆議院が一二％削減したのを批判し、中で図書館に同情を示したが、前年度より三〇〇円減に止めた。しかし政府支出を前年度より三〇〇円減れなかった。田中館長の努力は続き、二四年七月官制改正「内外古今ノ図書記録ヲ蒐集保存」する機関として東京図書館を位置付け、職員に「図書ニ関スル事務ヲ掌ル」司書を設けた。司書の制度化は初めて顔を出す。

二五年日本文庫協会設立を呼び掛け、創立したが、図書館人の結集と国立図書館の発展が共通の目的に適っていると留学中に学んだのであろう。日清戦争に勝利し、好機到来。文部次官に親友牧野伸顕が座った。彼は大久保利通の次男で、開成学校以来の同窓生、田中の悲願の同情者だ。もう一人、文部省会計課長に永井久一郎（荷風の父）がいた。東京書籍館々長補として苦汁をなめた人である。政府内に受留める備えがある三〇年二月、第九議会に「帝国図書館設立ノ建議」案が応援議員により提出された。貴族院では外山正一、衆議院では鈴木充美（大学同期）が発議の先頭に立つ。可決成立は容易だったが、実現は単純ではなかった。敷地選定からして田中の望んだ「中央四達ノ地」

は、候補官有地を所管する役所が譲らず、結局文部省手持ちの上野公園内音楽学校敷地内空地に建てるしかなかった。

新築予算も削られた。五〇万円づつ三期計一五〇万円の総工費は第一期から削られた。毎年四万円づつ八年継続三二万円に圧縮され、日露戦争を挟み、中断しなかったのがせめてもの幸いで、物価の上昇に予定規模を達成できず、全体の四分の一に終ったが、三九年一応落成した。その後も建物の増築を求めて果せず、館長在職三一年、大正一〇年（一九二一）退官した。

実は退官も自発的なものではなかった。ときの普通学務局第四課長乘杉嘉寿が省内孤立無縁の中で、彼の英断により図書館員教習所を開設することにした。その前二か年先進諸国の社会教育事業を視察し、その要員教育状況に感銘して、自己権限内でその手始めに司書養成を計った。教場として帝国図書館の使用を田中館長に求めたが、増築要求を無視し、見返りなしの教室提供指示には狭隘を理由に拒んだ。田中館長が司書養成に冷淡だった訳ではなく、文部省の依嘱で『図書館管理法』（金港堂　一九〇〇）を著し、一九〇三年日本文庫協会の最初の図書館事項講習会、〇八年文部省主催夏季講習会で図書館管理法を講じていた。しかし今回は決裂、行きつく先が辞職となった。

日本図書館協会が日本文庫協会として創立

神田神保町三丁目に筆紙などの書道用品店で創業文久元年（一八六一）を誇る玉川堂がある。しかし関東大震災前は今川小路といって、もう少し九段寄りの大きな建物で、骨董屋をしていた。明治期は葉茶屋の奥に貸席を経営、見映えは兎も角、大小さまざまの部屋があり、気安く会合ができて、年中、詩歌俳諧あるいは書画骨董等の催しなどが開かれていた。木戸孝允の奏議文の代作代筆を務めたこともある漢詩人の長三州の一派の書画の会は決って此処であった。貧乏書生や大学生が集まって気焔を挙げる格好の場所でもあった。つまり席料が安かったのだ。二〇人が座れる座敷でも五〇銭、それに煎餅を盛ったものと番茶が人数を考慮し出て茶代（祝儀）一〇銭位であった。会費一〇銭で出席できた訳である。

この玉川堂で、日本図書館協会が生れた。田中稲城が留学し最初に師事したハーバード大学図書館長ウインザーはボストン公共図書館長をしていた一八七六年、米国図書館協会創設に尽力し、初代会長に推され、一八八五年まで務めた人物である。田中は図書館員組織化の意義を教え込まれた筈であり、帰朝後誰彼なしに話したに相違ない。田中の話に共鳴したのが内閣文庫勤務の関直（一八三九―一九〇四）と大城戸宗重（一八八一―?）両名で、すぐ具体化を望む。もう一人、田中の側近でお膳立てした西村竹間がいた。彼等が発起者となって、東京在住の図書館員に呼び掛けて明治二五年（一八九二）三月一日、東京図書館で準備会が開かれた。参集する者二四名、帝国大学・第一高等学校図書館、陸・海軍文庫、貴・衆両院事務局、宮内省図書寮などの代表が集まった。会則を協議したが、会名からして紛糾した。原案は「日本図書館協会」であったが、当時「図書館」を名乗るのは、東京大学付属図書館として始めて使用した帝国大学、同大学予備門から変った第一高等学校、それに東京図書館だけだ。海軍中央文庫の菅野退輔大尉と錦織精之進（箕作麟祥門下の英学者、文部省『百科全書』翻訳六冊あり）、陸軍文庫の白井孝義大尉、内閣文庫の楊龍太郎らが異議を唱えて纏らず、五日に貴族院内で、一二日に玉川堂で会合し、会則八章を定め、いよいよ二六日に創立会兼第一例会を玉川堂で開く。準備会で仮称「日本文庫学会」とし総会へ提出、「日本文庫協会」に落着く。創立会では菅野が『本会記事』即ち会報発行を提案、田中が和漢書目録編纂規則制定の必要を説いた。論議の末、両案共に委員付託とする。また幹事二名を置くと会則に定めたが、会員の声により第一年に限って発起者四人で担当と決った。当日出席会員二九名、客員七名計三六名。終って晩餐会を催し、発会を祝う。こんな際の行き付けが錦町の瓦斯会社に隣接した古風な洋食屋三河屋だったと帝大図書館から参加した和田万吉が回顧した。ディナーでも会費一円未満と追懐した。

例会は三か月毎に開かれ、三回目から主に目録規則編纂に集中した。田中は協会を懇親集会に終らせたくなく、研究会を目指した。彼は、第三回例会に米国図書館協会目録編纂略則に準拠し、和漢書の特性を斟酌した原案を調査委員（西村竹間と太田為三郎と推定）から提出させ、その十か条を議定、残り四条は年末第四回例会で討議決定した。他方、会報発行は第二例会に幹事団から正式に提案、例会決議まで取りながら、幹事は放置し第四例会で蒸し返す。菅野と錦織が熱弁を振るい、話は弾んだが、会員過少費用倒れで実行不能と決着した。しかし翌年、菅野ら海軍中央文庫組が幹事に選出されると、任期終了の第三年第一例会に第二年中の事務及会計報告を印刷物で提出、彼等の意地を示した。二年目は第一例会こそ玉川堂で開いたが、他は水交社と偕行社を使用している。また第二年前半で規則各条の例解まで付け終り、第三例会では和漢書目録編纂規則を印刷配布した。数の問題だけでなく、意義ありと認めれば印刷する田中ら協会をリードする人達の意向が見えてくる。この例会は八人しか集らず、懇談に終ったが、年末の第四例会では、前回欠席者にも規則が配られ、補足する「カード書方細則」を田中が講じ、太田が「書籍陳列方の実験」を演述した。多分図書の分類排列と判型別に棚を分け、各棚内は受付け順の排列法とを比較論じたのであろう。

翌二七年第一例会は玉川堂で開く。前期幹事の報告後、内閣記録局員楊龍太郎が「洋書目録編纂実験談」を演述した。

明治中期、内閣記録局内閣文庫は最も図書が集まった時期であった。明治初期に各省庁が図書を勝手に購入し、殊に高価な洋書を重複を構わず集めていた。財政当局は重複は無駄と、明治一六年太政官文庫に各官署から集中し、必要に応じて貸出すと定めた（陸海軍及び学校を除く）。内務省地理局や農商務省地質調査所などの調査部門は困惑し、陳情したが、当分認められなかった。一八年内閣制度に改められると、内閣文庫に集められた。運び込まれた図書の整理に内閣記録局は苦しんだ。東京図書館に駆け込み、田中館長に指南を仰いだのは当然の成り行きであろう。文庫協会成立の裏事情でもあったと思われる。楊の報告は田中を喜ばせるものであった。次いで新幹事選挙を行い、帝国大学の和田万吉と赤堀又次郎が選ばれた。第二例会は帝大図書館で開催、田中が「『慶長以来名家著述目録』の効用」を演述の後、一同は同館書庫を参観した。ここで一段落、日清戦争が勃発し、一旦休会する。

わが国最初の図書館学書　西村竹間編『図書館管理法』

西村竹間は嘉永三年（一八五〇）上州足利藩士として生れ、明治一四年（一八八一）東京教育博物館七等書記となり、一七年東京図書館が併置され、事実上の合併になると、両館兼務。東大助教授から文部省一等属に転じた田中稲城を担当官に迎えると、彼の洋行希望の独り言を手島精一に伝え、橋渡し役を果たす。官制公布で独立した際、図書館専任に移って田中館長の帰朝を迎えた。以来、田中の脇を堅め、女房役に徹する。田中が先進国の歳入に対する国立図書館経費の比率を挙げて、予算削減の不当を訴えたときも、田中の論に新聞雑誌の論説を併せたパンフレットを印刷、編集兼発行人には西村が名前を出す。日本文庫協会の創立も図書館員の結集が国立図書館の発展にも通じると理解した田中の発想を西村が内閣文庫の楊竜太郎らと具体化したのではなかろうか。

そんな西村が日本文庫協会の発足した明治二五年の年末に『図書館管理法』を金港堂から刊行した。価一五銭。

巻頭には、田中館長による序文一三頁、本文四四頁のうち、巻末八頁は辻新次の演説で、パンフレットに毛が生えたような代物であるが、図書館の重要性とその管理運営の専門性を具体的に訴えた点で画期的といえよう。

田中の序は、その半分を明治二三年三月の大日本教育会付属書籍館新築書庫落成式の演説要旨が占め、巻末の大日本教育会会長辻の同落成式の演説ともに図書館が国民教育上、重要であると説いている。田中は「学校外ノ教育ト題シテ公立図書館ヲ必要トスル意見ヲ演述」と前置き「公立図書館トハ英語ノ「フリー、パブリック、ライブラリ」ニテ市町村ノ公立ニ係リ無料ニテ其書籍ヲ縦覧セシムル者ヲ云フ」と述べる。恐らくこのように明確に定義したのは本邦最初であろう。次に「聞ク東京府下ニテ就学者ト不就学者トノ数ハ殆ト相同ジク又全国ニテ一旦尋常小学ニ入学シテ半途退学スル者ハ殆ド其全数ノ三分二ニ居ルト」と記す。明治二五年全国就学率は四五%、卒業率は更に低かった。こういう中で「不就学者ハ姑ク舎キ半途退学スル者ノ為ニ其教育ヲ継続セシムルノ方法」として図書館しかないと説く。そうしなければ「動《(ヤヤ)》モスレバ罪辟ヲ犯シ不良ノ民ト為ルモノ少カラザルベシ」とし「現ニ英国ニテハ図書館ノ設立以来頗ル其下等人民ノ有様ヲ改良」と説明した。上からの見方である。

他方、英国遊学の新知見かと思われる「ユニバーシチ、エクステンション」を高等教育普及講義として紹介、その講義を手掛りに図書館で自ら学ぶ可能性を説いた。

最後に悽動小説《センセイションナルノーヴエル》ノ流行を警告し「所謂悽動小説ヲ読ミテ少年ガ人殺シ、盗賊、又ハ冒険ノ事業ヲ思付タル例少カラズ」と図書館では良書選抜を求めた。

右の演説を挿んで図書館管理の重要性を指摘し、西村著を推す。厳しい田中の校閲に堪えた西村の本文はどんなものか。

初章「図書館管理法トハ図書選択購入、目録編纂法、図書排列法、出納順序等ヲ整頓スルノ方法ヲ云フ」とし、参考業務や図書館の管理運営面を欠き、技術的業務を解説したものになっている。「欧米ノ図書館建築ニハ閲覧室ト書庫トヲ分タザルモノト之ヲ分ツモノト二種アレドモ本邦ニテハ」書庫出納方式のみを認め「書庫ハ必ズ堅牢ナル煉化石若クハ土蔵造トナスヲ可ナリ」とし、閲覧室と書庫の間は廊下で結び、閲覧室が火災となったら廊下を破壊し書庫を守る便を挙げており、開架方式の利用の便より図書保全重視であった。第三章「図書選択並取扱順序」では小学校図書館の選書に「娯楽ノ中ニ智識ヲ得セシムルノ素ヲ養フニ足ルベキモノ」を求め、新刊書につき雑誌新聞等の広告書評を参照、館長が選択せよと説く。図書取扱い職員に、注文・受付・原簿・函架・目録・出納の六掛を分けるが、扱う量の少い館は注文・受付・原簿の三掛は一人で可と兼務を認め仕事を書式や用具と併せて略述する。第四章の「目録編纂法」では、「学者ノ所説未タ一定セズト雖モ字書体目録ヲ以テ至便ト為スモノ多キガ如シ」と字書体目録を解説するが、小図書館では分類目録に著者名索引を付ければ可とし、参考に東京図書館の八門分類表を載せ、印行目録とカード目録の二種を挙げて比較し一得一失を説く。数年ごとに冊子体を作り、最近分をカード目録で保ったのを正統とし、小図書館では謄写印刷目録の各類別に余白を設け、増加分を記入する案を示す。第五章「図書排列法并書函構造」では分類排架と冊の大小に分け受入順排架を並べて、一得一失と評し、デウイ十進法やカッター著者記号法を紹介しながら「彼我書籍大ニ其趣ヲ異ニスルヲ以テ今俄ニ此法ヲ本邦ノ書ニ応用スベカラザルナリ」と押え、結局東京図書館の方法が例示される。第六章「曝書並点検」では洋装本のほか唐本の特質を述べ、防虫措置に留意する。第七章「閲覧室ノ準備並図書貸付ノ順序」では「出納員ノ席ハ壇ヲ設ケ少シク之ヲ高ウスベシ」といい、閲覧者を見張る意識は昔日の感を深くする。貸出規則の要件、紛失汚損対策等も保守的である。第八章「学校図書館管理者注意」も選書方法や落書き截取防止策の徹底などにとどまらず、貸出図書の返納児童に「其書ノ大意」を尋ねさせる。巻末の辻論説は通俗図書館普及を望んだものだが、田中の序と本質的に変りがない。

本書が教育会・学校当局を読者対象とした指導書で

あったに相違なく、西村個人の発想というより田中や辻の示教に負う編著であろう。

関西文庫協会の創立と日本文庫協会への影響

日清戦争後の明治二九年（一八九六）一〇月、日本文庫協会は臨時会を開き、再出発する。しかし出席者一七名と少く、田中稲城は例会の年一回案を提議、逆に和田・赤堀両幹事や帝国教育会（大日本教育会の改組改称）の伊東平蔵らが事業発展策を主張、後者に軍配が挙がる。翌年も和田・赤堀が幹事を再任された。前年、欧米国立図書館の盛大振りを講演した田中は第一例会で「帝国図書館の創業に就て」語り、新国立図書館構想を明かした。この年、帝国図書館官制が敷かれ、田中帝国図書館長が実現した。田中は会員外図書館従業者との合同懇話大会を提案、明治三一年五月一四日、同年第一回例会に併せて会員外図書館従業者懇話大会を三河屋で開く。会員は一五名、会員外に学習院図書館立花銑三郎ほか内務省警保局　司法省や警視庁の書籍掛、衆議院委員課、それに女子高等師範・東京高等商業・東京美術学校そして前田侯爵家書籍掛の代表とも一三名が出席。しかし通知した官庁二、日銀、学校五、学会等三は欠席、うち六機関は回答さえなかった。なお、この合同大会が後の全国図書館大会に発展した。

当日の立役者は当然ながら田中稲城で、合同懇話会開催理由の説明から始めて、目録学や図書館管理法を講じ、転じて帝国図書館新築設計を説明した。東京帝大館長和田万吉が「北米合衆国に於ける図書館の盛況」を細説、盛況の原因について論及し、図書館協会や図書館学校等の貢献を論決。同館員長谷川錧一が「図書館に於て書籍を受入るゝより書架に整頓する迄の取扱順序」を実際に即して演述し、田中の趣旨を援護した。

了って晩餐会、大いに盛り上がった。

明治三三年、世紀の変り目を迎えて異変が生じた。関西文庫協会が発足したからである。その中心は京都帝大であった。これまで東京に唯一だった帝大が京都に新設され、新大学は関西の学術文化の核的存在になる。新大学の教職員は東大から転じた人も含め、新風を目指す。最初にできた理工科大学の物理学第一講座には助教授水野敏之丞が一高から呼ばれ、同第二講座教授村岡範為馳が三高から迎えられたが、二人とも当時最先端のテーマ、X線実験に取組んでいて、いわばX線物理教室の誕生であった。

京都帝大付属図書館長には、東大英文科大学院生の島文次郎（一八七一―一九四五）が京大法科大学助教授の資格で任命された。彼は長崎県諫早の産といわれ、祖父の野口良陽・父の松陽が漢詩人として関西では有名であり、兄寧斎も新進漢詩人に列していた。殊に父が京都画壇を牛耳る富岡鉄斎と親しかった。京大初代総長に任ぜられた木下広次は熊本藩士の出で、以前から野口一族のことを詳しく知っていたらしい。当面は理工科と法科のみだが、いずれは文科大学の増設も視野に入れ、京都人の平安以来の伝統文化に錬えられた民間学者や蔵書家、芸術愛好家たちと反りの合う人材を図書館長に据えようとしたと広庭基介氏が述べている。文次郎青年は二八歳の新進英文学者である前に、野口松陽の子、良陽の孫、寧斎の弟として京都文化人に優しく迎えられた。彼は養子に行き、島姓に変っていても、そんなことは問題ではなかった。三二年一一月就任すると、島は司書に帝国図書館から笹岡民次郎、秋間玖磨両名の割愛を得、彼等を核に館員一〇名で発足した。ところが法科大学某教授が「帝国大学図書館は帝国図書館にあらず」と発言した由で、広庭氏は「このような人事に対してか、あるいはすでに島文次郎が従来より抱いていた公共図書館的な運営方針を実行にうつしはじめたからか」と推察されている。私は島が京都帝大図書館を関西における帝国図書館的存在に位置づける気負いを示したからではないかと思う。その具体化が関西文庫協会の結成である。翌春二月四日の発会式には京阪在住の四四名が参集した。この際、定

めた「関西文庫協会々則」に協会の目的を

第二条　本会ハ文庫ノ事務ニ従事スル者及図書ニ篤志ノ輩相集リ知識ヲ交換シ文庫ノ管理法及図書ニ関スル諸般ノ事項ヲ講究シ文庫ノ利用発展ヲ企図スルモノトス

と掲げ、さらに目的達成のために演説談話討論のほか「雑誌ヲ発行スベシ」と規定した。「雑誌ニハ図書館学「ビブリオテックス、ウイセンシャフト」ニ関スル論説記事及本会報告ヲ掲載シ之ヲ会員ニ頒チ之レヲ世ニ公ニス」と述べている。

関西の新しい動きを知った東大図書館長和田万吉は、省みて日本文庫協会の貧弱さに至急改善の要を痛感する。同年五月、東大で開かれた例会で、和田は真情を吐露し、協会の再組織を訴えた。この日の出席者は二二名、官庁図書館員が主で、公共、私立図書館員は等閑《なおざり》になっていた。会費なく、会員は出席毎に席費を払い、会務報告は口頭で、例会通知費は幹事負担。こんな組織以前的団体は後進の関西文庫協会にも遅れをとってしまうと、まず幹事の外に会頭を置くことを提議、全会一致賛成。投票の結果、初代会頭に田中稲城が順当に選出された。

秋の例会で、田中は就任の挨拶を行った。その内容は不明だが、直後に会頭の任期三年、続選禁止が決議されているところを見ると、田中が米国図書館協会の例を引いて任期を定めて会頭の続選を排する民主的体制を求めたのではなかろうか。彼は日本文庫協会創設の提唱者であったし、深く関わったが、私党化する気はなく、逆に他人による独占支配を恐れたのだと私は考えている。

＊

前回述べた明治三三年秋の例会で、まだまだ大事なことが残っていた。一つは東京市から市立図書館の建設計画策定の依頼が来るように申入れる件を決定。次に協会機関誌発行調査の提案がなされた。多分提案者は和田万吉であろう。協会創立時、海軍文庫の菅野退輔と錦織精之進が会報印刷を主張した際は反対したのに、今なぜ彼は提案したのか。関西文庫協会の機関誌発行計画を知って、見過ごせなかったからにほかならない。会長指名により、東大から和田と赤堀又次郎、帝国図書館太田為三郎、早稲田大学石井藤五郎、学習院松井簡治が調査委員に委嘱された。また、この日珍籍奇書類一〇部を展示した。会場である東大蔵書だけでなく、和田が早稲田大学図書館長市島謙吉の協力を得て、同大稀覯本の出品を得て始めて実施、荒天にも拘らず三一人も来会者があったという。これも関西の雰囲気を汲み取った和田の対応であろう。

翌三四年第九期幹事は帝国図書館の太田と長連恒が幹事となったが、四月例会は東大集会場で催された。その日、和田は「関西地方の図書館及古社寺所蔵の図書展閲談」を語り、二時間余に及んだ。恐らく彼は京都帝大へ行き、島文次郎にも面談したであろう。それを公式に報告した証拠は見えないが、その日の講演が彼の偵察を兼ねた旅を何等かの形で伝えたかったのだ。

講演の後、機関誌発行に関する協議に入り、依頼して出席して貰った博文館大橋新太郎、坪谷善四郎、中央堂宮川保全、丸善大柴四郎、有斐閣江草斧太郎の五氏に可能性を打診したが、たかだか百数十部との見込みで誰も積極的な意見は出ず、有耶無耶の内に終る。出版界五氏を送り出した後で、太田が会員増加策として、会員の会費を二種類に分け、安い会費の会員を設けてはどうかと提案したが、賛成少数で否決された。出席者は招致出版社を除き、二六名。

それから三日後、関西文庫協会の機関誌『東壁』第一号が刊行された。和田は祝辞を寄せ、日本文庫協会が数年先んじて組織したのに「会勢は振はず」機関誌未刊行なのに、「近頃、京阪地方の篤学者等が我儕と志を同じうして設立したる関西文庫協会は、爾来日尚ほ浅きに拘らず、大に具眼の歓迎を受けて、会務も大かたは整頓せりと。次で、我儕の為に更に人意を強うせる一報あり。曰く、今や関西文庫協会は其機関誌「東壁」を発行するの運に向へりと。此報は実に我儕をして案を拍ちて壮哉と呼ばしめたり。」と述べた。東京の協会が「其講究の結果を公にせざるは、聊か主義の存するありて然る」と言い訳めいた言葉を挿んではいるが「畢竟関西文庫協会が短日月の間に其基礎を固うし、其機関誌をも出すに至れるは、正しく会員諸士が事業に熱誠にして学問に忠実なるを証明するものなり」と賞讃した。次いで米英の文庫協会機関誌も「今日あるは、中途幾多の困難を排して獲たる報酬なり」とし「嗚呼『東壁』始は涓々の細流たるを厭ふなかれ、たゞ末は洋々の大海たらんを望むべし」と激励し、「旃を勉めよや、旃を勉めよや」と結んだ。書いた日付は同年二月廿八日とある。和田の応援する気持ちは純粋だったに違いない。しかし省みて淋しかったのも事実であろう。

創刊号には「関西文庫協会々報摘要」として発会式の様子が要約され、出席者四四名とあり同号の会員名簿には一〇五名とある。第二号（同年七月末）には日本文庫協会の紹介を載せているが、会員数は三八名のみ。

どうして、こんな差が生じたか。日本文庫協会は創立の際、会合に出席可能な東京在住者に会員を限った。千葉県在住では入れないと知り、成田山新勝寺貫主石川照勤僧正は同寺の出開帳地・深川不動堂に寄留して入会している。そこまで手段を尽くせないが、関心を持った人は地方に居た筈である。それらは結局無視された。実は明治三二年の段階で気付くべきであった。四月に第三回高等教育会議が開かれ、文部省は初めて公共図書館単独法規「図書館令」案を提出した。その事情は此処では略すが、その結果、公共図書館が教育制度の上で独自の位置付けを得た。文部省はそれに合せて田中稲城に概説書であり、教科書である『図書館管理法』執筆を依頼した。出版は三三年七月だが、原稿は前年一一月、文庫協会秋例会で田中が「自著『図書館管理法』に就きて」講演しているから、その頃には出来ていた。

「最近の調査に係る本邦図書館の統計に就て」続いて立った和田が報告した。教育会付属や私立を併せ、公共図書館が四〇館を越えていることが明らかになった筈であり、その時点で、これらの図書館の人びとを考えるべきであった。しかし田中は建築中の帝国図書館に集中していて、全国的振興に消極的であり、和田も先輩田中を越える訳には行かなかったのであろう。

それに対し、京大総長木下広次と付属図書館長島文次郎は支持基盤の確立に積極的だった。木下は東大法科で行政法を講じていたが、文部省専門学務局長を経て京大に赴任したので、直前の教育行政を知悉し、図書館への人びとの関心が高まっていることも理解していた。彼が就任して間もなく新聞や雑誌、更に図書館等の寄贈依頼状に京大図書館一般公開を予告したと広庭氏は指摘している。木下と島が力を併せ、関西文庫協会を興し機関誌『東壁』を発行して短期間に全国的に図書館員を、また関西の蔵書家、学者、書籍商などを会員にし、いち早く全国組織化をほぼ達成していた。

＊

『東壁』と誌名を選んだのは『晉書天文志』に「東壁二星、主二文章一、天下図書之秘府也」とあるに由来し、発刊之辞に「古志に曰く」として紹介されている（但し文章は文籍となっている）。題字は公爵近衛篤麿の筆を乞い、出版は江戸初期創業の老舗村上勘兵衛が受持つ。『東壁』第二号には「日本に於ける公共図書館の起源」と題して京都の集書会社史料を集載、提供したのは、右設立者の一人村上であろう。公共図書館の元祖ボストン市公共図書館の写真や平面図とその紹介文を併載。三号では、建築中の帝国図書館に触れず国立図書館の理想像を描き後段公共図書館を論じ、無料制を望む。富豪は私立図書館設立より公立館に寄付して貧しい好学の徒の志を遂げさせよと説く。四号には「ハーヴァード大学図書館創立す」の一六三八年以来の「近世米国図書館年表」を掲げ、末尾は『東壁』創刊を告げる一九〇一年で「之れ日本に於ける図書館機関雑誌の嚆矢なり」と結ぶ。僅か四号、明治三五年三月刊で終る。岩猿敏生氏は誌名の語義に照らし「パイオニアとして輝かしく」現れたが「一閃の光芒を放」ち「流星のごとくはかなく消えていった」と哀惜した。しかし関西文庫協会の活動、中でも機関誌刊行が日本文庫協会をどれ程刺激したことか。但し田中会頭は三五年春例会で、機関誌発行派に、当分は丸善『学燈』などの出版社広報誌活用で我慢しようと諮った。彼には帝国図書館設立へ漕ぎ着ける前、各新聞諸雑誌に寄稿または投稿し、世論喚起に成功した自信があり、和田らの機関誌固執で結着しないのが不満だった。秋例会は欠席する。その例会で、同年六月開館した大橋図書館の創立経過と盛大な利用現状を同館主事伊東平蔵が報告した。会後の協議で、和田と伊東が年二回例会を年四回に拡大する件を提案し可決、会頭には事後承認を求めた。

三六年春例会は早稲田大学図書館で開き、当年は同館が幹事担当と決る。館長市島謙吉が挨拶に立ち、当館経営に一言する。次いで京都から遠来の島文次郎が登壇「リチャードスン氏の図書分類法に就きて」講演した。アーネスト・C・リチャードスン著は一九〇一年刊の新著で、同改訂版は二〇世紀後半まで名著として学ばれた。直ちに紹介した島は高く評価されたであろう。早大講師塩沢昌貞が「図書館に関する門外的観察」として最近欧米図書館視察談を語り、殿《しんが》りに田中が感想を述べたが、彼の知る欧米は一〇年以上昔、どんな批評を洩したことか。列席した坪内逍遙も短い挨拶に立った。英国戯曲史専攻の島に声援を送ったかも知れない。島を京都から招き、早大を巻き込んだのは和田の仕業であろう。田中は機嫌を損じたか、次の夏例会欠席。五月二日、その夏例会は玉川堂で和田を座長に開く。講演四件後、協議の席で市島が秋例会は珍籍展を催したいが、九月は学校行事で多忙ゆえ一〇月を希望、それなら一一月例会廃止を西村竹間が提議、併せて了承された。

右例会後、大橋図書館主事伊東が田中、和田、市島らを歴訪し、図書館学講習会の必要性を説き、協会として今夏第一回を催す企画を持ちかけた。会場や事務は大橋図書館が担当するとあって、計画が進み、第一回図書館事項講習会は八月一日から一四日まで日曜も休まず平均三時間開講した。三〇名募集に対して応募五四名、全員受講容認。講習科目と講師は次の通り。

図書館設置法	伊東平蔵
図書館管理法	田中稲城
右実習	西村竹間
目録編纂法	和田万吉
右実習	太田為三郎
図書分類法	坂本四方太

欧米図書館史　和田万吉
和漢書史学及び日本図書館史　赤堀又次郎
科外講演として図書館の必要　市島謙吉
右補遺　中根粛治
統計学一斑　伊東祐穀
学校図書館の話　長谷川銷一
カード目録の話　錦織精之進
徳川文学史上期　千秋季隆
右　下期　長連　恒
行政図書館の話　楊　龍太郎
欧米図書館現況　塩沢昌貞

が連日の九〇度（摂氏三二度強）に耐え、滞りなく完了した。出席良好な三七名に証明状を授与、受講者一同の希望で講師及び聴講者合同慰労会を催した。受講費無料ゆえ謝恩会の積りが講師に無償奉仕の潔癖さを貫く人がいたのかも知れない。

協会主催第一回図書展覧会は一〇月二五日東大図書館で催す。市島発議に田中と和田が賛成し市内図書館や蔵書家の出品を募ったと記録されているが、関西文庫協会の催しを見学し、好書家の協会参加を期した気がする。

翌三七年は田中の任期満了で和田が新会長に選ばれた。早速会費毎月五銭を提案、決定した。

三八年四月に帝国図書館で第二回珍籍展を開催、前回以上の成功を収めたが、第二回講習会は応募者が少く中止となった。それより翌春竣工する帝国図書館の開館式に合せ、全国図書館員大会を企画、南葵文庫創設者徳川頼倫侯爵に五〇〇円、成田図書館長石川照勤師に一五〇円の寄付を仰ぐ。ほぼ同額を一般会員からも集め協会の活動基金を作った。通常会費の二倍以上納入の特別会員と名誉会員制も定めている。別に会長の諮問に応える二年任期の評議員六名を設けた。図書館員大会の詳細は更めて述べるが、大会決議の一項に機関誌発行が決議され、翌四〇年七月一五日『図書館雑誌』第一号が創刊された。同年、会長の任期を了えた和田が編集委員長となり、丸善内田貢（魯庵）の支援を受け、宿願を果たす。

半月湯浅吉郎と図書館

「なつかしきカナンの国の／山のすゐ水の行衛を／はるぐ〜とうちながむれば／エリコより二人のつかひ／返り来て敵の本城《ねじろ》も／その路もしられにけりな」と清冽な感傷調で詠いかける「十二の石塚」が半月湯浅吉郎（一八五八―一九四三）によって朗読されたのは明治一八年（一八八五）同志社英学校卆業式の席であった。同年末、活字化され、最初の個人詩集として評判になった頃、本人はオハイオ州オベリン大学神学科学生になっていた。巽軒井上哲次郎、ヽ山《ちゆざん》外山正一、尚今矢田部良吉編『新体詩抄』が文語体定型詩を提唱してから三年、同書に訳詩や創作詩も収められているが、彼等は揃って東大教授ではあっても詩人ではなかった。半月の詩才に人びとは新鮮な雅趣を味わった。自費出版の態だが、八歳年上の長兄湯浅治郎の支援に負う。実家は群馬県安中町の味噌醤油醸造を営み、幕藩時には板倉藩御用も承る地方《じかた》豪農で、明治五年便覧舎を設け新聞縦覧所の機能を果たす。七年米国より帰還の旧安中藩士新島襄の講演に感激し、キリスト教に入信、県内の布教に尽萃した。弟を同志社さらに米国へ留学させた。

半月は神学科卆業後、エール大学でヘブライ文学を専攻、博士号を受け二四年帰国、母校の教授を三二年まで勤めたが、京都平安教会牧師に転身、しかし続かず、二年後の三四年京大総長木下宏次に乞われ同大学講師として付属図書館に勤務した。一年後、彼は再渡米、今度は図書館学を学ぶ。再留学事情は明らかでないが、館長島文次郎としっくりと行かなかったのではなかろうか。島はリチャードスン『分類法』を読む程だから勉強家であったに違いない。それだけに一五歳も若い館長の方針に合わない場合もあったろう。半月は出発に際し、友人宛手紙で、「図書館の良否は図書館長の手腕いかんにまつ」「十分に研究してくる」と述べた。彼は詩と訣別した。彼の同級生であった徳富蘇峰の姉と長兄治郎が結婚した関係で、蘇峰主宰『国民之友』等に時折り半月は詩を寄稿していたが、この際『半月集』一巻を刊行し、詩壇を去った。

再渡米してシカゴ大学で学ぶ。教授は大学図書館長デクソン夫人、彼女はメルヴィル・デュイがコロンビア大学内に設置した最初の図書館学校の一期生。その授業要旨は彼自身『図書館雑誌』第一号の「図書館職員の養成の必要」の中で報じているが、J・R・モリタ氏の調査によれば図書館経営、歴史他は好成績でも整理技術は単位取得成らずの由。半年後、東部へ移り、ボストン始め紐育《ニューヨーク》など主要公共、ハーバート等の大学図書館を見学後に渡欧、ロンドン、パリ、ベルリン、ライプチヒの諸図書館を歴訪、丸一年目の八月に帰朝した。但し京大へ復帰せず、秋から京都高等工芸学校講師を勤め待機、翌年四月京都府立図書館長に就任する。竹林熊彦氏は京都府知事大森鐘一から留学前に府立館長の内命説を掲げたが、井上裕雄氏は京大及び京都市から「海外滞在中図書館ニ関スル事項ノ研究ヲ嘱託セラレ」ていたと自筆履歴書にあり、府から委託がないと否定した。しかし官選知事が京大に遠慮し、市当局に手を廻した可能性があるし、市は図書館に第二次大戦後まで積極的でなかった事情を考えるなら竹林説も捨て難い。

京都府立図書館は明治三一年に創設されたが、その前に京都府教育会付属図書館が二三年旧集書院跡地北隣に、旧集書院蔵書一万五〇〇〇冊で発足しており、新刊書の乏しさ故か、利用者が一日三人程度だったので、教育会が完全な図書館を要望、府立図書館設置となる。府立に変り閲覧者数は一〇倍増。

館長に就任した吉郎は直ぐ巡回図書閲覧所規定を定めた。亀岡、園部、福知山三町に四〇〇冊づつセットを作り、各町の小学校に委託閲覧させ、四か月毎に次町へ回送する制度である。三八年には館内に無料・開架式の児童閲覧室を設置、来室児が成人来館者を上廻った。三九年には、団体には館外貸付規則を定め、三〇日五〇冊一円で貸付けた。西陣織など地場産業振興に特志家の寄付を受け特別な図書購入基金を設け、図案資料室建設を開始した。

府立図書館は当初、京都御所御苑内博覧会協会東館を借用していたが、四二年に岡崎公園内に竣工した新館舎へ移る。御苑時代の諸サービスを拡充した。新館には図案室や児童閲覧室が用意され、開館直後の五月開かれた、同館を会場とした第四回全国図書館大会で、最新設備ぶりを、各地から来会した図書館人に披露した。通俗小説の購入に積極的で、大衆化に努めた。望んだ閲覧費無料制や個人貸出は実現しなかった。デューイ十進分類法に倣った分類法を導入し分類排架を実現したが、開架制は安全接架レベルにとどまり自由接架は未だしであった。

しかし、彼の情熱は続かなかった。大正五年(一九一六)大森知事の退職と共に湯浅吉郎も館長を辞職した。市島謙吉らが推挙して早稲田大学図書館嘱託に迎え、一一年俳優組合の演劇図書館設立に参画したが、関東震災に遭い、酬われなかった。晩年は大阪に住み、ヘブライ文学に還り、『ヨブ記』『箴言』などの著作を遺し、戦争中死去。

石井敦氏は「近代公共図書館のあり方を日本に現実化していく上で大きな礎石」としながら「彼の図書館思想は、公共図書館の本質を十分に捉えたものでなかった」とし、ブルジョワ出身の趣味人で、慈恵的姿勢と無縁ではないと見た。そうだとしても、信仰に支えられた確信と純粋な善意で精一杯尽くしたと高く評価したい。

大橋図書館・成田図書館・南葵文庫の設立

大橋佐平（一八三六―一九〇一）は越後（新潟県）長岡の材木商渡辺又七の次男に生れ、親戚大橋家を継ぎ、勤王派藩士と交流した。長岡藩は勤王佐幕両派が対立、中立傍観策で凌ぐ積りが官軍に疑われ、止むなく奥羽同盟に組みして、抗戦敗れた。佐平は維新後、信濃川の渡船で蓄財、地方新聞を発行、書籍取次販売にも手を染めるが、佐幕派に睨まれ、上京し明治一九年（一八八六）出版社博文館を創業する。彼は当初、仏教振興と女子教育の雑誌発行を企画したが、嫡男新太郎が広汎な知識の摘録抜萃雑誌の廉価発行を進言した。文明開化・自由民権の時代、多くの同志同好者の団体が生じ、演説会が多かった。当初は各団体の機関紙から摘録して『日本大家論集』として月刊で売り出した。原誌出版社に無断抜萃し儲けているのだから文句がくる。佐平は社員に速記術を修得させて、直接講演から取材することに改めたが、演述した著者の権利を侵害する点では同じである。翌二〇年政府は出版条例を改正し、著作権の保護を強化した。新条例に従って手続きしても、事業は繁昌し、長屋住まいで出発した博文館が一年後には日本橋本町に土蔵造りの二階建てを借り、有能社員を集めて、急成長して行く。『日本大家論集』の成功に『日本之教学』『日本之女学』両誌を続刊、さらに『日本之商人』以下『日本之』を冠した殖産・法律・兵事など、最盛時三二誌を発行した。二一年印刷所も自前にし、後の共同印刷に発展さす。二三年には東京堂書店を開業、自社出版物の販売並びに卸売りを手掛け、さらに他社の出版物に眼を光らせ、売れると見れば大量に買って取次ぎ販売で歩合を稼ぐ。洋紙の卸売りも子飼いの社員に扱わせ、短期間に書籍財閥を形成する。資本主義の発展と同調する波に乗ったような成功ぶりであった。

二三年、シカゴ世界大博覧会に佐平は出掛け、そのまま欧州へ廻って半年世界周遊する。この洋行体験が大橋図書館設立のヒントになった。事業は実質息子の手に渡って、新発展に向う。

佐平が何か公共事業をと口にしたのは三一年大倉喜八郎の還暦及び銀婚祝いの席であった。大倉は新発田生れで同じ越後の先輩、維新の動乱期に鉄砲の商人となり、新政府御用を務め、軍需調達、土建工事で財を成す。同席した石黒忠悳に佐平は、大倉が祝賀記念として商業学校（現・東京経済大学）創建を羨み自分も博文館創立一五年記念に何か公共有益の事業を起こしたいので、その節は助力を乞うと依頼した。後に邸の隅に図書館建立を志し石黒に相談した。然し佐平は胃癌に罹り、建築の槌音に聞き入りつつ、三四年死去。

三八年六月一五日、開館式を文部大臣菊池大麓、東京府知事千家尊福ら名士三百名を招き、行う。初代館長を頼まれた石黒は生まれが福島でも養子に入った先が越後で、佐平に頼まれた経過を説明し、毎年五〇〇〇円づつ五年間収書し、建設費五万円、維持費五万円をかけたと報告した。数々の祝詞の後で、挨拶した新太郎は、創業時の家賃三円八〇銭の長屋暮しからの苦心成功を述べ、従業員の一致勤勉によるが、社会教育の発展に負うこと大ゆえ、本館創設は義務と語る。

開館時の蔵書二万九四七〇冊、毎年平均五千円弱増加、五年後八万八〇〇〇冊、閲覧者数は六万四三五人から八万一〇八四人へ、一日平均一九〇人から二三七人へ伸びる。

その一年後の六月九日、私立成田図書館が新築書庫の落成式を挙行した。同館は貫主石川照勤（一八六九―一九二二）の首導で三四年創立、翌春一般公衆に開館したが、書庫建築は後廻しになっていた。帝国・東大・早大・大橋・南葵文庫等の各図書館書庫を参観し、相応の規模の不燃書庫を建てた。内法で三〇坪三層、本の厚さが一寸平均なら七万五千冊、五分平均なら一五万冊収容可能。当時の蔵書は三万四〇八三冊。年平均三四七〇冊の増加率ゆえ一〇年は保証される。館内閲覧中心だが、館外貸出も特許証発行の九三名に許可している。閲覧は無料。

　大橋図書館と同じ三八年の五月、南葵文庫も新書庫を増築した。南葵文庫は国元の学習館や江戸藩邸学問所の蔵書ではなく、現侯爵の手元本二万冊を基礎に邸隅に小図書館を設け、三三年旧藩士子弟らに開放した。以後、小中村清矩・坂田諸遠・山井重章・島田重礼らの旧蔵本その他寄贈購入の新古書併せて七万冊余、洋書も侯爵が外遊時に蒐集書その他五千余冊を備え、狭溢を覚え、新たに煉瓦造三層書庫、更に閲覧室も新築、一般公開。

　右のように、それぞれ成立事情を異にする私立図書館が整備されたのは日露戦争後の一時期であった。それに一見違うように思う創設者も共通して設立前に英米を視察し、公共図書館の実状を知っており、また富豪が多額の寄付を図書館に投じている例も聞いたこともあったろう。

　石井敦氏は「日本の社会の近代化に伴う内部矛盾の顕在化を恐れた上流階級の一種の慈恵的思想のあらわれであろう」と説く。然し徳川頼倫の場合は該当するにしても、大橋父子の場合は最近の言葉であるが、企業メセナ的活動と見たほうが妥当ではなかろうか。出版関連業界で一人勝ち的成功に対する同業者の妬みへの言い訳的意味もあっただろう。地方寺院の近代的在り方を研究した石川照勤が中学校と公共図書館経営へ乗り出したのは宗教組織の慈善事業であった。

　なお明治二四年から大正五年（一九一六）まで、全国公共図書館数は公立より私立が多かった。

『図書館雑誌』刊行に執心した和田万吉

和田万吉は慶応元年（一八六五）年八月一八日美濃（岐阜県）大垣藩士和田爲助政央の子として生誕、明治二三年（一八九〇）帝国大学文科大学国文学科を卒業し、同大学図書館に就職した。その時すでに東京図書館に就職していた太田爲三郎に薦められたからだという。確かに二人は大学予備門（後の旧制一高）の同級生だったが、それだけではない。実兄のほうが先に大学図書館管理（館長）になっていた。兄は養子に行き、松井直吉（一八五七―一九一一）という。大垣藩貢進生として大学南校に入り、開成学校に改称された同校卒業後、明治八年第一回文部省卒業生として渡米、コロンビア大学鉱山学科に学び、一三年有田陶土の研究でPhDを得、帰国して東大講師となったが、木下広次に次いで図書館管理を命じられており、和田が心を動かされる要因の一つであったのではなかろうか。因みに松井は一四年教授に進み二三年農科大学（＝農学部）設置と共に初代学長、三八年文部省専門学務局長在職中、東大総長も務めた。組織の長にふさわしいと目され化学会会長選出五回に及ぶ。

和田が付属図書館に就職した時、洋行から帰った田中稲城が図書館管理で、一から図書館実務を教わった。と言っても、親切ではなかった。入館三か月の和田に和漢書書名目録の索引作成を命じたが、何の説明もない。質問してくると期待していたのかも知れないが、和田は試験されている気がして一人の助手を相手に約五か月の糊篦仕事即ち目録本文を切り貼りした末に原稿を田中に提出すると、是は分類目録であって、注文した書名目録の索引ではないと裁定され、「先生の不興、自分の不平、此処五分五分の角力となった」と和田は稲城の追悼記に書いている。もっとも出来上がった以上、分類目録で可と寛容な措置に胸を撫降している。三年後、田中が東京図書館長専任となって、和田に図書館管理心得を命じられた。二九年文科大助教授兼図書館管理に任命された。制度が変って図書館長になったのは三六年である。従って、日本文庫協会の第二代会長に選出された三七年には館長であった。四一年には司書官にも任じられたが、教授に昇任できたのは大正七年（一九一八）であり、翌年文学博士号も授けられた。

ところで『図書館雑誌』だが、和田の殆ど独力で創刊された。編集面は確かにそうだが、資金面では、丸善の援助抜きには成り立たなかった。丸善は三四年文庫協会の打診を受けた際は消極的だったが、内田貢（魯庵）を通して期限なし後援を得ることに成功した。内田は三三年入社し『学鐙』の編集者として活躍する。当時、彼はトルストイやドストエフスキーに傾倒していたようだが、和田の関心とは合わない。それより二人は大学予備門で知り合う可能性があった。あるいは直接に接触したのは太田爲三郎が先かも知れない。もう一つ『学鐙』が「文芸学術諸科学を通じ十九世紀中の最大著述」「最も興味ある詩賦小説等の傑作」「読書家の座右に備ふべき十九世紀の大著述」「各専門分野に関する十九世紀の大著述」等のアンケートを求めてその答えを載せている中に、田中稲城がいることである。藤浪鑑、伊沢修二、丘浅次郎、高橋是清、上田敏ら七〇余名の名士の一人に帝国図書館長として加えられている。どうして田中がその一人に選ばれたかに、和田や太田が参与していたかも知れない。兎に角、和田が内田との交流で支援を得た。和田は内田のほうから申し出て「図書館にお礼奉公しても宜い」と雑誌出版費を受持つと言い、事前に重役達と内談済みだったから「渡りに舟」であった。毎号八〇円の補助は「三分の一位、頁の少い時は二分の一位を丸善で負擔して呉れた」と述べている。それが関東震災まで一八年間続いたのだから、その貢献は大きい。

さて、『図書館雑誌』第一号が明治四〇年一〇月一七日刊行された時、発行者は日本文庫協会であった。前年の大会で会報発行を決議したが、誌名を定めた訳でなかったので、編集委員会、就中委員長和田が先取りする形で『図書館雑誌』にした。そうしておいて、翌春二月末の評議員会に規約改正案を提出し、その中で会名の変更を提案した。南葵文庫主事斎藤勇見彦が猛反対。南葵文庫が文庫だから反対するのではない。中国では、書館といえば娼樓を指す。そんな汚らわしい印象を含む語を会名に入れるな、と論じ、容れられないなら脱会する、と迫った。会長市島春城は図書館説だった。当時、図書館と名乗るのは全国で八〇館足らずだが、今後増え何千という数になったら文庫協会では済まない。矢張り図書館でなければならないと考えていた。しかし最大のスポンサーである徳川侯爵主宰の南葵文庫脱会は困るので、有耶無耶の内に了解を得たいと採決を保留した。

　次の月『雑誌』第二号が出て日本図書館協会発行となっていたので、斎藤と同館員橘井清五郎が質問状で詰め寄った。市島と和田は役員を引責辞任するから、南葵文庫で会長を引受けて欲しいと申し出た。斎藤らは徳川侯に迷惑がかかるのを恐れ、沈黙、やがて承認してしまう。

　付記　『図書館雑誌』発刊の辞末尾に「本年二月東京に於て発行せられし雑誌『図書館』とは豪も関係なきものなり」と断り書きされている件に一言する。斎藤昌三『書国巡礼記』に同誌を紹介していて、書店、出版界と契約して帝国図書館員が図書館専門誌刊行を企てたが、曲折があって決裂し一号で廃刊。

公共図書館の父・佐野友三郎

　今では、日本中で市レベルの都市なら九〇％以上、町村でも半数は公共図書館があり、無料で本を借り、自宅に持ち帰ることが出来るが、三〇年前までは、備品即ち公有財産として図書の亡失を恐れて、館内閲覧に限る図書館が多かった。そんな図書館界に、二〇世紀初頭から貸出文庫を推進し、館外貸出を実施した先覚者佐野友三郎がいた。石井敦氏の研究を参照し、彼の事蹟を顧ることにしたい。

　佐野家は前橋松平藩士。しかし友三郎は元和元年（一八六四）川越生れ。同藩は度々国替えを受命、寛延二年（一七四九）上州前橋一五万石に封じられたが、利根川の浸食著しく、同藩所領の川越城に本拠を移した故で、慶応二年（一八六六）還城して維新を迎える。前橋藩は新政権に冷遇されたらしいが、朝敵扱いされた東北諸藩に較べれば、悲運の内ではない。群馬中学から東京大学予備門を経て法科に進むまでは苦学もしたが、順調である。二年で突如文科に転じ、それも卒業間際に外人教師への不信から試験をボイコットし退学する。思い込みの烈しい頑固一徹の側面を持っていた。学友に助けられ、明治二三年（一八九〇）米沢中学教諭に赴任翌年結婚、それでも落着かず大分、広島の中学を転々、二八年台湾総督府官吏に転じ、三二年戻って米沢の妻の実家にいた。

同年秋田県知事に佐野の大学予備門同級生武田千代三郎が着任し、県立図書館長に彼を招く。

秋田には、秋田書籍館が明治一二年に東北最初の公設館として開設されていた。当時の文部大輔田中不二麻呂の「公立書籍館ノ設立ヲ要ス」（文部省第四年報明治一〇）に応えたものである。しかし施設費を惜しみ、秋田師範学校に併設、一五年一旦分離独立し、来館者年間一万余名を数えたにも拘らず、一七年細民窮乏を唱える建議に県会は館舎修繕費二〇円否決から休館へ追込む。同様に明治一〇年代に設立された浦和・栃木・新潟・愛知・滋賀・大阪・島根の府県立書籍館が皆姿を消した。

再び県立秋田図書館が陽の目を見るのは武田が知事就任の年である。城趾公園内の県有舎屋に旧藩校蔵書を運び、新刊書を買足し、本好き老旧藩士に託すが、殆ど県民が寄り付かない。

干渉を嫌う佐野の性格を熟知する武田は、起用した彼に運営一切を任せた。佐野はニューヨーク州立図書館長メルヴィル・デュウイが一八九二年試みた効能の報告に触発され移動文庫に着手する。少ない資金で効果を挙げると知ったからであろう。しかも発議を県会議員有志とし県会の支持を確立した。石井氏は佐野が秋田師範の教師を兼務、教育会を通じ職員を説得したと見たが、私は佐野のそれまでの各地中学教師や台湾役人の経験があって、地元議員との協力の重要性を習得したと思う。北秋田郡は大館、南秋田は土崎、山本は能代、仙北は大曲に郡立四図書館を県費各二〇〇円を補助し設立、図書費五〇〇〇円を用意し、一〇〇乃至一五〇冊単位で各地小学校に設けた配本所に送付、三か月毎に巡回利用させ、翌年は由利・平鹿・雄勝三郡を加え、年数回、送付した。

地方改良運動の一環として、内務省は「秋田県に於ける図書館経営の要梗」と題し『官報』三五年一〇月二三号に載せ、全国地方行政の模範として示す。勿論、文部省も図書館界も注目し、高く評価した。しかし日露戦争で頓挫する。その前に知事武田と佐野が転出したのが痛い。

明治三五年、武田は山口県知事に転任した。山口県でも前任知事が県立図書館建設を決めており、武田は佐野に指導を頼み自ら図書館設計図を引く破目に陥った。やはり佐野を呼ぼうと秋田県に交渉したが、先方は拒否する。佐野の株が上り、京都府立図書館長湯浅吉郎並み年俸五〇〇円では駄目で、大阪府立館長並み年俸千円で、漸く引抜きに成功する。三六年三月佐野が山口に移ったが、武田は六月には退官してしまう。七月山口図書館開館の際はもう武田が知事ではなかった。但し県立山口図書館規則は前年一月発令済みでその中に「巡回書庫」の条項が入っており、武田によってお膳立ては整えられていた。

「無料公共図書館主義ヲ採リ本館ノ効果ヲ県内到ル所ニ普及セシムルノ必要ヲ認メ五十冊ないし百冊内外ノ通俗図書ヲ一定ノ書函ニ収メテ之ヲ各所ニ回付シ所在公衆ノ閲覧ニ供スル方案ヲ設ケ之ヲ巡回書庫ト称シ三十七年一月ヨリ施行セリ」と同館『概覧』に述べている。

巡回文庫活動は、図書館新設への足掛りであった。一九〇四年四館に過ぎなかったが、七年後には全国一の六七館に増え、一九一九（大正八）年一五七館に躍進し、全国公共図書館一三五八館中、一二％を山口県が占め、驚嘆された。当時の山口県市町村数二三六に対し実に六九％が図書館を備えていた。同時期、京都府立図書館でも巡回図書閲覧所を三か所設け、巡回文庫活動を実施したことは湯浅吉郎の事蹟として紹介したが、山口のように成功しなかった。その最大の難点は「貸出一期間一冊金二銭」の有料制であり、無料公開の精神の不徹底による。

さらに公開書架の施行である、秋田では、未だ控えていたが、山口へ来て開館と共に開設の児童室で実施し成功した。すぐ閉室せざるを得なくなると心配されたが、公徳心は大人以上で、小学校の訓育が評価された。その内、書庫の狭隘から一般閲覧室の周囲にガラス戸付戸棚八基に利用頻度の高い三〇〇〇冊を並べて見たら、利用者も出納係員も便利と好評で、新着書棚や辞書棚も公開書架に改め「貸出は書架の公開を予想す」と言った。

＊

図書館については全く素人の佐野友三郎が公共図書館の本質を誤りなく理解し、筋を通して確立することが出来たのは何故か。彼は国文専攻であったが、英語を得意とし、中学では英語を教えた。彼が頼りにしたのはアメリカ図書館界の実績であり、英文の実務書に学んだが、断片的な個別技術だけでなく、民主的な図書館の全体像を把握している点に感心させられる。無料公開、館外貸出、巡回文庫の配本所から町村図書館設置を促す方針など、図書館発展の筋道を追い、積極的に取り組んだればこそ、明治三八年六館から一〇年後、一一〇館に増え、山口県では、町村図書館の絶大な普及、発達を見た。他方、佐野は県立図書館において児童室を設け、夜間開館を実施するなど、図書館の能力を広げる努力も惜しまなかった。

この間に在って、行政中枢にいる内務官僚井上友一は地方改良の手法に公共図書館を活用しようと提言した。維新前から農山漁村に在った若者組を引継ぐ青年団に着目し、文部省は通俗教育機関として指導、青年団経営の私立図書館が激増した。明治三九年ピークに達し、公共図書館総数一一七館中、私立は九一館七二％を占め、内二〇％は青年団運営施設であった。佐野に倣った巡回文庫の変容を見よう。

明治四〇年、千葉県知事石原健三は文部省の普通教育奨励金を得、通俗巡回文庫を実施した。県内を六〇文庫区に分け、その中の小学校を閲覧所に指定、通俗書百冊内外を書函に収納、毎年一回以上巡回させる方式を採った。ただ文庫区毎の配本は全部同一で、巡回も年一回、一個所の留置一か月と画一的で、担当者も義務的であり、二年半後の知事転任と共に県教育会に引継がせたが、自然消滅した。

茨城県も同年県下三郡に巡回文庫を実施、四二年には六郡に拡げた。県立図書館の図書費は一〇〇〇円(山口県立の半分以下)という貧弱な図書館しかない茨城で巡回文庫は名案といえる。しかし専任館長が辞職し県教育課長が兼務すると、図書館普及に青年団の力を借りる趣旨から巡回文庫を青年団の教化機関と考える方向に変り形骸化する。

新潟県では、四一年図書館に無関係な信用組合、新潟市積善組合が巡回文庫を始めた。山口、千葉など全国主要巡回文庫を実地調査の上、地方行政当局や教育会などの援助を要請、一〇年後、閲覧所は一〇九に増え、閲覧者総数八一万余人、冊数一〇四万弱と成績を残したが、大正八年(一九一六)組合が破綻解散してしまう。しかし大正四年県立図書館の設立や町村図書館の設置普及を刺激した面もある。

このほか、埼玉、広島、宮城各県、さらに大正初期には各地教育会で有料制巡回文庫が実施された。一時は巡回文庫ブームと話題に上ったが、大正後期には下火になって消えて行く。

それというのも佐野の拓いた公共図書館普及の正道が歪められ、国家主義的青少年教育の手段として利用されたからである。

明治四三年五月末から六月にかけて幸徳秋水ら社会主義者が逮捕され、大逆罪で翌年一月死刑に処せられた。幸徳らは天皇暗殺を予告しており、当局は機会を捉え一網打尽にした。しかし他方では、恩賜財団済生会を創設、工場法を制定し、一定の労働者保護を制度化することにより、慈恵施策も怠らなかった。こういう情勢に国民の教化・思想善導策として通俗図書館・巡回文庫に目が着けられた。文部大臣小松原英太郎は大逆事件直前の同年二月、訓令を発して通俗図書館を奨励し、館外貸出や分館設置と巡回文庫事業などの積極的なサービスを推進するものになっていた。ただし「健全有益ノ図書ヲ選択スルコト最肝要」とし、危険思想に感染の警告を強調している。

この訓令の草按は帝国図書館長田中稲城の執筆と竹林熊彦氏が明らかにされた。田中は明治三三年著わした『図書館管理法』を四五年訂正増補し、前版同様文部省から刊行した。新版の注目すべき点は、「近世的図書館ノ特徴」の章を起こし、公立、無料公開、書庫解放、児童閲覧室設置、図書館と学校との聯絡、分館制、巡回文庫を挙げ、別に「巡回文庫」の章を設け詳述、中で佐野による山口県の実績を高く評価した。岡山県の井上角五郎独力経営の巡回文庫も紹介している。「図書出納法」の章に「館外貸書記録法」の節も付加した。少くとも初版にはない通俗図書館を意識した記述が目立つ。しかし小松原『訓令』と必ずしも一致しない。『訓令』では「健全有益ノ図書」選択こそ最肝要としたが『図書館管理法』新版は「其選択法ハ社会ノ希望ト必要トヲ観察セザルベカラズ。若シ社会ノ希望ヲ以テ兒戯ニ均シト為シ誤レリト為シテ顧ミズ而シテ社会ヲ改良スルノ目的ヲ以テ書籍ヲ購入スル時ハ其蒐集ハ如何ニ巧妙ナルモ読者ハ之ヲ閲覧スル者ナクシテ図書館ノ目的ヲ達スル能ハザルベシ。之ニ反シテ全ク社会ノ希望ニ盲従スル時ハ図書館ハ其標準ヲ低下シタリトノ誹を免ルル能ハザルベシ」といい、中庸を求めた。「総テノ争論問題ニハ公平ナルヲ要ス」ともいう。功利主義であっても、国家主義ではない。

　大正四年政府は佐野に米国出張を命じたが、田中の推挙によるものと思われる。僅か四ヵ月の視察ながら報告『米国図書館事情』（大正九）を著した。その著の刊行を見る前に五月一三日、突然自殺した。辞世句「なにごともいはで散りけり梨の花」を残して、享年五七歳。官僚統制と近代的図書館奉仕拡張の予盾に悩み、神経衰弱の果ての死といわれる。

帝国図書館開館式と全国図書館員大会の開催

明治三九年（一九〇六）三月二〇日から三日間、図書館界はかつてない結集ぶりを見せた。

三月二〇日、帝国図書館開館式が朝野の名士数百名を招き、挙行された。尤も大橋図書館開館式には菊池大麓文相が出席したが、この際は文部省建築課長が建築報告後、大臣祝詞を代読した。但し貴衆両院議員多数が列席した。

田中稲城帝国図書館長は式辞の中で漸く国立図書館の態を成す施設と喜びながら、設計の四分の一に止められた遺憾を早く解消したいと希望した。

来賓の樺山資紀は新築決定時の文相、次の三宅雪嶺は民間言論界の雄、日清戦役後に着手し日露戦役後に落成した図書館が両役勝利の記念とし、世界に誇る本邦の施設二個半と挙げ、武の呉海軍工廠、文の東京帝大、残る半個が帝国図書館と述べて建築未完成ゆえ半個と判定した。最後に英国帰りの枢密顧問官末松謙澄が日本の図書館は大英博物館図書館より東洋関係蔵書が少く、東洋研究にはロンドンの方が便利と指摘し、蔵書の充実を求めた。世評は「東洋第一の大図書館」と『太陽』誌、「帝国の国立図書館たるの名に背かず」の『東京日々新聞』とべた賞めが多い中に、新聞『日本』は先進諸国の国立図書館と比較し、建設費三二万円は過少と批判した。翌日『電報新聞』は『日本』が挙げた米国の富豪カーネギー四〇〇〇万円、ニューベリ六〇〇万円、クレラー五〇〇万円、チルデン四〇〇万円等の図書館への寄付に倣い、日本の富豪貴紳の蔵儲資産を寄付すべし、当局や貴衆議員は半成建築を完成させよと責め「世人が図書館の新築落成を水霜駆逐艇の進水路に思はざる冷淡さ」を嘆いた。別に通俗図書館を設け、参考図書館の能率を発揮せよと説いたのも目新しい。二三日『中央新聞』には神東生と署名する投書が載り、帝国図書館購入費が地方の師範や中学校経費にも及ばぬ一万四〇〇〇円で、普ねく世界の図書蒐集は不能と断言「建築は如何に善美を尽すと雖も…服装美々しき紳士の懐中無一物なるに等し」と痛撃、図書費増強と有志の資金供与を求めた。

両院議員招待、祝辞演述者選定、新聞報道対応等、すべてに田中稲城らの期待が滲んでいる。また、同開館式は全国図書館員大会第一日でもあった。大会出席者は一同招待され、式後、自余来賓と共に同館所蔵珍籍を展覧し、茶菓饗応を受け、来会者だけで交款・閑語の場もあった。

翌二二日は東京帝大内集会場で、大会を開く。前日よりの四〇名が五一名に増え、まず早稲田大学図書館長市島謙吉が「大会開催趣旨」を、帝国図書館新築落成の機に図書館事業の飛躍発展こそ急務と説く。続いて、東大図書館長和田万吉が「来会者諸君に望む」と題し、図書館発展には図書館員の団結協力が必要と説き、日本文庫協会会長として、同協会の説明を行い賛同を請うた。午后は慶應義塾大学図書館監督田中一貞が「図書館建築に就て」火災予防、室温の平均化、将来拡張の余地保有、読書室の設備等を解説、早稲田大学図書館員加藤万作は「社会に於ける図書館管理の地位」を欧米の例で経歴と採用方法を詳述し、本邦で社会的待遇薄い図書館管理者のあるべき姿を説いた。第三席に山形図書館主事渡辺徳太郎の「標準目録の必要に就て」は図書館に備えるべき標準となる図書の目録を編纂し、図書選択の参考に資したいと望む。

協議に移り、海軍大学校嘱託で評議員伊東祐穀が座長となり「図書館令改正の件」「図書館事項講習会を文部省事業とするの件」「毎年全国図書館大会開催の件」「日本文庫協会会報発行の件」の四件を上程、逐次衆議に諮り満場一致原案を可決したが、薄暮に到り、懇親会に臨む。司会和田会長が来場した田中稲城を迎え、開館式歓待を一同に代り感謝、且つ発言を乞う。田中が挨拶して「新築帝国図書館の建築」を解説した。次に徳島県五明文庫長柏木直平が同文庫の沿革を述べた。明治三一年創設の個人事業で、阿波郡林村字五明の西福寺に村人の向学心誘起を願った文庫。無料公開。蔵書量が優れ、洋書一万冊は県内随一、和漢書三万冊弱も県内二位、しかも総て寄付による。蔵書だけでなく、施設や設備、殊に文庫長の県内旅費は宿泊も交通費も無料、彼が病気すれば医師は無料診療、今回の上京に際し、洋服屋は新調のフロックコートを、靴屋は新しい靴を提供した。彼の熱誠が周囲の信頼と支援を確立した希有な例であろう。『官報』に三七年六月紹介されており、協会幹部も注目し地方代表として選び、招請したのであろう。三番目は京都府立図書館長湯浅吉郎が「倫敦に於ける二大図書館」即ち大英博物館付属図書館とミュデー貸本図書館を比較対照し、前者の館内閲覧主義と後者の館外貸出主義を論じた。四番目に私立松江図書館長木幡久右衛門が「出雲叢書出版に就て」述べた。最後に米国議院文庫とエール大学図書館から依嘱されて一万ドル相当の日本文献蒐集に帰朝した朝河貫一が「米国に於ける日本文庫」を概説した。朝河は早大の前身、東京専門学校卒だから、市島辺りが大会出席を依頼したのであろう。多彩な演者で盛上り、懇親会は午后九時に漸く閉会。

翌二二日は、来会者の随意に府下の図書館見学、たとえば東大→早大→大橋図書館を巡覧、大会結了。少数有志は午后五時から大橋図書館で懇親会を開き山口県立図書館長佐野友三郎と帝国図書館員太田爲三郎が話題提供者になっている。図書館員の全国組織は、この大会で固まる。

東京市立日比谷図書館の創立と今沢慈海

東京市が自前の図書館を持とうと考えるようになったのは、明治三三年（一九〇〇）からである。国立の帝国図書館、大日本教育会付属書籍館、更に大橋図書館と首都のお蔭で他力任せで過してきたが、同年皇太子（後の大正天皇）御成婚に際し、御内帑金八万円下賜を受け、東京市教育会設立、その下に図書館調査委員会が設けられた。三五年東京市教育会長江原素六の名で「通俗図書館設立建議」が市長に提出された。同年市会議員坪谷善四郎が「東京市立図書館論」を発表、その切実性を訴えた。坪谷は博文館編集局長で当然大橋図書館にも創設時から関係し、伊東平蔵主事と共に常務理事として運営に当たっていた。大橋図書館では毎日二百人平均、帝国図書館が五百人、教育会図書館が八〇人、それでも入場できず、空しく帰る者多く、また各館の所在が東京市の北側に偏し、近来市中に公園設置続くが何らかの施設もない公園は来園少ないと指摘し、日比谷公園の一角に市立図書館設置を要望、設立・維持予算も大橋図書館の経験から算出して提言した。東京市は日露戦争後の三八年、日本文庫協会に図書館設立計画を諮問したが、結果は不採用で終った。市は独自に坪谷を含む委員会を設け、三九年着工、四一年一一月竣工、東京市立日比谷図書館と命名されて開館準備主事に伊東平蔵が招かれた。大橋図書館で一緒に働いてきた坪谷の推挙であろう。伊東は自分の後任に帝国図書館司書太田為三郎を望んだが、帝国図書館長田中稲城は太田の転出を認めず、止むなく坪谷が大橋の主事を兼務した。しかし伊東は四一年宮城県立図書館の設計に参画するため日比谷図書館の開館を待たず辞職、渡辺又次郎が引き継ぎ初代館長となった。彼は児童室の運営に特に力を注ぎ「少年科学者の集ひ」などの催し、お話会を頻繁に開き、図書館利用教育の模範を期した。当初蔵書四万八〇〇〇冊、開館以来、連日満員の盛況を続けた。閲覧料二銭、特別閲覧四銭、児童室、新聞雑誌室は一銭、四三年から館外帯出が行われ、一年四円、五か月二円、二か月一円の料金も旺盛な利用を妨げなかったといわれる。

続いて深川公園内に深川図書館が四二年開設された。東京勧業博覧会の施設を博覧会後に移築再利用したが、円形の建物を開架書庫にして、好評だった。「荷揚げ人足、船頭、車夫が法被を着たり、腹掛をあてたままやってくるのも深川図書館ならではの光景だ。絞りの浴衣を着た粋な銀杏返しがカードをめくる光景にも出会う」と新聞記事に出た。全区一館の計画であったが、財政事情が許さず、小学校の空き教室を活用して、簡易図書館の名称で各区に開設、大正三年（一九一四）までに一七館を数えた。蔵書は約三〇〇〇冊。教育会付属図書館を神田区簡易図書館に組込んだ例外を除き、学校なら放課後の午后二時半（一〇月―三月は三時半）―九時開館、事務は校長を主幹兼務で託し、事務員を監督せしめた。大正二年簡易図書館は自由図書館と改称したが、四年四月から市立図書館を一つのシステムに組織し、日比谷図書館館頭が総括する体制に変った。

新体制の館頭に任命されたのは今沢慈海（一八八一―一九六八）である。今沢は愛媛県出身、明治四〇年東大哲学科卒業後、大学院に残って仏教哲学研究中、指導教授高楠順次郎から日比谷図書館に保管されている一〇万冊の洋書の分類を依頼され、翌四一年東京市吏員となり、日比谷図書館に入った。この洋書は明治三五年締結日英同盟の実を上げる目的で、親日家エリザベス・エー・ゴルドン夫人らが三八年蒐集し三九年日本人へ贈った教養書・宗教書類であり、その保管をゴルドン夫人らと親交のあった高楠が託されていた。高楠は兼任していた東京外国語学校長として、同校倉庫に保管、官民諸方面に請願し、独立の図書館設立に奔走したが果さず、東京市立日比谷図書館に収蔵することに落着く。（同文庫の顛末については森睦彦氏の研究がある。）

右の事情で図書館に入った今沢だが、五年後に館長、七年後は市内全館の館頭に座らされる。

任に就いた今沢は図書館の正道を把握すべく、英米の権威ある書物を精読し、日本の実情に照らして取捨研究して改善を図った。第一に図書の共同選択方式が実施され、毎週定期的に各館上席職員が日比谷に集り、地域特性・予算を勘案選定・競合書は調整し、数日後に日比谷から印刷カードを添えて各館に配布される集中整理体制を確立した。他方、同盟貸付け制度は、日比谷図書館に各館に所在する図書の印刷カード控えを総合目録に編成し、各館利用者の予約を受付け、日比谷本館を介し自転車連絡で請求館に配本した。また児童室は大正四年から無料化された。当時としては、最も進んだサービス体制で、黄金時代といわれた。彼は東京市全図書館を掌握する強い権限を持っていたが、集中整理にしても協同選択に合議制の衆知を活かし、児童奉仕を全館に徹底する等、公平かつ合理的な運営が百万都市にふさわしい組織的運営を実現した。一二年関東大震災が襲う。深川・京橋・一橋各独立館始め小学校付設館共に一二館を焼失また蔵書は貸出中の図書を併せ二〇万冊（全蔵書の半数）を失った。復旧は昭和五年（一九三〇）まで要したが、各館耐火構造化・

規模拡張、開架書庫の大幅採用による近代化が進んだ。六年四月一日、統制期へ移る。市図書館網は分解され、各館毎に館長が置かれ、市教育局社会教育課図書館掛の直轄とする規定改正直前、今沢は辞職した。

日本図書館協会総裁徳川頼倫《よりみち》侯爵

大正時代の図書館の一面の代表者は徳川御三家の筆頭紀州侯徳川頼倫であった。彼は徳川幕府最後の将軍慶喜の出身水戸家ではなく、慶喜引退の後を継いだ徳川家達《さと》の実弟であり、御三卿の一つ田安慶頼の第五子として明治五年六月二七日、本所横網町田安邸で生誕。同一三年紀州藩主を継ぐ徳川茂承の養子となって学習院卒業、同二三年九月、養家長女久子と結婚、嗣子頼貞を得た。当時の頼倫の願いは兄達が楽しんだ海外留学である。個人教授で英語を学ぶ等の準備の上、旧藩士鎌田栄吉と斎藤勇見彦を帯同し、二九年から二年間欧米に遊ぶ。帰って、旧藩書籍の現状を省み、南葵文庫を創建、順次整備・拡張し、三九年義父の逝去により、襲爵後本格化、全館を二百坪に増築しその披露を兼ねて四一年一一月日本図書館協会（日図協）第三回大会を催す。文庫協会時代から会員であり、三一年第一回大会時に五〇〇円を寄付、同協会の基金設立の発端となった。しかし第三回大会初日、侯爵が南葵文庫を紹介かたがた挨拶、文庫所蔵珍籍展示、また会員一同に午餐を饗した。翌々年の第五回大会も第二日を南葵文庫で催し、その他地方大会にも参加、寄付を欠かさぬ。図書館協会側も頼りになるスポンサーを放置して置かない。大正二年六月、創立二〇周年記念総会で徳川頼倫侯を総裁に推戴した。それから一〇年、毎年の図書館大会に臨席し講演、図書館事業発展に尽萃する。例えば第一三回大会は大正七年六月六日から五日間新潟県で開かれた。

新潟県では明治期に図書館の整備が低調で、私立館の創設一四に対し、公設四と極端に少ない。しかし新潟市積善組合の巡回文庫が明治四一年発足、大正六年には県下百余か所に閲覧所を展開、一四万人以上の利用者を得ていた。それに大正四年設立された県立図書館が館外貸出にも積極的、県内図書館の組織化を計って日図協の県支部設置を同会に請求していた。徳川総裁は日図協今沢慈海副会長、評議員市島謙吉、今井貫一、湯浅吉郎、坪谷善四郎各氏、南葵文庫主事橋意清五郎、家扶妹尾克己を帯同し、別に貴族院議員石渡敏一が同行して、同月三日夜行列車で出立。当時、上越線は未開通で、信越線の直江津経由、翌日新津下車、石油事業の採油状況視察後、薄暮新潟着。翌五日朝総裁は県知事と新潟市長を表敬訪問した。殊に桜井市作市長は積善組合専務理事として巡回文庫への尽力に感謝、桜井邸前で市長夫妻と並んで記念撮影を妹尾に命じ、桜井市長を感激させた。同日新潟支部発会式・翌六日の図書館大会初日にも総裁は演説一時間に及ぶ。その日午后は積善組合協議員会にも臨席、翌六日は寺泊町照明寺で図書館普及の啓蒙講演講師となる。万堂の聴衆は一段落毎に異口同音南無阿弥陀仏を稱え、講師侯爵を驚かせた。次の日は長岡市立互尊文庫の開館式を兼ねた大会で臨席講演、旧藩主牧野子爵別邸を訪問、その後、互尊文庫寄付者野本恭八郎邸に立寄り、美挙に感謝し、金一封を同文庫に寄付、また門前で野本と並んで撮影、野本を感泣させた。

最終日九日は高田市立図書館で県知事も臨席し開かれ、石渡議員らによる上杉謙信の信仰について講演の後、侯爵が総裁として新潟県下各地における官民有志の歓待を謝し大会を終了。一同散会したのであるが、侯爵は坪谷善四郎が主唱して彼の郷里加茂町に町立図書館を開設していると聞き、もう一日帰京を延期、高田から二〇里も北へ入る加茂町を坪谷の案内で訪問し坪谷に郷里での面目を施させた。同月二五日には、新潟大会へ行った協会役員を侯爵邸に招き慰労会を催す。

この調子で、東京で大会の際は、期間中の一日、参加者約百名を侯爵邸に招き宴を張り、地方大会の場合は、全日程に参加し、連日の講演も辞せず、御当地の歴史や人物を事前によく研究し、ふさわしい讃辞を選び、図書館事業の推進を啓発した。たとえば大正四年九州地区三か所での第一〇回大会の際は、熊本では加藤清正、細川幽斎、佐賀では、鍋島閑叟敬慕の演述を行う。翌五年は本来なら東京で大会の筈だが、同年奥羽六県聯合共進会と同教育聯合会が山形で開かれるのに併せ、山形・米沢・鶴岡三市で第一一回大会が催された。山形県立館長渡辺徳太郎、鶴岡出身の日図協会長田中一貞慶大図書館長、山形市出身の東京高商教授三浦新七らの熱心な斡旋の結果である。この際も紀州の殿様のお成りと評判になり、総裁の挨拶は出羽三山の地理、前九年の役辺りから説き起し戦国上杉氏、直江山城守から鷹山公の治積、最上徳内の探検まで及び、大会出席者に強い印象を与えた。総裁の地方出張は大正一〇年奈良・和歌山大会が最後となったが、聖徳太子千三百年遠忌と重なり、同奉讃会の総裁でもある侯爵が両催事の中心にあって求心力となり参会者も二〇〇名を越え、奈良県図書館協会の設立もこの時成った。しかし同年秋健康を害し、総裁の華やかな姿を見られなくなる。

一二年九月関東大震災に京浜地区の図書館は被災館を生じた。大橋図書館、横浜市立が焼失したが、最大の被害は蔵書五〇万余冊と共に烏有に帰した東大図書館である。この報に総裁は南葵文庫一四万冊全部を東大へ寄付した。震災から一年九か月、大正一四年五月一九日逝去。享年五四歳。彼が総裁になる前の大正元年、公共図書館は公私立計五四一館であったが、大正一四年三九〇四館の六倍に発展している。その発展に徳川総裁の寄与は財政面のみならず、人情の面でも大きかった。

生涯四度図書館を創った男
―伊東平蔵

図書館員なら一度は最初から自分で図書館を創業してみたい夢を持つ。それを四度果した男がいる。その希有な男を語ろう。

安政三年一二月生れゆえ、六日以降生誕なら一八五七年出生となる。阿波徳島藩士山内俊一の第三子。同藩伊東八郎左衛門の養子となり、明治維新後、上京して東京外国語学校フランス語科卒、文部省に出仕する。

明治一五年（一八八二）文部少輔九鬼隆一は府県学務課長らを招集し図書館示諭事項を訓示したが、その起草は伊東という。「先覚者の中の先覚者」と評価する竹内哲氏は利用者中心に徹していたとするが、示諭の趣旨は蔵書選択に危険思想の不良書排除を求め、目録編成や閲覧室整備を指示しながら館外貸出を全く考えていない等、日本的歪みを指摘されており、竹内説は首肯し難い。早くから図書館に強い関心を認めても、海外留学やその後の研究に学び取って行ったものだろう。一九―二二年イタリア留学後、母校イタリア語教授を勤む。傍ら大日本教育会（二九年帝国教育会と改称）付属書籍館主事も務め、通俗図書館の実際に通じた。同館は二七年から館外貸出を実施したが彼の発案であったのだろうか。

三五年大橋図書館創設に際し同館主事に推される。推挙したのは帝国図書館長で日本文庫協会会長田中稲城が教育会図書館における伊東の活動を高く評価していた。大橋図書館は博文館の出版物を網羅し、また東京堂書店で扱う他社出版物も含め、三万冊、それに雑誌のバックナンバー六〇〇〇冊が整備されているのが特色である。一二歳以上児童の閲覧を認め、館外貸出を開始し、通俗講演会、映画会なども開く。司書養成講習も主催。

三八年東京市は日本文庫協会に私立図書館設計計画を諮問、その調査委員の一人に伊東も加わったが、協会案は市の採択を得なかった。翌年市当局は伊東を更めて開館準備主事として招く。蔵書構成から設備、業務体制まで、図書館に未経験な吏員を指揮して図書館運営の基盤を整えたが、宮城県知事に乞われ同県立図書館の改築計画に関し顧問を委嘱され、東京市からは開館を待たずに手を引いた。

宮城県立図書館は明治四一年七月二五日、慌ただしく開館した。蔵書一万七千冊、利用可能な整理済み図書は六〇〇〇冊に過ぎなかった。準備不足で開館したのは、天皇の御巡幸が八月一二日、その前に内務卿松方正義らが八月五日下検分に来訪するからであった。先進諸府県に倣い書籍館の存在を天皇や政府首脳に示し、県治の進歩を印象付けたい県令の指図によるという。師範学校の書庫と講堂を活用しての開設で、備品さえ揃わぬ予算不足に蔵書の一部（複本など）を売却して経費にあてた。そんな貧弱な書籍館であったが、多くの府県立書籍館が二〇年代に廃止されたのに、宮城の場合は来観者年間一万二〇〇〇人で廃館を免れた。婦人閲覧室と男児閲覧室設置が享けたともいう。四〇年一〇月、伊東が県知事に提出した報告書では、本館改築はもちろん閲覧者の八割を占める学生・学者だけでなく「社会教育ノ必要機関タラシム」べきで館外貸出・巡回文庫の施行を望み、それには五万冊の蔵書が「求覧甚ダ稀」な旧い和漢書で「新刊書ノ増加ハ最大緊急事項」とし、選定基準を挙げ、望ましい職員数・予算額まで指導した。四一年、県立図書館は職制を改め司書を設け、東京外国語学校卒の大橋図書館で司書実務に熟達した中島胤男を採用した。伊東の推薦によるらしい。こうして宮城県図書館の近代化は一歩進んだ。

大正二年（一九一三）旧佐賀藩主鍋島直大の依頼を受け、私立佐賀図書館創立に尽力する。鍋島は明治一三―一五年駐伊公使を勤め、伊東が留学する際、世話になった由で、その恩顧関係から引受けたと思われる。今回は教授職を捨て現地に住み副館長を勤む。初代館長は同姓ながら佐賀藩出身の伊東祐穀、海軍大学校教授で統計学者、両伊東共に図書館協会評議員であった。

期待に応えて佐賀図書館は大正三年二月開館式の翌日から閲覧業務を開始、四月に館外貸出、一一月に巡回文庫実施、翌年七月には夜間閲覧を始めた。

三年一一月、第一回九州図書館連合大会を佐賀市で開催、九州図書館人の結集を促し、これが六年に日本図書館協会九州支部となる。四年五月には第一〇回全国図書館大会を熊本・佐賀共催、徳川宗倫総裁始め七〇余名を迎えて九州図書館事業の存在を印象づけた。他方、佐賀県下、唐津、鳥栖、等に佐賀図書館の分館として図書館が設置され、巡回文庫の配本所が通俗図書館に成長する組織的発展を遂げ、私立図書館として異例の雄大な活動で、近代化を進めた。

大正九年、伊東平蔵は横浜市長の求めに応じ、横浜市立図書館を創立すべく、佐賀を去る。当時、神奈川県は図書館後進県で、図書館数一〇は全府県中四二位（一位は長野一八〇館）、人口一〇〇〇人当り蔵書数二〇冊は四七位（一位は山口二六六冊）という低調に、開港六〇周年自治制三〇周年募金による三〇万円を狙い取敢えず一〇年蔵書四〇〇〇冊の簡易図書館レベルで開館したが、一二年関東大震災で焼失、バラック館舎で再開、復興資金の充当許可を得て鉄筋コンクリート三階建ての画期的施設を昭和二年竣工させた。すでにその前年館長を退職していたが、県の図書館視察指導員として指導を続けた。四年五月逝去。享年七三歳。

「あちこちに卵を生みっぱなしにするアヒル館長」と自嘲した彼だが、その手法は現代に通じる合理的組織的なものだった。

太田爲三郎と和田万吉

初期の『図書館雑誌』を編集した和田万吉を助けたのは実質太田爲三郎一人であった。編集委員には西村竹間、坂本四方太、田中一貞、坪谷善四郎、内田貢が委嘱されており、明治四一（一九〇八）年三月春季総会において、市島謙吉、赤堀又次郎、渡辺又次郎、加藤万作の四名も新たに編纂委員を委嘱されている。また翌四二年七月から四三年四月までの間、和田が欧米視察に出た際、東大図書館の同僚司書官で助教授の坂本が館長代理と共に編集委員長代理も委嘱された。以上に挙げられた人びとの協力を無視することは出来ないし、一九一一年二月の評議員会で、丸善からの雑誌刊行費補助（一号に付八〇円）の不足額（一〇〇円見当）を南葵・成田・大橋・早稲田・慶應の五館で分担することになり、こうした分担金を支出出来ない官立機関所属和田と太田が編集実務を担当して償う面もあったようだ。それにしても、和田が委員長を辞するのは大正元（一九一二）年九月、兎に角明治期は一五号を二人がカバーした訳である。

ところで、太田爲三郎について語ることにしよう。元治元年（一八六四）生れというが実際は慶応元年（一八六五）生れの由で、和田万吉とは同年齢、そして大学予備門の同期生であった。しかし学資を自分で稼ぐ必要があった太田は神田淡路町にあった共立学校で明治一八年四月から二〇年五月中途退学するまでの二年間、英語を教えた。この学校は明治四年金沢藩士佐野鼎が創立した。佐野は本邦初の遣米使節に普請役益頭尚俊の従僕として参加し英語を齧《かじ》った金沢では英学の走り的存在だ。校長に二・二六事件で暗殺された蔵相高橋是清、当時は米国留学帰りの大学助教を迎え、東京に英学塾を開く。大学予備門など官立学校教官経験者を教師に集め、質の良い英語学校として発展、現在の開成高校である。明治一一年、高橋是清は同じ仙台藩出身の横田広太郎に共立学校管理者を引継ぐ。太田は富永姓だったが、横田校長の周旋で太田家に養子に行った。太田家は歌舞伎役者の家というから本名が太田姓ならば五代目市川寿美蔵（一八四五―一九〇六）の養子かと推定されている。併し団九郎を襲名した実子、六代目寿美蔵を襲名し寿海も襲名する養子（門弟）もいることと考え合せると、養子に行った意義が明かではない。富永家と絶縁するほうに意味があったのだろうか。養子に行ったのに大学卒業も酬われず、退学し、高給を求めて、九州の果てに就職する。

長崎県東彼杵《ひがしそのぎ》郡大村町の玖島学館（現県立大村高校）に英語教師として赴任した。月給四五円は同校々長と同額、同地の高等小学校英語教員を兼任、五円増収で五〇円は郡長の年俸六〇〇円に匹敵、郡内最高俸の給料取りであった。地元の旧家・今西邸を借り、書生と女中まで置き酒は菰被りで購入する勢いであった。いつも墨紋付の袴姿、色白の肥満体、二三歳の好男子で教え方が親切と来れば、人気が集中、生徒は太田に教わるのを誇りとした。生徒が私語で騒がしくなると、太田は眉間に皺を寄せ「喧し」と一喝、顔にほんのり朱が差して、それこそ鶴の一声、一瞬にして「シーン」と鎮まったと当時の教え子で、後に静岡県立葵文庫初代文庫長になった貞松修蔵が語っている。このときの教え子で、後に有名になった人物には国史学の泰斗で史蹟保存にも尽力した黒板勝美、東京女高師で長く教鞭を採った日本画家荒木（旧姓朝長）十畝などがいる。

斗酒なお辞せずの太田に対し校長横山某は甘味一辺倒、お互に反目し、太田は若いから、相手が誰だろうと正論を主張して後へは引かない。校長にしてみれば、他処者の若造に郡全体の人気を攫われ、面目丸潰れの思いだったろう。遂に生徒が太田の側に立ちストライキを策するに至り、彼は二二年三月辞任し東京へ戻った。

帰京した太田は翌日東大予備門時代の親友二人を誘い、新富座を観に行っている。福助（後の歌右衛門）、左団次、八百蔵（後の中車）、菊五郎、松助、芝翫、団十郎の絶品を顔触で、裏表伊達染小袖《うらおもてだてそめこそで》・土佐半紙初荷艦名大島功誉強弓《はつにおかゞみみなもおほしまほまれのつよゆみ》の狂言、場代四円二五戔の上等桟敷を一間取っての豪遊である。親友の一人は佐脇安文、福岡県出身で、当時は法科二年の学生だが、後に衆議院事務局書記官を経て日本銀行に勤めた。彼が太田の再就職を心配し、東京図書館を紹介している。大村を発した日付は不詳だが、長崎出帆が四月一日、神戸へ三日着。それから汽車で東京着が五日。神田淡路町の関根屋旅館に入り、六日は芝居見物。それでいて、一〇日には図書館に初出勤という手廻しの良さである。大村の中学で教場掛を免ぜられ、図書掛に廻されたのが辞職の直接の原因と言い、給与も月俸三〇円と低く「無理に嵌め込まれた」とぼやいていたが、勤めてからは性に合っていたらしく、翌年七月に大学を卒業する同期の和田万吉から大学図書館奉職を相談されたときは積極的に薦めたという。

　こうして、大学予備門時代の学友は、図書館という職域の仲間として復活し、更に日本図書館協会を通じ、図書館振興の同志として一緒に苦労する間柄になった。また、書誌作成をめぐっての話題もあるが、後に述べることとする。

＊

日本文庫協会の最初の事業「和漢図書目録編纂規則」の制定に太田為三郎は調査委員や取纏めのための特別委員を田中稲城の指名により担当した。図書館に勤めて四年、漸く頭角を顕した。協会創設や帝国図書館設立段階では、西村竹間が田中稲城の補佐役を果したが、その後は太田が館長のお気に入りになったようで、明治三八年（一九〇五）には、大橋図書館主事伊東平蔵が東京市から日比谷図書館開館準備主事に迎えられ、転出するに付き、後任に望まれたのだが、田中館長は太田を手放そうとせず、転出人事は不成立。しかし後に帝国図書館長に推薦された訳でなく、太田の出世を妨げたこととなり、飼い殺しに終った感なしとしない。

四〇年『図書館雑誌』創刊に際しては、編集委員長和田万吉の片腕となって、多数の記事を提供し、援けた。

「拝啓、過日ハ御面倒相願候処、早速有益有趣味ノ

雑報御送附被下忝存候。御蔭ニテ助カリ申候。但シ、パトナム氏学位ノ件ハ、同一原料ニヨリテ認メシモノ、已ニ担当員ノ手ニ回付済ニ付、乍失礼相省申候。不悪思召被下度、随分勉強致居候へ共追付不申閉口罷在候。今二三人手利ガ無クテハ永続ノ程無覚束協会員ノ言ニ敏ニシテ行ニ鈍ナルニハ今更呆レ申候。内々如此候。米国文庫協会大会ノ記事ハ御察通リ已ニ大要ナ摘訳致候。次号ニハ大ニ君ノ助力ヲ乞フ積リナリ。其御心得今ヨリ願置候」と書き送り「舟重生」と署名している。和田の狂名「舟屋重右衛門」の略称である。文中の「パトナム」は米国議会図書館八代目館長（George Herbert Putnam 一八六一―一九五五）の名誉学位受位記事を指し、和田とダブッて同一記事を抄録した。同じく米国文庫協会総会記事も和田に先を越された。それでも「海外彙報」欄には「カーネギー氏の寄附金額」「図書館の塵埃掃除新法」「新式カード目録書方」「米国文庫協会月報の発刊（紹介者注―同協会『図書館雑誌』のほかに『会報』的月報をも発刊）」「図書館管理上の一頂針（紹介者注―新刊書増備よりも利用者の自由接架と図書館員の参考奉仕能力向上の重要性指摘）」「米国議員図書館の報告」の六項目が創刊号に掲載された。

同年一二月六日付葉書では「日迫御多用ノ折柄恐入候共、例ノ雑誌ニ載録可致西洋種沢山（少々ト不申）御授与願度、年末迄ニテ宜敷候共、可成ハ安心ノ爲、二十日頃迄ニ御願申上候。君ニ限ルナドト申処ニ御座候。早々。鹿島君ニ旧稿ニテモ何ニテモ願度御勧被下度候」と第二号用原稿を催促している。太田の日記を参照すると、前日の五日に文庫協会の例会があったが太田は欠席し、同日から原稿を書き始めた『帝国地名辞典』編纂に熱中していた。しかし和田の要請を受け、七日土曜居残り翌日曜午前も『図書館雑誌』原稿作成に当てており、同月一三日には和田から「金玉ノ御稿沢山寄与真有難有存候。御陰ニ而気丈夫ニ相成候」と感謝の葉書が届いている。また同月一七日には「鹿君贈稿、正確落掌、材料豊富、舟重満悦、二号論説、大分沢山、雑録彙報、割合少数一寸予報、御礼方々チーン〱（ここに坊主読経の体の漫画入）」との葉書が来ている。鹿君は鹿島則泰（一八六七―一九四七）氏で、鹿島神宮宮司の嫡男に生れ、明治二三年から三六年まで宮司を務め、その後、帝国図書館司書を三九年から大正一二年まで務め、さらに昭和一三年まで嘱託として勤務した人で書誌学に詳しく、この際も「古今鍛冶備考と首切浅エ門」という論考を『図書館雑誌』第二号に寄せ、和田を喜ばせた。この和田の葉書を見ると、田中稲城を指すと思われる「親玉」とは対立・批判的立場にあると推定される。

四一年四月二七日付葉書では「色々御寄稿可被下趣、乍例忝存候。是レニテヤ、気丈夫ニ相成申候ガ「整頓法」ハ呼物ニ付是非続出致度、見ル人ハ少モダレ不居候。論説ハモトヨリ其他未ダ一ツモ参ラズ候故、「巴里通俗図書館」ハ御差支ナクバ貴名ヲ出シ、御骨折ヲ表出シ度、海外欄以外別ニ登載可致候、何レモ御苦労ナガラ宜敷相願候」と述べ、太田の「図書館に於ける図書の整頓法に就て」が第一号で分類排架と図書判型の大きさ別受付順の両方式を紹介、読者の関心を引き、その優劣を論じる続稿が期待されたのだ。二号に九頁、三号に一〇頁とって連載された。同号に「巴里の市立通俗図書館」は、外国雑誌記事の紹介だが、八頁に及ぶ詳細な解説になっていたので、彙報扱いせず、論説欄に太田の署名記事として掲載された。四号（四一年一〇月）に「目録編纂及書目掛に就ての意見」と「図書の選択に就て」、五号（四二年三月）に「図書館に於ける小説」、七号（四二年一一月）に「小図書館の事務」、八号（四三年三月）に「図書館員の資格」「書目の編纂」、九号（四三年九月）に「シカゴ図書館職員分課及俸給改正」、一一号（四四年四月）に「図書館員の休養」、一二号（四四年七月）に「館長候補者と図書館員養成所の必要」と殆ど毎号、署名入りになる長文の抄録を寄せ、そのほかに一頁以下のニュース程度に要約された記事を毎号数件提供し続けた。『図書館雑誌』編集をめぐる協力から二人の図書館運動での連帯は長く続いた。日本図書館協会役員でも、和田の発案で大正元年副会長制が採択されると、初代副会長には太田が推され、次いで太田が会長に選ばれる等、和田―太田コンビは密接であった。

＊

太田為三郎は国立図書館員として索引事業に着手した最初の人である。図書館に勤め出して一か月後のある日、大学予備門同期友人で医科に進んでいた入沢達吉が訪れてきて、一緒に散策し、晩餐を共にした。その後も折に触れ、二人は往来し入沢が卆業後も海外留学から帰朝しても会っていた。その折、欧米の科学論文索引の便利さを入沢が語り、太田はわが国でも学術文献索引の必要性を学ぶ。明治二八年（一八九五）から大正一〇年（一九二一）まで『日本医事雑誌索引』を吐鳳堂から二五冊刊行した。入沢の留学先ドイツの出版物、例えば『内外全医学年鑑　Jahrbucher der inund auslandischen gesamten Medizin』（一八三四—一九二三）のような索引誌の解説を受けたのであろう。当時、入沢はベルツ（Erwin von Baelz）の助手勤務。教授に進み、日本医学会会頭、宮内省侍医頭に昇る。

他方、太田の『哲学雑誌索引』『国学院雑誌索引』『明治法学索引』『法学協会雑誌索引』と個別の雑誌の索引手稿が残っているが、印刷に至っていないのは人文系雑誌の索引誌需要が少なかったのであろうか。しかし例外もある。彼は江戸時代の「随筆索引」を作成した。大村から東京へ戻っても、紋付袴姿を通していた彼が索引作りに着手してから不便を訴え、洋服に変えた。早起きの彼は起きる気になれば四時でも五時でも平気で、火鉢を嫌い、傍に置いては仕事出来ないと、毛布を膝に掛けて時々そこへ手を入れて暖めては書いて居た。火の気がなくて硯の水が氷り、筆さえ氷る。すると息を吹きかけながら仕事を続けたと夫人が追懐していた。当時は未だ珍しかった万年筆を、内田魯庵が丸善の輸入品から重宝だよ、と一本贈ってくれたのに使わずに息子の太郎に与えてしまった。先述の『哲学雑誌索引』などの手稿もすべて毛筆で書かれている。

「兎に角一冊に纏ったものは目録を捜すなり実物を調べるなりして其の質問に応ずる事が出来るのであるが、内容の雑駁で内容に見当のつかない厄介千万なるものは随筆に過ぎるものはあるまい。（中略）其処で主なる随筆中、主要なる事柄の標目を心覚えに書留めて置いて、質問に応じたのが初めで、次第に彼も要る。是も書留めて置こう、終には一層の事、全部の標目をといふこととなり、此等を辞書体に配列して、閲覧室に備付けて置いた」『東京市立図書館と其事業』四六号（昭和三）と彼自身、後に回想しているが、日清戦争で文庫協会の活動も鈍った頃、始めたらしい。三〇年頃には新生帝国図書館に備えられ、閲覧サービスに役立っていた。一六四種、七四〇巻への集合索引となり『日本随筆索引』（明治三四）として東陽堂から刊行された。序文を寄せた和田が、「余、君と相識ること十七年、曽て久しく学窓を同じくし、現に亦職事を等しくす。君の平生余最も熟く知る。而して君の本書を著す、余亦最も具に其苦心の状を見る。適君の請あり、因りて歓びて一言を巻首に辯すと言ふ」と述べている。出版の世話も和田がした。程なく売切れて、紙型も採ってなかったから久しく絶版、定価一円五〇銭が古書肆で三〇円でも入手が難しいという状況となって、大正十五年（一九二六）今度は二一四種一一六〇巻付録四八種に増補し、岩波書店から刊行、さらに一七八種八六一巻付録四種の続編を昭和七年（一九三二）に同じく岩波から刊行した。締めて四〇〇種二〇〇〇巻を越える。

また、明治四五年、彼は『帝国地名辞典』三冊を世に送っている。吉田東伍の『大日本地名辞書』が冨山房から出て、地名の由来を説いて評判になったのに対し、現状の地誌中心の解説で有力な参考図書を提供した。先に述べた『図書館雑誌』創刊の頃、彼はこの辞典の原稿を纏めていて、文庫協会の例会さえ欠席する程多忙だったという。

こうした参考図書の整備に身を挺して努めただけでなく、明治四五年第七回全国図書館大会で講演し、米国の例を引き、図書館指導掛（ルビではレファレンス・ライブラリアン）の重要性を説いた。しかし彼の理想とした参考図書館の建設は帝国図書館では実現できず、大正三年台湾総督府図書館が創設されることになり、和田の示唆で準備段階から太田が参画した。東南アジア関係の専門書を自然科学・人文科学両分野、和漢洋を問わず収集する方針で、創業間もない岩波書店（古書店）を信頼、優れた資料六〇〇〇冊余を整えた（この事業を通じて岩波書店は経営の基盤を固めたという）。台湾では、明治三四年民間有志が台北城内に台湾文庫を開設、研学自習・文運扶植を実現しようとしたが、数年後に財政難で休止、その蔵書は総督府図書館に吸収された。また総督府文書課所管図書六〇〇〇冊、新たな寄贈書を加わえて二万三〇〇〇冊で発足した。初代館長は学務課長兼務、しかし実質は太田の担当であって、帝国図書館での実績を活かし基礎を固めた。若手官僚らを集め資料活用を説く読書会も開く。大正六年から二代目館長となり、同一〇年まで勤めて退職する。その頃、民政長官に就任した下村海南に愛され、しばしば呼ばれて、周辺官僚の耳目を刺激したというが、年齢はまだ五五歳未満の早すぎる退官である。暑い気候に合わなかった。中学教師時代から立てた髯も汗に悩み剃り落した。あっさりとした味を好んだ太田は豚肉や油ものの多い台湾料理にも馴染めなかったようだ。健康を害し帰国すると、折から昇格して大学となった東京商科大学（現一橋大学）の図書館幹事（嘱託）に就任し昭和四年引退するまで同館の経営に尽くした。晩年の彼が力を注いだのは図書館の講習所（現図書館情報大学）の講師として後進の養成に当たることであった。

函館図書館長岡田健蔵

蝦夷地の昔、函館商人に年間六万両を書籍購入に妥てる渋田利右衛門がいて、自宅文庫を開放、希望者には貸出に応じた。領主にも松前一六代昌広は藩校に万巻樓文庫を設け、藩士に利用させていたという。

明治維新後、北海道と改称し開拓使は米国流農法を導入して近代的開拓に努めたが、合衆国農務長官を辞め招きに応じ顧問に就任したホレス・ケプロンの勧告した書籍館と博物館の設置に、開拓使は耳を貸そうとしなかった。新聞縦覧所が本州より一年遅れて明治六年に出現、行政中心地の札幌以外は沿岸諸港に限って普及した。それも束の間、民権弾圧の嵐に消えてしまう。明治中期以降、大正期まで通俗図書館二〇余館が建つ。但し雰囲気堅く利用は低かった。

「北日本の生んだ稀有の図書館人」と坂本龍三氏により讃えられた岡田健蔵（一八八三―一九四四）の業績こそ特記すべき壮挙というべきであろう。

彼の父は青森から文久二年（一八六二）函館に移住した大工だったが、彼の一一歳のとき、死去。高等小学校中退、近在雑貨店へ住込み見習の年季奉公に出、二〇歳で修業終了。自宅に「太陽石蝋発売元」の看板を掲げ西洋蝋燭の製造販売を開業した。胸を病み自宅療養した一七歳の時、将来自立の際の営業科目に選んだという。しかも輸入原料の国産魚油への代替を夢見たが、失敗した。参考文献を探して図書館の必要性を痛感し、自ら地元産業の振興に役立つ図書館経営に乗り出す決心をした由。

明治三九年五月『函館毎日新聞』への投稿者を組織した文芸愛好者たちの一種のサロン「函館毎日新聞緑叢会」が結成された。その一員となった岡田が図書館の設立を総会で提案し、満場一致の賛成を得、彼を中心に図書館作りに着手する。翌年六月に彼の自宅に函毎緑叢会図書室を開設、函毎新聞社へ新刊紹介用に寄贈された図書雑誌、岡田の蔵書を並べ、会員の利用に供した。しかし二か月後の大火で類焼、岡田は焼け残った土蔵に暮す貧困生活の中で図書館再興を計り、四一年東京と東北地方の先進図書館視察を機に市内有識者たちを説得し、五〇余名の賛同を得、四二年函館公園内の区有施設協同館に私立函館図書館の開設を見た。蔵書数七八九八冊、同年度閲覧者数二万八五〇〇人は共に道内随一の実績であった。しかし年会費五〇銭の維持会員は多い年で一七〇名、一時は七名に減る。一回の入館料一銭は年収で三〇〇円にもならない。地元の実業家数氏による寄付金（初年度一五〇〇余円）が図書館運営の基礎であった。その点について、同館の資料収集方針を注目しよう。彼は函館が「最高学府ノ地ニ非ザルヲ以テ、地方ノ情況ヲ考査シ、範ヲ通俗図書館ノ制ニ採リ、漸次、読書趣味ノ向上ヲ促ガサントス。又郷土資料、商工業書類ハ、土地ト密接ノ関係ヲ有スルコトナレバ、収集ニハ特ニ重キヲ置ク」と同館事務概要に述べ、専門的図書の収集を避け、初歩的・一般向け図書を選んでいるが、注意すべきは商工業の参考となる技術書や実務入門書を集めている。そうは言っても、小説随筆など読み物主体の文学・語学書が全体の五九%、歴史・地理書が一〇%、思想・教育・法政・経済それに科学・医学の三部門が各五%、技術・産業が七%、宗教書一%、総記八%と利用図書の構成は当然ながら偏りがあるが抽象的な知識への関心には函館市民も岡田も薄い点で一致している。もう一つ、岡田の力を入れた分野に郷土資料がある。

「世上の毀誉の外に立って敢然として所信に従って収集した北海道資料は、その数二万点以上にも及び、質量共にわが国にこれに比肩するものがないであろう」と岡田館長を語るのは、函館公園前で写真師を営んできて、市立図書館になって後岡田の下で司書として勤めた田畑幸三郎である。その真価については国内ばかりか海外の研究者からも高く評価されている。

弘文荘の反町茂雄は語る。

「昭和五、六年ころから、この卓れた図書館人の知を得て、久しきにわたって、多くの北海道関係の重要な資料を館に納入した記憶があります。私の目録に掲載した蝦夷地及びアイヌ関係の稀書・珍書には、必ずといってよい程、全国に先がけて、函館図書館から電報の注文が到来し、沢山の高価な古書が津軽海峡を渡りました。」

一例に、渋江長伯自筆草稿『東遊奇勝蝦夷地歴遊日記』全一三巻の場合を挙げよう。昭和一一年一一月初め『弘文荘待賈古書目』第八号が発送され、岡田も函館で目を通し、右記『蝦夷地歴遊日記』を見出して、注文電報を出す。反町の文集『古典籍の世界』に同書の旧蔵者からの売立て以来の経緯が紹介されており入札目録では「東遊奇勝　写本宍戸昌先生序文　十二冊」としかなかったので、誰も著者が幕府医官渋江で、幕命による探検の記録と気付かない中、反町一人重要性を認識、四〇〇円で落札し、七五〇円で販売。注文第一着が函館図書館、次に東大人類学教室、続けて天理の中山真柱、東北大、翌日北大図書館の順。もちろん現品は第一着の函館へ発送された。数日後、史蹟名勝天然記念物保存功労者表彰式に出席のため上京した岡田が反町を訪ね、『東遊奇勝』の行方を尋ねる。入手を確認すると「すぐ帰ってお金の工面をする」と言う。市内有力者を歴訪し酒谷小三郎氏に歎願し一時立替という事で現金七百五拾円受領と業務日誌にある。しかし「函館タイムス」紙では「蓬莱町の旗亭おじ仲の女将」が「それ程貴重な本ならば之で」と金を渡したと書かれていた。

＊

「こんな骨董物ばかりに金を出して新刊書というものは、更に用意しない」と非難され、予算市会の度に、図書館が血祭と友人の市会議員花光春之助がこぼした。昭和一三年度館予算総額一万九〇三九円、うち図書費三五〇〇円のなかで、早々と四月に函館関係古文書二三五点を九八〇円で、五月にアイヌ画幅を一六円で購入、これだけで図書費の二八％を占める。同年度に『三府五港細見図』『戊辰戦記絵巻物』『箱館賊艦事件』などを購入するから、予算の三分の一を越えただろう。新刊書購入を前提の予算で、古書に割く額は一〇％程度が妥当限度であろう。但し前回挙げた『東遊奇勝』のように予算外の寄付を得て購入する分には問題はなかろう。それにしても、郷土資料館的機能重視は岡田の強い特徴であった。

ところで、私立函館図書館の創業費は先に解散した旧函館英語学校の残余金九一三円余で、その譲渡に関連し、旧校評議員泉孝三が初代館長となり、緑叢会を主宰した函館毎日新聞主筆工藤忠平が副館長、そして岡田は事務主任に任命された。泉は早逝し、同じ関係者平出喜三郎が館長を継ぐ。図書館経営を預り、岡田は家業の蝋燭屋は妹に任せ切りで専念したが、彼の報酬は月に一〇円だった。母や姉妹を抱え家族生活を保てない。所有する不動産を処分、家族に安い住居をあてがい、自身は明治四五年迎えた妻と図書館宿直室に住み、生活全体を図書館で過す。金に換えた資産は直ぐ底をつき、外米の粥をすする日が続く。年の瀬、見兼ねた友人山木幸吉が匿名で米三俵を届けて救ったこともあった。大正七年八月、平出館長は評議員会を開き、以後毎月八〇円を寄付、うち七〇円を岡田の給料に充て公立に移管される同一五年まで継続援助した。その間、岡田は六年に次男が病死、九年に三男、一二年に四男も失い、更に一三年には母親まで失っている。

貧窮の中で岡田を喜ばせたのは、図書館書庫不燃化の実現であった。大正二年米穀商相馬哲平の寄付九千円を得て五階建て鉄筋コンクリート書庫一一二坪を同四年建立することができたことである。最初の図書館事業を大火で焼失した記憶を償う彼にとっては悲願であった。

他方、大正天皇御大典奉祝記念事業として、公立図書館設立が大正四年函館区（＝市）会で決議されていて、私立函館図書館を函館区に移管することは決っていたが、移管の際、老朽化した図書館を解体、書庫同様鉄筋コンクリート建築にと要望する私立図書館維持会と新館も木造で処理したい区側とが折合わず、長く平行線のまま過ぎた。

早くから岡田は問題解決を寄付に仰いだ。その相手は、岡田の丁稚奉公時代、自分も近傍の回船問屋の住込店員だった小熊幸一郎で北洋漁業経営に乗り出して成功し、既に資料購入等で助勢を得ていた。ある席で図書館不燃化を話題に挙げ、小熊の関心を呼び、経費を尋ねられると「二万円もあれば建つ」と請合い、その場で寄付申込書を先取りした。そこには「明治四十八年は小生五十歳並に創業二十年の両記念に相当し候に付、右記念として貴図書館新築費に宛て金二万円也同年十一月三日の嘉辰をトし寄附仕候間、期日に至り候わば御受納下度此段申込候也」と書かれていた。

大正四年、第一次世界大戦時の船舶売買から小熊は莫大な富を得、いわゆる舟成金となった時、再び岡田が訪問し、寄付の増額を要請した。「かなわないな、そのうち百万円に値上げされそうだ」と小熊が笑うと、「それくらいになって欲しいが、図書館建築費は五万円ということで」と押し、寄付する側と受ける側が逆転していたような勢だったという。

こんな準備の上で、大正一一年、岡田は市会議員に在職のまま立候補・当選し、市会の場で解決を期す。しかし彼の直情径行が災いし成功しない。その任期中に済まず、次期再選後ももめ続けた。館長平出喜三郎が図書館維持会を召集し、不燃建築実現を確約の上、無条件で函館市へ移管を提案、平出の誠意で承認された。小熊の寄付は一旦函館市に納め、市は総額八万円を支出、鉄筋コンクリート新館舎を建て、市立図書館は昭和三年七月開館した。前館長平出らは岡田を新館長に推薦するも、市理事者は岡田の頑固さを嫌い同意しない。調停を買って出たのは防疫医斎藤與一郎である。彼も苦学力行し医師となり、ドイツ留学後、郷土の地域医療に尽力、函館医師会副会長に推され、その上、函館教育会会長に選ばれていた名望家で、岡田とは同じ温泉朝風呂会で知り合い親交を深めていた。斎藤の斡旋により岡田への誤解が解け、晴れて岡田市立図書館長が実現したのは昭和五年七月（その前四月市議辞職）であった。

昭和九年三月二一日、函館は列風下の火災で、市街の五四％、市内の官公署・学校・新聞社等の主要建物を焼失した。夜、延焼館裏手に迫り、岡田らは書庫前に構え防火に努め、守り抜いた。不燃化の効果立証となる。三週間後、閲覧業務再開と共に復興都市建築材料陳列所を開設し、不燃建材の啓蒙を試みた。

『日本十進分類法』は昭和四年初版から採用、謄写版印刷カードを早期に評価するなど、新技術導入にも熱心であった。

昭和一九年一二月二一日、肺を病み死去。後継ぎを期待された長男が応召して翌春戦病死。昭和一七年上京し図書館講習所に学んだ長女弘子が同館司書を継ぎ、戦後、館長にも就任し、亡父の遺業を発展させた（本稿は坂本龍三氏の研究に負う）。

外野から叱咤激励した図書館用品店主間宮不二雄

近年は図書館目録もデータベース化され、映像画面に見ることが多く、カード目録を知らない方も大勢おられるようだが、二〇年前まではカード目録であった。その目録カードの大きさは縦三吋《インチ》横五吋（＝7.5×12.5cm）と決まっている。米国の葉書の大きさに由来する。十進分類法の創案者メルヴィル・デューイが提唱した。彼は米国図書館協会の創立に係わり、初代事務局長を務め、コロンビア大学図書館長・同大学図書館学校長となり、図書館用品調達局《ライブラリービューロー》を開設した。彼に比較できる人物は日本にいないが、今回採り上げる間宮不二雄が図書館員ではないにも拘らず、最もデューイに近い人物と思われる。

彼は明治二三年（一八九〇）六月二三日、東京本郷元町に誕生、直参旗本の一家であったが甲府勤番を一二代続けた後、奥州棚倉の代官で維新を迎えた祖父の五男として戸籍に載る。実は祖父の長女八重を未婚の母とする由。彼女は当時唯一の女性も入学できる医学校、長谷川泰の経営する済生学舎に通い明治二四年医師免許を得、同四一年まで開業していた。彼女の次兄は工部大学校採鉱冶金科卒、三兄は同土木工学科卒と高学歴だが、不二雄は高等師範付属小学校を卒業したのに中学へ進まず丸善に住込み丁稚勤務する。祖父が死去、母が再婚と家庭事情の激変による。三年後、手代に昇格、明治四〇年大阪支店詰となり、京都支店開設準備やアジア大陸まで営業に出張したり活動、大正三年（一九一四）本店へ戻る。支店で腕を振っていたようには行かず、東京府立工芸学校夜学に通い、卒業の際は総代で免状を受取った。来賓の欧文タイプライター商黒沢貞次郎が間宮の祝宴を催し、その洋行希望を適えるとの申し出に感激し、翌日丸善へ辞表を出す。丸善側は驚いて引止め策に出たが一歩も退かず、半年後に退職し渡米船上の人となる。桑港《サンフランシスコ》から列車で東行し紐育《ニューヨーク》州シラキュース市に往き、黒沢が特約するＬＣスミス・タイプライター社で機械製造全工程見学と実習に三か月、その後は東部主要都市を巡遊し在米一年、カナダ経由で帰国、五年間を黒沢商店へお礼奉公の後、大正一〇年大阪で図書館用品店を開業、翌年合資会社間宮商店とする。大阪を事業基盤とした事が関東震災の勃発で、結果として幸運に結んだ。震災で被害を生じた関東地方の図書館の復興に事業の機会を与えられただけではない。一四年徳川頼倫総裁の逝去が図書館界の指導体制を揺るがし、翌年総会で日本図書館協会理事長を今井貫一大阪府立図書館長が引受けることになった。今井は庶務会計は東京に残置し『図書館雑誌』発行のみ大阪で運営すると決めた。しかし自身が府立図書館で編集する予定があった訳でなく、震災の影響を排除し定期の刊行を確保したかったのだ。行き着く先は間宮への編集委託となった。間宮は自己事業のＰＲを兼ねた『圕』誌第一巻第一号を大正一五年夏刊行直後に委嘱を受け当惑したが、大乗的見地から『圕』誌を一号で廃刊―『図書館雑誌』を同年一一月第八六号から引受け昭和三年五月協会理事長のバトンが帝国図書館長松本喜一の手に渡り、同時に機関誌の編集も東京勢へ移るまで一七冊を担当した。従来の一冊一号制を改め、年間通し頁巻号制とした。横組も提案したが、賛成少く思い止まる。協会誌を手放すと共に青年図書館員聯盟を組織し自ら書記長となって機関誌『圕研究』を創刊、昭和一八年戦時統制協会で右聯盟解散による廃刊まで一六巻計六一号を発行、加盟した若手図書館員の研究成果を掲げた。殊に注目されるのは図書館用品の共通標準化に止まらず、図書館業務の合理化標準化を計った点である。二〇年三月一七日大阪は空襲に遭い、間宮商店・居宅共に焼失、実母の再婚先の北海道十勝郡浦幌村へ遁れた。資産一切を失って彼は「私の圕書に対する思念」を次の四項に纏めた。

① 家具、設備、用品の標準化と之等の供給。大正一〇―一五年に大体完成、圕員は専ら圕経営に当らせ、

必需品等に頭を使う要なく既成品整備完了。

② 圕員のトゥールズ完成＝日本十進分類法（ＮＤＣ）を森清が昭和四年編纂、間宮が、その改訂五版（昭和一七）まで刊行。日本件名標目表（ＮＳＨ図書検索用共通用語一覧）を加藤宗厚が編纂、昭和五年刊、一九年改訂刊。日本目録規則（ＮＣＲ）を聯盟目録委員会編、一七年刊。

③ 新刊図書の印刷カード配給事業。目録カード寸法規格統一と拠るべき分類法・目録規則の普及を待ち、目録カードは印刷カード配付体制を予想した。

④ 定期刊行物の索引誌刊行＝準備に要二年。最後の仕事。と要約し①②は一応果したので③④は後人に托すとし、八〇歳の未亡人となった実母の農場を継承した。やがて敗戦、農地改革に合わせ小作地等を譲渡、村の社会教育委員に選出され遂には全道の委員になり、また農業協同組合役員を務め、地域社会の民生化に貢献、また『浦幌村五十年沿革史』の編纂に腕を振るった。英会話をこなし進駐軍と折衝して権利を守り、筆も立つという僻地に得難い才能が発揮されたのだ。しかし北海道に納まらず二五年上京し図書館用品製造販売「ジャパン・ライブラリー・ビューロー」創設、代表取締役の一人に就任、三五年相談役に退くまで現役復帰したが、先覚者として認められ、斯界の長老と仰がれ、藍綬褒章や勲章（勲四等瑞宝章）を受け、四五年一〇月二四日大往生を遂げた。享年八〇歳。

初代文部省社会教育課長乗杉嘉寿と二代目帝国図書館長松本喜一

大正八年六月、原敬内閣の文相中橋徳五郎は、普通学務局に第四課を新設し、乗杉嘉寿（一八七八—一九四七）に課長を命じた。乗杉は富山県砺波の浄土真宗徳水山新寺住職の次男に生まれ、金沢四高を経て東大哲学科を明治三七年卒業、印度哲学専攻で大学院に進んだが、日露戦争下で文部省勤務、主に通俗教育行政に従事、大正六年から七年にかけて英米に留学、社会教育施設を調査し、帰朝後、地方通俗教育主務者「社会教育主事」制度の確立に功績が認められ、新課長に起用された。彼は八年四月第一四回全国図書館大会で「社会改造の機能としての図書館について」と題し、変り行く社会に対応する教育機能として図書館の重要性を指摘した。日本図書館協会（以下、日図協）に入会し、同年暮には評議員の一人に加わり、館界の要望を知り、彼が出来ること、すべきことを悟る。それが図書館専門職の養成学校設立である。

臨時の図書館事項講習会ならすでに幾度も実施されてきた。本連載でも、大橋図書館で開かれた日本文庫協会主催最初の明治三六年講習を五〇頁で紹介した。

文部省主催の第一回講習会は同四一年七月二七日―八月七日開催、帝国図書館長田中稲城が図書館管理法、文部技師久留正道が図書館建設法を講じた。受講者四五名。日図協には連絡なく、和田万吉ら協会役員は不満だったらしい。同四五年には帝国図書館主催の講習会が京都府立図書館で催され、帝国図書館から太田為三郎、京都府立館長湯浅吉郎、それに山口県立館長佐野友三郎が講師となり好評を博す。京大図書館長新村出が書史を科外に講じた。講習期間中の七月三〇日天皇崩御があったが、一日休講のみで講習を了えた。地方主催では、京都・大阪両府立が京大図書館と組んで共同発起の研修会を明治四二年に京都東山文庫で催している。同年東京市教育会でも同様の講習会を開催している。大正期に入ると、石川・新潟・熊本・山口などの諸県で講習会が実施されている。期間がたかだか五日、通例三日、全国規模の場合でも最大三週間で、これでは本格的専門職養成は困難と判り、学校組織の恒久的養成機関設置の必要性が館界識者の間で広く認識されるようになった。

自ら留学し図書館学校に学んだ湯浅、欧米に出張し実状を調べた和田の報告、米国の図書館学校一六校中八校について比較分析した今沢の報告等も『図書館雑誌』に載り、図書館学校の具体像も次第に明らかになる。

日図協で図書館員養成所設置委員会を明治四五年設け、ここへ和田・太田両委員が叩き台として提出した原案は、入学資格中学卒、修業年限一年となっているが、これは小学校教員を養成する師範学校第二部の修業課程を念頭に描いたものである。日図協の委員会で検討されたカリキュラム等の具体案に基き、図書館員教習所設立案をまとめ課の運用できる事業費用二〇〇〇円内至二五〇〇円を妥てる企画を持って、乗杉が省内各方面の了解を得ようと努めた。しかし誰もおいそれと応えてくれない。第四課の官制も定まらない内に「通称社会教育課」の看板を掲げ、省内の顰蹙を買っていたから、まづ参事官連中に名称をカムフラージして新たに学校設立の野心家と睨まれ、また当初は日図協が設立し、文部省は補助するだけとして責任軽減を図ったが、会計課から補助金の形で支出を認められず、止むなく全面的に乗杉が直接管理せざるを得なくなった。そして、教場として予定した帝国図書館が田中館長から施設狭隘を理由に拒絶に遭う。隣接する東京美術学校校舎の一部を同校長正木直彦の好意で借りて凌ぐ。そこは曽て東京教育博物館に同居を余儀なくされた際の帝国図書館々舎であった。この経緯には古参の帝国図書館員太田爲三郎辺りの裏面工作があったに違いない。乗杉に協力しない田中館長の更迭については既に三六頁で触れたが、問題は後任人事である。帝国図書館首席司書官村島靖雄、和田東大図書館長、いづれも東大出の秀才、更に東京市図書館々頭今沢慈海は東大哲学科、それも同じ印度哲学専攻の後輩、と人材が何人もいるのに無視し、図書館に無縁の茨城師範学校長松本喜一（一八八一―一九四五）を選んで館界を失望させた。日図協は徳川総裁や今沢会長が抗議したが無駄だった。乗杉としては絶対に裏切らない後輩（東大哲学明治三九卒、心理専攻）を選んだつもりだろう。乗杉は強引に図書館教習所を設立した酬いか、大正一三年松江高等学校長に転任させられ、通俗教育行政の舞台からはずれる。教習所は翌年から図書館講習所と改称された。乗杉は昭和三年東京音楽学校長となって上京する。同六年講習所十周年記念式典に来賓として列席、祝詞を述べた中で「内容が如何になつてゐるかは知らないが、形式だけは十年前と何等変わつてゐないやうに見受けられる。併し創立当初こそ学校といふ名称を用ひられず所の名の下に設立されたのであるが、十年後の今日尚所なる時代錯誤的名称で存置されてゐる事は甚だ遺憾」と残念がる。引き続き社会教育行政を握っていたらと悔しい思いを味わっていたかも知れない。

中央図書館制と読書運動

大正一五年（一九二六）公共図書館数は四三三七館、それが九年四七九四館に増えた。これが戦前における最多数である。道府県立・市立・市所在私立図書館が一九八館であるから、町村の公私立図書館が九六％を占め「裾野の広い底辺を形成」と永末十四雄氏は述べた。市は九三％に図書館を持つが、町は四九％、村は三二％に過ぎないとも指摘する。更に蔵書数三千冊以

松本は昭和前期の図書館界に昭和六―一三年日図協理事長を勤めたが、自己の御前講演の日を図書館記念日にしたり、中央図書館制を推進し、その頂点に君臨したり、自己の権勢欲を充すのに統制時代を利用し、批判の的となった。ただし講習所の講師招聘には熱心で、望み得る最高の専門家を迎える努力を惜しまなかった。

下の図書館が全体の九四％を占めていて、その零細・貧弱さを露呈する。図書館数は翌年から減少するが、皇紀二千六百年の昭和一五年祝賀新設を経た一六年再び九年の数に復する。但し大多数が零細図書館である状況は変らない。

この貧弱な読書環境の中で展開された図書館運動が読書会活動であった。その旗頭が中田邦造（一八九七

―一九六七）である。彼は滋賀県に生まれ、名古屋の八高を経て京大哲学科を大正一二年卒、兵役後一四年石川県吏員となり、昭和二年石川県立図書館長事務取扱を命ぜられ六年同館長に補せられた。それから一三年間彼の指導を受けた七尾市立図書館梶井重雄の言葉によると「雪深い能登路をてくてく歩」いて読書運動に邁進した。それまで読書会といえば社会主義者の集りを疑われたが、中田は図書館を通じて「自己教育力を喚び覚さんための努力」と捉える読書学級を企画実施した。九年には青少年文庫に改編、中田によって考案された図書群を組織立った学習秩序に従い、読み、読書日録をつけ（考え・書く）、自己教育を実現する訳で旧読書学級修了者が補助員となって支援し、県内一五市町村で五百名の会員を集めた。

文部省は大正八年社会教育担当の第四課を新設したが、昭和四年社会教育局へ昇格させ、同八年七月図書館令を改正し「第一条　図書館ハ図書記録ノ類ヲ蒐集保存シテ公衆ノ閲覧ニ供シ其ノ教養及学術研究ニ資スルヲ以テ目的トス」に加え「図書館ハ社会教育ニ関シ附帯施設ヲ為スコトヲ得」の一項を添えた。翌年一月『図書館雑誌』に中田が「図書館の拠って立つところ」を載せて、附帯施設も図書を介した活動たるべしと説いた。翌月文部省成人教育課長松尾友雄が反論し、附帯施設の項を追加したのは図書館の機能の拡張即ち図書に関係ない社会教育機能へ進出すべしとの見解を掲げた。彼の見方は戦後の公民館に通じる町村社会教育館構想に連り、図書館の独自性または読書の特性を否定し、行政の都合からの網羅包括主義を覗かせていた。図書館界は中田意見を支持した。

中田は昭和一五年北陸から上京し東大図書館司書官に就任、傍ら日図協理事として石川県で実践した読書運動を、日図協を足場とした読書運動の全国展開へと計った。この年、近衛文麿首相は新体制運動を提唱し、一面において文化統制に向い、内閣情報局を設置、出版物の事前審査、用紙の配給統制を実施した。中田はこの新体制に即して農村や工場の勤労青年の時局認識を高揚させる図書群運動を開始した。戦時自粛で中止になった全国図書館大会の代わる第一回全国図書館綜合協議会（中央図書館長協会ほか四八図書館団体の代表等一〇〇余名出席）が昭和一六年三月東京で開かれた。そこで協議題「高度国防国家体制に於ける図書館の地位及機能如何」に対し「図書館ハ新体制下ニ於ケル国策ノ研究宣伝ノ第一線機関ニシテ又最モ重要ナル国民再教育ノ道場」と確認した。六月には文部省の教育審議会で社会教育に関し「図書館活動ノ積極化ヲ図ル為読書指導を強化スルト共ニ貸出文庫、移動文庫等ノ施設ヲ拡充スルコト」との答申が出て、文部省の施策に影響を与えた。翌年五月には旧年の全国図書館綜合協議会に代わる図書館部会綜合協議会が開かれ、文部大臣諮問「大東亜共栄圏建設ニ即応スベキ国民読書指導ノ方策如何」に対し「読書指導組織ヲ確立スルコト」などと答申、「当局ノ強力ナル指導ノ発動と財的援助」の必要性を指摘した。九月には文部省が石川県金沢に読書会指導に関する研究協議会を開催、そこでは日図協と文部省共編『読書会指導要綱』が提示されたが、その執筆には仲田が中心になって健筆を振るっていた。文部省担当官で後に日図協事務局長、理事長となった有山崧がこの協議会の状況を『図書館雑誌』に報じているが、国家が読書を真剣に奨励しようとした時代のあった証しにも思える。ただし他方で出版統制により事前検閲、用紙割当等の限定があり、「必勝の信念確立」とか「皇国民の教養錬成を成す」国家目的に適った読書の強要ともなっている。一九年二月静岡県芝富に読書指導者養成所を開設した文部省は大政翼賛会との共催で読書指導者思想錬成会を催した。中田は同年七月、東大司書官を辞し東京都立日比谷図書館長に就任、直ちに西多摩郡多西村に職員の宿泊研修を実施し、また職員の読書会を組織した。しかし戦局は悪化し、図書館では館員の応召他生産現場への徴用、農村では青年層の減少が著しく、もはや読書会は形成不能に陥っていた。それより学者達の蒐集した貴重な蔵書を譲り受け（買上図書という）それを疎開して戦禍から守り抜いた。「この功績は当時の都立図書館管理掛長秋岡梧郎氏とともに中田館長に負うところが大きかった」と清水正三氏は誌している。中田は戦後も中央図書館制を固守し戦災館復興や若手職大量採用とその教育、外地引揚図書館員の就職斡旋などの戦後処理に尽力、二四年引退し、三一年、六〇歳で永眠した。

満鉄における調査参考図書館

戦前の図書館を語る掉尾に植民地の図書館に触れておく。

満鉄（南満洲鉄道株式会社の略称）は日露戦争の結果、日本がロシアの持っていた中国における権益の一部を割譲させて、その管理機関として設立した。元を訊せば、日清戦争で日本が中国から奪った遼東半島を、極東の平和を妨げると清国へ返還をロシアが独・仏両国を誘って勧告、日本が屈すると、代ってロシアが租借、シベリア鉄道と結ぶ東支鉄道を敷設していた。ポーツマス条約で漸く日本はひと昔前の権益を回復したと言っていた。帝国主義時代の日本では常識的考え方であった。

鉄道国有化論もあったが、満洲派遣軍総参謀長児玉源太郎は西欧の植民地経営に倣い、東インド会社まがいの国策会社・満鉄に委ねる途を選ぶ。満鉄初代総裁には、児玉の念頭に最初から後藤新平が居た。日露戦争前に台湾総督の児玉の下で女房役（民政長官）を長く務め、後藤は高い評価を得ていた。そして期待通り、後藤は美事な経営振りを披露した。伝統的に遼河を上下する戎克《ジャンク》船が満洲の交通・物流の中枢であり、河口の営口が貿易港であった。営口を大連港に変更させ、同港から満鉄を奥地へ流通の動脈とする体制へ移行させるのが初期満鉄の急務であった。後藤は速やかに体制を整えただけでなく、鉄道沿線付属地の各地に学校・病院・葬祭場など文化生活に備えた多方面の施設を設けた。図書館もその公共施設の一つで、明治四三年に奉天、公主嶺、大石橋など八か所に図書閲覧場を設置、巡回文庫を廻すこととした。大正四年には列車文庫を創始、単調な大陸の旅を慰める試みであった。閲覧場は公費図書館と改められ、昭和二年には二三館に増えている。しかし後藤の本来の狙いは調査部門の充実だった。彼は福島県須賀川医学校という教師も設備も整わない学校で明治九年医師免許を得、翌年西南戦争に大阪陸軍臨時病院で修業を積み、一五年岐阜で刺客に襲われた板垣退助を治療して名声を博した。予防医学を主張し、内務省衛生局に迎えられ、ドイツ留学を経て衛生局長に昇る。衛生調査に現地の実状に照らして対策を講ずべきだと確信した。彼の調査重視は生涯続き、満鉄調査部設置と並んで、大正九年東京市長となって、東京市政調査会を設けて好評であった。満鉄調査部は営業草創から図書室を置いている。大正七年大連図書館として独立、東大哲学（心理専攻）卒で東京市立日比谷図書館在勤の柿沼介《かたし》（一八八四—一九七一）をスカウトし、丸二年欧米を視察させた上で館長に据えた。もう一人衛藤利夫（一八八三—一九五三）も東大哲学選科卒、東大図書館司書から渡満、大正八年奉天図書館長に就任する。

大連図書館は有名な『永楽大典』五八冊（北京国立図書館の一二〇冊所蔵に次ぐ）、北宋本『准南子』『管子』など、南宋元版数百冊、外に『芥子園画伝』の精刻初刷、乾隆帝欽定『耕織図』の大銅版画など、漢籍で地志、文学書の豊富さは東洋随一を誇った。洋書では北京在住三〇年のイタリア人外交官ロス氏蒐集の東亜関係書、西域関係書を揃えた。漢籍三〇万冊、洋書二〇万冊、それに日本語書三〇万冊、全部で百万冊を越えるという。

奉天図書館は冊数では大連の三分の一以下だが、特色ある集書に仕立てた。漢籍では宋元版は始めから望まず、康熙・乾隆の版本に力を注ぎ地誌を集め、洋書は耶蘇会士の書翰や年報に網羅性を高め、その分野では一流の域に達していた。衛藤は簡易図書館を奥地調査の調査参考図書館の域に整えた上、東洋研究の欧米人の名著を集めた魅力的な図書館に仕立てた。

哈爾浜図書館は大正一二年開設されたが、当時満鉄線は奉天以北に及んでおらず、哈爾浜は満鉄付属地でさえなかった。表向き公費図書館だが、仮想敵国ソビエト連邦関係情報資料収集の前線基地であった。ロシア語図書一〇万冊、在住ロシア人学者の学術書や論文抜刷などが集まっており、ロシア語以外の洋書、日本語書、漢籍、併せて約一〇万冊も侮り難い蓄積である。

昭和六年満洲事変が生じ、翌春満洲国建国と時局が進展すると、公費図書館は満洲国へ移譲され、大連・奉天・哈爾浜の三館を調査局所属として残置した。

大連図書館館報として『書香』が有名だが、大正一四年創刊時は満鉄図書館全体の共同館報ということで、諸館の成績報告と蔵書紹介を目的としていた。柿沼は立場上、大連図書館の資料紹介には遠慮しながら努めて一般化し、〈書目の書目〉の重要性を指摘したり、厳正な書評の必要性を求めたりした。その点で奉天図書館が昭和一一年『収書月報』を創刊し、満蒙にしぼって収集した康熙・乾隆期の西洋文明伝播に関するコレクション形成の状況報告が衛藤の健筆で語られたほうがすっきりする。『書香』も翌年、大連図書館の館報に生れ変り、継続刊行され同館蔵書の積極的な紹介に改まる。また哈爾浜図書館も昭和一四年『北窗』を創刊、ロシア文学や歴史の紹介に尽力した。

他方、調査部三館が中核となって業務の標準化や協力体制の確立が推進された。初期の図書館事業の指導には京都帝大図書館から佐竹義継（一八八一？—一九三一）が来て担当したが、その背後には、後藤のブレーンで京都帝大教授のまま満鉄理事となった岡松参太郎がいた。その後は柿沼・衛藤の指揮で相互貸借制度の運用など、日本国内より早く実地に成功させた。

江戸以来の貸本屋から児童図書館へ

読書の面から児童図書館の源流を振り返ってみたい。

近代前には、子供の読み物としては、昔噺（民話）、伝説、神話などの伝承説話の中から子供向きの話が選ばれ、大人が語り聴かせる形で伝達してきた。

古く南北朝時代の延文・応安（一三五六―七五）期成立といわれる『異制庭訓往来』に出てくる「祖父祖母《じじばば》之物語《のものがたり》」とか、室町時代（一三七八―一四六七）の御伽草子など、読み聴かせ用に作られた書物もあり、絵草子は天平時代（七二九―四九）に遡及する昔から存在する。示すのは絵で、子供の興味をひき、絵に添えられた文章を大人が読み上げ、説明する。自力で説明用文章を読む子供は江戸時代になっても極く限られた層の人に過ぎなかった。

家庭で、親が子に読み聴かせ語り聴かせる風景は広く見られた。親の代りに祖父母、或いは年長の兄姉が代行した場合も少なくなかった。商家では、番頭や手代が主家の子弟のために読み語る例も珍らしくなかった。夜など、丁稚たちも一緒に聴くことを認められた場合もあった。

こうして必ずしも子供向きとはいえない読本類、例えば曲亭馬琴の『椿説弓張月』や『南総里見八犬伝』や草双紙類の青本や黄表紙、合巻類まで含めて、一家で楽しむ家が少なくなかった。

しかし書籍は近代より高く、貸本に頼ることが多かった。貸本屋は宝暦三年（一七五三）に存在した証拠があると沓掛伊左吉氏に教えられた。文化・文政以後大いに繁昌したようである。

安政三年（一八五六）の時点で、貸本屋の一冊あたり見料を長友千代治氏が紹介されており、

浄るり丸本　一冊ニ付一二銅
和漢共軍書類同　六銅
同軍書敵討類写本同　四銅
絵本仮名物之類同　八銅
同新板類同　一六銅
諸国名所図会類同　二〇銅

と言う。五七日（＝三五日）限り一度に五冊まで貸す。読者は一冊に一人でない複数の場合が多く、三人、五人が同時に楽しんだ場合も多く見られたのである。

明治維新後は、出版物が増えた。第一に新聞が発行

された。西洋の新聞については、新井白石が宣教師シドッチ訊問で知り『西洋紀聞』に記録しているし、蘭館長にオランダの新聞記事から重要なものを選んで提出させ通詞に訳させて幕府は「風説書」と呼んでいたが、幕末には、中国から中国語新聞や英字新聞が輸入され、本邦でも刊行した。最初は翻訳だったが、政府が『太政官日誌』、佐幕派は『江湖新聞』を出す。木板に彫刻、三日か四日に一度刊行した。『江湖新聞』は薩長批判を載せて、維新の年、編者福地桜痴は逮捕され、板木や新聞は没収された。

しかし新しい新聞が続々発刊され、情報伝達に新聞の意義を認める政府高官も居り、新聞事業は拡がった。活版印刷も新聞では速かった。

新聞縦覧所が各地に設けられた。公設もあれば、富裕民が、作者や店子に回覧したり、読み聴かせたり、掲示場を提供したりした。次いで雑誌が登場する。

ただし書籍全般が活版印刷に移行するには約四半世紀を要した。その間の、人々の読書生活の変容を前田愛氏は次の三点にまとめた。

①均一的な読書から多元的な読書へ、あるいは非個性的読書から個性的な読書へ、②共同体的な読書から個人的読書へ、③音読による享受から黙読による享受へ、である。

確かに、新聞・雑誌の出現により、出版物は多様化し、従来の反復熟読型読書から多読消費型読書へ向う点を取上げると、付け加えるべき第四点になると永嶺重敏氏は説く。また、彼は図書館においては、明治五年（一八七二）創設の書籍館書冊借覧人規則以来、例外なく、発声音読を禁じ、黙読を利用者に求めているが、新聞縦覧所では黙読を求めなかった。縦覧所利用者も記事に感じ入って音読するあり、漢籍素読の訓練を受けた書生層は愛誦・暗誦型読書を止められなかったり、個人的習性もあったが、本来、読み手は読み聴かせる立場にあった集団的読書のリーダーだった。そして公共空間では、学校の寄宿舎では時間を区切って許可するとか、特に指定した空間（音読室）に限って許可するなどの方策が採られたが、次第に黙読が支配的となる。

ところで、児童サービス面で源流となった図書館はどこか。

明治三五年六月一五日開館の大橋図書館となろうか。児童閲覧室が備わり、一二歳以上を利用対象としており、館外貸出に積極的でないのが惜しいが、当時としては止むを得なかったであろう。県立山口のように佐野館長、府立京都の湯浅館長のように、その館長の個人的力に頼り、その人が去ると続かないのはどうかと思われる。大橋図書館の場合は、市立日比谷図書館の創設にも好い影響を与えており、有意義であった。

やはり日比谷図書館こそ、児童サービスの源流として清水正三氏の説かれる意味で位置付けられるべき存在なのではなかろうか。

図書館における児童サービスの歩み

わが国最初の図書館は大英博物館付属図書館を念頭に置いて造られたことは冒頭で述べた通りである。その創設者・町田久成は、文化財保護のための国立博物館の一翼としての併立図書館（＝書籍館）を設立したつもりだったから、生徒教育のため必要と主張した田中不二麻呂と対立した。紆余曲折はあったが、町田の開設した博物局書籍館も田中不二麻呂設置の東京書籍館も閲覧者の年齢制限はなく、特に後者では「東京開成学校・医学校・英語学校・外国語学校・師範学校・女学校」にわざわざ「利用に供すること」を通報しており、少くとも小学校卒業以上の未成年の登館を認めていた。

東京書籍館は西南戦争の戦費が嵩んで、各省庁何かしら節約して経費撚出することに伴い廃止され、一時的に東京府へ預けられた。この東京府書籍館時代の「規則」では「但、童幼ニシテ人の扶持ヲ須《マ》ツ者…入館ヲ不許」とあり、学齢前レベルは認められていない。明治一二年高知県書籍館規則は「六歳未満ノ者…館内ニ入ルヲ許サズ」と直截に規制した。

しかし小学校児童や中等学校生徒、或いはその卒業生や中退者で知徳増進を望み、読書を図る者のための図書館は、大日本教育会付属書籍館からではなかろうか。

「教育会は、明治九年の初に、東京に於て第一大学区内一府八県の学務吏員、学区取締、学校教員等相会し、学事施設の要を議し、議事録を印行して、之を其部内に頒ちしに始れり」（『教育広報』二六六号）と佐藤誠実『日本教育史』にあり、東京在住の教員・学務吏員ら有志の近代教育体制研究会が複数発生し、明治一六年合体して東京教育学会を結成した。更に府県学務課長や師範学校長から成る文部省主催の学事諮問会が合流して一六年九月に大日本教育会と改め、全国組織の教育団体に発展した。

初代会長は文部大書記官（次いで文部次官）辻新次である。当初から文部省や府県の諮問機関的性格を持ち、普及・振興機関でもあった。この頃から全国各地に地方教育会が組織され、町郡レベルから府県レベルまで七〇〇余、二三年頃には会員は一〇万名以上に達した。二三年伊沢修二を社長に国家主義教育鼓吹団体の国家教育社と小学校義務教育費の国庫補助実現推進運動で合意合併、二九年末には帝国教育会と改称した。

ところで、大日本教育会は明治二〇年三月、神田一橋通の同会事務所内に書籍館を開設した。これは誰の発想か。三一頁で紹介した通り、辻会長よりも手島精一であるらしい。大日本教育会の構想は米国の全国教育協会《ナシヨナル・エデユケーシヨン・アソシエーシヨン》（ＮＥＡ）の活動に倣って仕組まれたというが、手島は南北戦争後の教育環境を理工科留学生として体験し、特命全権大使岩倉使節団の通訳となり、米欧を旅した上、文部省へ出仕する。田中不二麻呂の下で米国建国百年記念万博へ随行し、教育博物館建設に実務の中核となって尽力した。不二麻呂が文部省を去ると、博物館や図書館は合併させられたり、格下げされ、その始末を手島が命じられて扱うことになる。しかも教育博物館の敷地建物は美術学校用に転用され、同館所蔵資料は高等師範へ移される。独立官制を敷いていた東京図書館は辛うじて残り、教育博物館図書室に立て籠って当分頑張ることになる。書庫は満ち、閲覧席は不足して、入場できない者が生じた。これを解消する手段として大日本教育会書籍館への通俗図書一・五万冊の長期貸出となった。もっとも手島は条件を付けている。①書籍館は、多数の閲覧に便利な地に移転すること、②同館書庫は、火災等の恐れのない施設であると東京図書館の確認を受けること、③同館閲覧室は、少くとも一五〇人を収容でき、昼夜閲覧できること、④同閲覧室には目録等、普通書籍館として必要な設備を整備すること、の四条件であり、図書貸与後も管理状況等を臨監させ、不都合あれば期間内でも返却させるという。その代わり、設備手当一時金五〇〇円交付を提示した。

条件に即し、神田区柳原河岸和泉橋に煉瓦石造家屋を借り、大日本教育会書籍館は二二年七月開館、年齢制限せずに利用させた。これが通俗図書館のモデルとなって、全国各地の教育会で図書館設立の気運を盛り上げる出発点になった。館外貸出という発想が全くなかったのは淋しいが、国立図書館の蔵書の活用では、考え及ばなかったのであろうか。

東京図書館としては、通俗図書（児童青少年向け図書を含む）の利用者を教育会書籍館に振り分けて、専ら学術図書の調査研究者に限定した参考図書館に徹しようとした。なお、東京書籍館時代から帝国図書館時代迄通じて「文部省官員同省直轄学校ノ教員及諸官省官員等特別ノ需用ニ供スル為メ書籍ヲ借受セントスルトキハ文部卿ノ特示ニテ之ヲ許スモノナリ」（東京書籍館規則附録）の手段があり国立図書館が館外貸出を行なっていた。それによる便宜を得て、たとえば『古事類苑』『東京市史稿』『徳川慶喜公伝』等の大出版物編纂がなされた。

明治二七年大日本教育会書籍館でも図書貸出を制度化したが、「本館ハ学術諸講習者ノ便ヲ図リ併テ読書ノ趣味ヲ一般社会ニ普及セシムル為メ特ニ備ヘテアル書目ニ記載ノ図書ニ限リ之ヲ館外ニ貸与スヘシ」と限定した図書を会員又は東京市内在住者に限って貸出したので、影響は大きくなかったようである。

児童サービスの可能性への入口を拓いたに過ぎなかったというべきであろう。

＊

大日本教育会書籍館は、開設以来、小学校生徒の閲覧を認めていたが、当該学校長の認可証携行者に限り、また閲覧図書も予め当該学校長の選定した範囲に限るという条件付きであった。教科書一辺倒の教条主義が未だ強かったので、校長会代表と協議し、一応の合意の上という。辻新次の慧眼も妥協せざるを得なかった。

それより折角の柳原河岸新館がわずか一年半しか維持できず、二四年三月には一ツ橋通りの教育会本部内へ撤収しなければならなかったのが痛い。本部とは別の場所で書籍館を開設する運営管理費の増大に会の財政が堪えられなかったとは情けない。夜間開館も経費節減のために二五年七月中止、代りに館外貸出し制度を設けたが、手続きの煩わしさが利用効果を挙げることを妨げた。

寄贈・寄託図書が三・五万冊集まり、蔵書は充実したと誇るが、利用者の望む新刊書は多くなく展望は開けなかった。四四年、遂に図書及び施設を東京市へ譲渡して教育会書籍館は幕を降ろすのである。

この際、東京には市立日比谷図書館（四一年設立）、同深川図書館（四二年設立）がある外、小学校の空き教室利用の簡易図書館が牛込・日本橋・京橋・小石川・本郷・浅草・下谷・麻布・芝・四谷に設立されており、教育会から譲り受けたものも神田簡易図書館となった。

ここで東京市の図書館事業に移る前に、児童サービスを話題にするなら大橋図書館の出現を抜かす訳には行かない。同館の出現自体は、五五頁で略述したので繰返さないが、三五年開館し、木造二階建構造、建坪一一一坪の本館一階には児童閲覧室と婦人閲覧室、それに事務室、二階には普通閲覧室と新聞雑誌閲覧室記念室が設けられ、閲覧席は計二六〇席、別に煉瓦造三階建の書庫・建坪四〇坪が併設され、一五万冊収容予定で開館時三万冊の蔵書を用意した。新刊書中心であり、博文館社主設立だけに、博文館出版物は網羅的に寄付されて揃っていたから、閲覧者も多く、一日平均三二〇人は、教育会書籍館の全盛時の五倍以上であった。

閲覧者の入館資格を一二歳以上とし、児童室及び新聞雑誌室での閲覧料は一銭五厘、二階の閲覧室を利用して三銭と料金も決して高額ではなかった。

こういう状況とは別に、京都では、湯淺半月が館長として活発に活動する府立図書館があり大阪でも、住友吉左衛門から府立図書館建設費一五万円、同館図書購入費五万円の寄付を得て、京都に一年遅れで図書館新設に着工した。住友家は起工に対し更に五万円を追加寄付、明治三七年竣工、開館した。山口県でも県立図書館築造に三五年着手、翌年始めに秋田県で図書館経営の実績を持つ佐野友三郎を館長に迎え、開館・活躍させている。これら関西方面の図書館創建の情報は、首都であり、人口一七〇万の本邦最大都市たる東京市の面子にかけて、市立図書館建設を急ぐ気運の盛り上げを強めたのは間違いない。

直接、市政当局に口火を切ったのは、寺田勇吉と坪谷善四郎の両名の貢献と佐藤政孝氏は挙げている。

寺田勇吉は東京高等商業学校長を経て文部省参事官を務めたが、東京市教育会の設立に中心的役割を果した人物であり、市教育会を舞台に「東京市立図書館の設立について」と題する提言を市当局へ寄せ、具体的な図書館ネットワーク建立を求めた。明治三三年、世紀の変り目でもあった。寺田は同提言の中で、既存の図書館が普通教育を修得した者、またはそれ以上の学校教育を受けた者向きで、前掛を着せる小僧、紺股引を着せる車夫や馬丁も便利に入り込める所謂通俗図書館になって居らず、誰でも気安く利用できるように、各区に何か所もあって、読書に親しめる場を多くの人に提供すべきである、と説いた。

次いで、東京教育会の有力者中川謙三郎、根本正の協力を得ると共に、当時、教育会書籍館の整備、大橋図書館の創業と次々に手掛けた伊東平蔵の参加を求め、通俗図書館設立調査委員会を教育会内に設置、東京市立図書館設置計画案を取り纏め、市当局に提出した。その骨子は①各区に図書館を設置する事、②設置場所は公園、社寺境内その他便宜の場所を選定する事、③設置の当初は学校若くは公園に仮設しても可、④私設図書館や文庫があれば利用し、又は相当の補助金を与え使用して可、⑤設置費用は市の負担とする。但し建築費（煉瓦造二〇坪）凡三〇〇〇円、創業費一〇〇〇円とする。⑥主として通俗書を備える。当初は三〇〇〇部内至五〇〇〇部で足りるだろう。⑦図書は購入によるが、書店や著者に寄贈させることも採用、⑧開館は昼夜とする。但し当初は夜間のみでも可。⑨維持費は一館一年八四〇円とす。職員月給一〇円二名、小使一人月給五円、計二五円、書籍費月額三〇円、雑費月額一五円とする、とあった。

わが国最初の大都市図書館ネットワーク構想として注目される。

これに対し、坪谷は大橋図書館常務理事として、同館運営に当り、また、大橋一門（博文館）をバックに三四年、東京市会議員に当選、三七年に同僚議員二三人の賛同を得て「通俗図書館設立建議」を提出、日比谷図書館建設の基本方針を確立した。各区に分布する小図書館の市街交通上の要めとして、日比谷が最も適当とされ、その地に四一年竣工した日比谷図書館は、他に類例のない児童閲覧室で印象づけられた。

本項は佐藤政孝『東京の図書館百年の歩み』（一九九六）に負うところが大きい。

＊

日比谷図書館の初代館長には旧制第五高等学校（現熊本大学）教頭渡辺又次郎（一八六六—一九三〇）が任命された。彼は明治三〇年東大卒業後、帝国図書館司書として田中稲城の下で数年勤めた後、教職に転じており、司書経歴が評価されたのであろう。

渡辺が着任したとき、日比谷図書館は竣工しており、彼の容喙する余地はなかった。同館には三二席の児童室が用意されていたが、収容人員の数倍・十数倍の児童が押し寄せ、断っても帰らないという状況を出現し、彼に児童図書館への強い関心を持たざるを得なくさせた。『図書館雑誌』六号（明治四二）に「児童図書館についての偶感」を発表、同館児童室の盛況を報じ、児童の読書助長を主張した。

すると、南葵文庫主事橘井清五郎が右雑誌七号（同年）に「児童図書館に対する一面の観察」を提出、日比谷の児童サービスを異例の成功と呼び、「一般には」として「十二三才及び之より少し上の児童の通癖として飛び読みの行はる、ことに就ては亦意想の外である。児童が熱心に仮名の拾ひ読みをして居るのを見て、児童は十分其書物の意味を了解しつ、あるものと考へては大なる誤りである。」とか、頭脳明晰で生理上の故障もない児童がしばしば奇問を発して教師を悩ませたが、調べてみたら図書館で混乱を生じさせる書物を読んでいた、或いは図書館の読書に夢中で昼食も取らずに休日を過し、その翌日は必ず遅刻、疲労状態で登校する児童の例を挙げて児童図書館を実害ある施設として批判した。「怜悧の児童を少数でも疵を付ける不注意な図書館の罪は、地獄の釜の底に沈まなければならぬことである。」と述べている。

彼は御伽話を荒唐無稽とか、探検談は空想にふけらせるとは言わず、児童の天稟の性に従って斟酌して与えれば教育効果ありと認めたが、その案配が出来るのは家庭であって、多数一時に収容する図書館では不可能と説いた。

渡辺館長は児童閲覧室開設の準備段階から博文館雑誌『少年世界』編集に従事していた竹貫直人を嘱託として招き、開室後も重用された。竹貫は明治三九年頃から自宅を開放して「少年図書館」を開いていたといい、児童読物ばかりでなく読書環境の整備についても行き届いた配慮の出来る人材だった。

惜しむらくは渡辺館長が開館後三年半で東北帝大農科大学予科教授になって去ったことだ。後任には、東京市視学守屋恒三郎（一八八〇―一九二〇）が任命された。彼も図書館は初めてだが、教育行政に携わり、図書館の社会教育上の意義を理解し、渡辺の築いた児童サービスの方針を継承し、また市内の活動拠点たる各区図書館の増設、館外帯出制度の拡充をはかった。

「児童の自由な読書は児童の知的、精神的成長発展にとって極めて有益である。その健全な読書の機会を提供し、良き方向に誘導することこそ、図書館の最も重要な使命である。」と『図書館雑誌』一九号（大正三）に「児童図書館の設備に就て」を寄せて主張している。

守屋も三年半余で転出、教育課長に就任、その後も図書館の発展に尽力した。守屋の後任が今沢慈海である。彼については六八頁で扱ったので、ここでは児童サービス中心に補足することにしたい。ただし、その前に一言、市立図書館組織の確立に触れたい。守屋館長時代に設置された簡易図書館一七館、それに深川図書館を日比谷本館の下に単一システムに組織、集中整理や各館蔵書の相互貸出、協同利用等の進んだサービスを実現した。児童サービスでは、日比谷図書館児童室を無料化、市内全館で児童サービスを徹底した。

今沢は竹貫と共に英米の児童図書館研究を読んで翻訳したり紹介したりもしている。阪田蓉子氏の研究によれば、両名共著『児童図書館の研究』（博文館大正七年一二月 一六〇頁）はW・C・B・セイヤーズが著した『児童図書館』（The children library, 1913）を核にまとめていると説く。セイヤーズは英国クロイドン公共図書館長で、後にロンドン大学の図書館学校で児童図書館学を講じた人である。

今沢には、別に『図書館経営の理論と実際』なる本文だけで六五六頁、付属物まで加えると七〇〇頁を越す大著があるが、J・D・ブラウン『図書館経営便覧』（Manual of library economy, 3rd ed. 1920）の影響が見られる。ブラウンも英国ロンドン・クィンスベリ区図書館長で、セイヤーズの先輩に当たり、ブラウンが一九一四年亡くなったので、『便覧』三版はセイヤーズが改訂した。同書四八二―五〇四頁にも児童図書館の項がある。

「吾人の修養、教育は生涯に亘るべきなり、而してこの教育の最捷径は読書にあるを以て、吾人の生涯教育上最も大切なることは読書力の養成と相俟って読書の趣味、習慣の養成なり。此養成は一朝一夕にして爲されず、必ず児童期よりなされざるべからず。故に公共図書館に於ては児童に対して門戸を開放すると共に、児童の能力相応の良書を備付け、良き文学に対する読書趣味習慣を涵養するを第一義とし、出来得るだけ其組織を巧妙にして、児童に対して積極的作用を爲さざるべからず、この読書趣味習慣は幼児期より必要なり、幼児期より読書の機会を与えて読書の習慣を涵養し、他日成人の後図書館を利用して益々の自己の教養に資し、以て生涯教育を達成し、一般国民の智徳の水準を向上せしむる素を成すこと肝要なり」と「児童図書館設置の論拠」(『市立図書館と其事業』一二号所収)と題する一文中で主張している。

第Ⅱ章

戦後の公共図書館

復興から発展へ

戦後の図書館界の再建

戦後、図書館の発展をアメリカ占領軍の民主化教育政策と切り離しては考えられない。マッカーサー司令部は日本進駐半年後の昭和二一年二月、民間情報教育局（ＣＩＥ）図書館担当官にキーニー（Philip Olin Keeney）を任命、翌三月にはアメリカから教育使節団がやってくる。三月末、使節団報告が出ると、ＣＩＥ教育課長ネルソン（John Monninger Nelson）は六月五日文部省社会教育局全課長、視学官と会議を開き「これから、これに基づいて、日本の社会教育の指導と助言に当たります」と言い、米国の基本姿勢を示す。

日本は戦災で中央図書館（都府県立が主、兵庫県のように県立のない場合は県都市立）一九館市立三一館、被災した中央館の蔵書の五九％、市立級の八〇％を失い戦後は図書館の再建も図書の充足も建築資材・出版用紙の不足何より予算が図書館まで廻って来ず、復興さえ覚束なかった。

戦争中は国家のための図書館員を奉仕させ協力させる指令塔でしかなかったといわれる日本図書館協会だが、昭和一九年に内閣情報局の圧力で社団法人から財団法人化され、会長は文部大臣、理事長は教学局長、常務理事教学局文化課長原元助、帝国図書館長松本喜一、都立中央図書館長中田邦造、本会事務局長安原清太郎と文部省の外郭団体化が進み事務局さえ文部省の下部機構となって、図書館の事情も不案内のまま、国庫補助二〇万円と寄付金、旧社団法人から引き継いだ財産まで、何も出来ず食い潰し敗戦を迎えた。

図書館界の再建には、日本図書館協会を再建し、官製的偏向を改め、民主的団体として再構成しなければならないと真先に動いたのは有山崧であった。当時、非常勤嘱託であるが文部省に籍のあった彼は戦時中の読書運動の縁で中田邦造と協力して再建運動の中心人物を探した。そうして最適と目された人物が旧満鉄奉天図書館長衛藤利夫である。彼は昭和一七年に退職して東京へ戻り、日本図書館協会理事に加わり、読書会指導要綱案討議のため、文部省側（有山を含む）と協会側（衛藤・中田ら）が合宿討議した「小諸会談」の記録は衛藤がまとめている。前述財団法人時代の協会でも理事の一人として残留していた。当時福島県白河の在に疎開していた衛藤に有山は再三再四出馬を要請した。衛藤は痩せて鶴のような眼光鋭い人であったが、血圧が高く、当時の東京の食糧事情その他諸条件の厳しい中で再建の目途も予測が立たず、苦労だけは確実に想定される協会の再建にノコノコ上京するのは寿命を縮めるようなものであった。当然おいそれとは承諾されなかったが、出馬の条件に有山自身の協会再建参加を求め、ミイラ取りがミイラになるに至り有山は言う「衛藤さんは、ついに宿命の糸に引かれて灰燼の東京に姿を現わされた。それは二〇年の暮れか二一年の始めだったか私の記憶がハッキリしてないのは残念である」と。

まず事務局を立て直すこととし、従来いた職員一〇名に退職金支給と赤字財政の後始末を後任者で引受ける条件で退職させ、衛藤事務局長、有山総務部長の下、満洲開拓帰りの越村捨次郎図書配給部長、出版担当杉森久英他三名の七名で再出発した。旧事務局の決着を付けると、準備した財布は空になり、当分職員は世間の三分の一以下の給与で辛抱願い、衛藤・有山らは交通費で我慢した。『図書館雑誌』戦後復刊最初の号が二一年六月刊行され、「日本図書館活動の新生面」を衛藤が書き、敗戦の原因は究極において明治以来の教育のあり方に存すると説く。「一口にこれを言えば、個人個人が自己の良心と責任に於いて、自己を本質的に彫琢し、陶冶し、向上せしめ、錬磨玉成を期すべきはずのものが、誤って功利的な器具ないし手段と堕し、教育盛りの青少年を駆って、相競うて試験に通ること、入学すること、免状を取ることのみに浮き身をやつさしめ、かくて世に出て就職し、立身し、出世することが即ち教育そのものであるかのごとく錯覚せしめ、その要請があまりに急にして圧倒的なりしため、ほうっておいても自然に発生し、活躍すべき自己完成のためにする本能的な欲動が双葉にして萎縮し、涸渇するにまかせ、ついに消失して痕跡すらも残さなくなって終った」と述べた。

自己教育性の喪失が同時に図書館事業を不振ならしめた原因であって、図書館は学校の試験前と試験中だけ使われる現金きわまる一種の現象を呈している、と見て、教育の本質・本義に立ち返ることが図書館再建の足掛りとして必要と衛藤は考えた。加えて、現実の焦眉の急・図書飢饉対策に、一冊の本を二冊以上に働かせる工夫、読書グループを作り、回覧組織結成による図書の効率的利用の提案となった。

衛藤の主張を受けた有山は、「協会の再建に際して」と題し（一）協会は純然たる民間団体として民主化され、図書館人の協会となるべきである。（二）それと同時に国民大衆、一般読書界から遊離しない図書利用協会たるべきで、利用態勢を組織して読書世論調査機関の性格を持ち生産面へ働きかけるべきである。（三）明治教育の根本的革新、つまり自己教育の自主性の培養という教育刷新に参加し、図書館存立の社会的基盤を作ること、を提唱した。

こうして協会再建の理念的目標が掲げられると、他方では、組織上の法的手続きが進められた。四月二〇日に理事会を開き、官庁関係者の戦犯容疑者や公職追放者の退任による役員欠員を補充し、理事長に衛藤が互選の形で就任した。

占領軍図書館担当官キーニーの登場

占領軍民間情報教育部（ＣＩＥ）が配置した図書館担当官キーニーは並みの人物ではない。一八九一年コネチカット州ロックヒルに生まれ、マサチューセッツ工科大学やカリフォルニア大学で学び、一九二七年ミシガン大学勤務、傍ら同大学院で図書館学を修め三一年モンタナ大学図書館長兼図書館学教授に任命された。三六年新たに就任した学長が蔵書の検閲を実施しようとしてキーニーの拒否に遭い、キーニーの任命が一年毎の更新方式であるのを理由に、三七年再任を認めず解雇した。キーニーは裁判に訴え、勝つ。学長側は控訴したが三九年最高裁が却下、キーニーは図書館の自由の戦士として有名になった。しかし彼を支持し応援したのはアメリカ労働総同盟やアメリカ教育総同盟ら組織労働者で、同僚教授達は冷淡だった。四〇年彼は大学を去り、首都へ出て議会図書館に就職、特殊資料受入部長を勤めた。四六年日本占領軍の図書館行政官に起用された。総司令部（GHQ）は資格要件に、軍務経験不用だが、一流図書館学校卒、図書館運営の凡ゆる面に経験豊富、方針を立案し実行できる地位にいた者、全種類の図書館員と友好的に交流できる等の条件を充すと共にモンタナ事件で図書館の自由を守った活躍が高く評価されて、採用された。

四六年（昭和二一年）二月来日し任務に着く。三月、米国教育使節団が来日、その一員のシカゴ大学図書館学大学院教授カーノブスキー（Leon Carnovsky）と相談して「日本のための統一された図書館サービス」を策定し覚書として四月八日文部省に提示した。その前に同月一日教育使節団の報告書が発表された。その中で公共図書館の基盤の確立は認められているが、入館料徴収を咎めて無料制を要求している。都立中央図書館は戦炎に遭い、焼失して再建準備中であって、「大規模な中央図書館」と「出来る限り急速に全市域に渉って分館」の設立を求められた。同様に他の大都市や地方自治体も図書館の整備が順次果されるべきであり、日本の出版物で相対的に児童図書が少いと指摘した。大学図書館に関しては総合目録の編成、図書の相互貸借制度の創設、戦前あった図書の国際交換制度復活、大学図書館協会の設立、優良付属図書館施設を有する大学への図書館学校設置を要望した。

キーニーの覚書では「学校教育と同等に全教育組織

の一必須部分を形成すること」「統一されて一様であること」「凡ての地方に適用可能」「完結していること」「学校教育でなしに学ぼうとする成人に利用可能」と目的を定め、画一主義の学校教育を受けた日本の成人を民主化するのに、図書館を全国的に普及させる方針が示された。

同年六月二四—二七日、戦後最初の全国各地方図書館代表者の会議が東京郊外小金井の浴恩館で開かれた。此処は皇室がある記念行事に使用後、青少年修練のために下賜され、日本青年館分室となっていて、社会教育関係では唯一の宿泊施設だった。困難な交通事情を克服して参集した図書館人六〇人が寝食を共にしながら明日の図書館を語り合う。準備したのは日本図書館協会事務局の有山崧だ。

二四日は有志懇談会として朝から夜九時まで山積する問題を論じ合い、殊に図書館協会の民主化が俎上に上った。二五日と二六日午前は文部省主催の戦後第一回全国都道府県中央図書館長会議で、地方図書館事情報告と図書館法規定改正を討議した。二六日にＣＩＥからキーニーが出席して前述の覚書「統一された図書館サービス」と改革された図書館協会によってのみ、現実の課題を解決できると挨拶しただけでなく、討議に加わり「外地から未帰還の図書館人に特別な関心が払われているのは興味深い」と語り、「図書館協会は委員会制度によって運営されるべきである」「図書館の復興は中央政府の責任であるが、又地方地方の問題でもある。地方図書館委員は各地方に於てどれ位の費用を出し得るか調査せねばならぬ」「日本の図書館関係者はアメリカと同様あまり優遇されてゐない。よく訓練された図書館関係者はそれに相当した待遇を要求して然るべきである」「更に重要なのは図書館学校である」「日本は新しい図書館法を設けねばならぬ」「又、総合目録を持たねばならぬ」等の発言が記録されている。図書館法に関しては、規定されるべき事項を整理する委員会を菊地勝之助（宮城）、中田邦造（東京）、廿日出逸暁（千葉）、乙部泉三郎（長野）、加藤忠雄（静岡）、長田富作（大阪）、大熊立治（岡山）、椎名六郎（香川）、加治屋哲（鹿児島）の各地区代表九名で構成、中田委員長の纏めた委員会報告を提出している。

二一年八月一五―一七日、帝国図書館で前記各地区代表九名に佐藤真（野田興風会）、阪谷俊作（名古屋）、石井富之助（小田原）三市図書館長、岩井大慧（東洋文庫主事）、富永牧太（天理館長）の両専門図書館代表、それに帝国図書館長岡田温、文部省から小林行雄文化課長、長島孝同課員の一七名が合宿、新図書館法案の検討が行われた。ＣＩＥからキーニー担当官が通訳大佐三四五を伴って出席、アメリカの議会図書館とカリフォルニア州の郡図書館組織中心に同国法規を概説し、実情が明かされた。但しこの会議で財政援助等の重要問題につき、文部省から言質を取らないと事前に約束させられており、会議で同種案件は避けて通られた。集中審議は兎に角進み、長田議長の積極的先導で一応の報告書を纏めた。

その秋、文部省は新図書館法案を準備したが、提出予定の第九二帝国議会は新憲法関係法案に食われ、見合わされてしまった。

金曜会と図書館改革

ＣＩＥ図書館担当官キーニーは二一年九月より翌春四月まで全国行脚して各地の図書館を訪ね図書館関係者と協議会や懇談会を持ち意志疎通を計った。他方、彼は図書館関係者や文部省係官との三者協議の定期会合の場を作った。二二年一月三〇日を第一回として毎週金曜日午後一時半から三時半まで、ＣＩＥ会議室であった放送会館五一〇号室の会合で、金曜会と呼ばれた。出席者は毎回出席可能で、図書館各方面の代表的人物が選ばれた。二二年二月現在の名簿がある。それには宮川貞二（早大図書館）、柄沢日出雄（慶大図書館）、毛利宮彦（大泉文庫）、岩井大慧（東洋文庫）、竹内善作（大橋図書館）、中田邦造（日比谷図書館）、岩渕兵七郎（衆議院図書館）、熊原政男（金沢文庫）、廿日出逸暁（千葉県図書館）、河合博・山口康助（東大図書館）、岡田温・舟木重彦・石黒宗吉・吉田邦輔（国立図書館）、荻山秀雄（旧朝鮮総督府図書館）、林靖一（日比谷図書館）、衛藤利夫・有山崧（日図協）、長島孝・兵藤清・雨宮祐政（文部省）、大佐三四五（通訳）、マルハウザー（CIE図書館）、キーニー（担当官）となっている。衛藤議長、岡田副議長、河合幹事、有山・吉田・舟木が書記を務めた。

金曜会では、キーニー提案の「日本のための統一された図書館サービス」に始まって、図書館法の形で新しい制度化へ歩みが進むのであるが、一筋縄では行かなかった。

占領期の図書館政策に関しては、根本彰氏らの文部省科研費補助金萌芽研究「占領期における図書館を通じた民主化政策についての比較思想史研究」（一九九七―一九八）の諸報告を参照させていただいたことをお断りしておかなければならない。また前回扱ったキーニーの前半生等については、堀越崇氏の図書館短大別科卒業論文、図書館法に関しては、裏田武夫・小川剛編『図書館法成立関係資料』（一九六八）に依拠している。

さて、日本の図書館関係者は地方自治体の図書館設置義務、国庫補助、職員の地位・待遇の向上等を強調したが、それは図書館による民衆への奉仕へ還元されなければならない。ところが、図書館事業を為政者の恩恵のように認識している官僚や現場館員もいて、人民の学習権が理念上も実践上も定着していなかった。彼キーニーはその啓蒙からしなければならなかった。彼の半年を費やした全国行脚による実情把握が漸く進み、金曜会を通して日本側の協力組織が立上り、日本図書館協会の改組が具体化して、これから新図書館法が立法化されると思った矢先、二二年四月二二日、突然、キーニーは図書館担当官を解任され、帰国させられてしまう。

占領軍の右旋回は二二年二・一スト中止指令辺りから明確であったが、当人にして見れば、まさか我が身に降りかかるとは予測しなかった。日本の図書館再編に情熱を注ぎ、使命感に燃えていた。それだけに有無を言わせぬ軍命令に衝撃を受け、失意のまま一五年後、この世を去る。

キーニー解任後、暫くはネルソン課長が兼任し、図書館法制定への準備が進む。社会教育法の中に包摂してしまわず、公共図書館法として単行法にする。義務設置を府県にとどめるか、市町村段階まで及ぼすか、六・三制校舎の新築に際し、一部学校との共用による図書室を設け一般人への開放で、市町村レベルまで義務設置へ持って行け……国庫補助は、地方公共団体の支出と同額とする等々。九月上旬戦後第二回都道府県中央図書館長会議で討議にかけられた。

当時、社会教育法が学校教育法に対等の立場を確立しようとして文部省社会教育局では外郭団体の社会教育連合会の応援を得て、総合的法案を準備中であった。それを出し抜いて、社会教育局文化課加藤宗厚・雨宮祐政試案の形でＣＩＥ当局へ直接九月一八日提出され、社会教育法案の総合法方式を破棄して、図書館、博物館等の諸事業に関する規定は除外することとなる。

一〇月になって、バーネット（Paul J. Burnette）が図書館担当官として着任する。彼は日本占領初のＣＩＥ図書館長で、占領軍への図書館を日本人へも開放して好評を得、すでに一旦帰国、イリノイ州の短大図書館長におさまっていたが、アメリカ図書館協会（ＡＬＡ）事務局長の推挙を受け再度来日した。どうやら教育使節団で訪日したカーノブスキーがＣＩＥ図書館を賞揚したこと、日米合同の図書館法研究会＝金曜会の本当の言い出し兵衛はバーネットだったと判ったこと等が評価されたらしい。ただしバーネットには公共図書館勤務経験がなく、この点が心配された。ＡＬＡはロックフェラー財団の資金援助を得て、戦時中の学術雑誌、図書の日米間交換補充計画、人的交流計画をバーネットを通じて発展させ、彼の在任中に実現できなかったものも含め、成果を挙げた。しかし実務家バーネットには、図書館制度改革は無理だったようで、キーニーが果したような貢献は望むべくもなかったという。

文部省が公共図書館法案を整備している二三年一〇

月、国立国会図書館設立問題が国会で生じ、文部省の国立図書館を核とする全国的図書館網構想はたちまち蹂躙されてしまう。金曜会は討議し館界の統一見解をまとめ、関係当局に提出したが、国立図書館の国会図書館合併反対は認められる筈もなかった。金曜会の限界が見えてきたからか、二四年四月、バーネットの後任に来たフェアウェザー（Jane Fairweather）は同じく在日ＣＩＥ図書館統括責任者からの横辷りだが、部屋の予約を怠り、金曜会開催を不可能とし、遂に七月立消えとしてしまう。

国立国会図書館の創立

明治憲法に更えて現憲法が施行されたのは昭和二二年五月三日である。この日、国会図書館法も施行された。前年一一月四日、即ち昭和憲法制定の翌日、連合国軍総司令部（ＧＨＱ）は憲法の次に制定される国会法の要件の一項に国会図書館設置を挙げた。尤も議会に図書館を置くべきだとの提案は戦前から議会内の関連建議・決議だけでも七回あり、中には納本制の適用や政府所蔵資料の包括を企図する案もあって議会で可決されながら軍部や官僚に抑えられ、実現されずに終った。戦後は国権の最高機関に位置付けられ、強力な調査機能の必要性は認識され、ＧＨＱの指令が出るまでに議会図書館設置の請願や建議が幾つも出、採択されていた。

二二年三月一九日、国会法が両院を通過成立した。その一三〇条には「議員の調査研究に資するため国会に国会図書館を置く。国会図書館は、一般にこれを利用させることができる。」と定め、同じく四二条で図書館運営委員会が常任委員会として置かれた。この図書館運営委員会が準備し国会図書館法は同年三月三〇日に可決成立した。翌日第九二回帝国議会が解散し、明治憲法下の議会はピリオドを打つ。同年五月に召集された第一回国会では、図書館運営委員会で米国議会図書館の組織や機能を両院事務局調査部に調査させ、検討はしていたが、具体的な図書館設立への動きは鈍かった。

国会法の制定過程でアメリカ法の民主主義をたっぷり盛り込み、辣腕を鳴らしたGHQ民政局立法課長ウィリアムズ（Justin Williams）は、停滞した状況に活を入れるべく、衆議院議長室に関係者を召集し懇談会を開いた。松岡駒吉衆議院議長、松平恒雄参議院議長、松本治一郎同副議長、羽仁五郎参議院図書館運営委員長、堀真琴同委員、衆議院常任委員会事務局円地與四松ほか二名、岡田温帝国図書館長、衛藤利夫日本図書館協会理事長の諸氏が参集した。ウィリアムズ課長は国会図書館の建設について、傍らにロックフェラー財団ヒュマニティ部次長ファーズ（Charles B. Fahrs）を坐らせ、同財団の援助可能性を示唆し、羽仁委員長から「国会図書館をアメリカ議会図書館（LC）のような立派な図書館に発展させるために、米国の図書館専門家の助言を得たい」との要望を出させ、ロ財団代表ファーズに斡旋した。この際、同席者は誰も何も発言せず、皆賛成したと受取られた。同七月一二日、両院議長が正式にGHQに要請し、国会図書館設立準備顧問として米国から図書館専門家を招聘することが決定した。

二二年一二月一四日、LC副館長クラップ（Verner W. Clapp）とALA会長ブラウン（Charles H. Brown）が米国図書館使節として来日した。両氏は衆議院図書館運営委員会委員長中村嘉寿、参院同羽仁委員長らと年末年始協議を重ねること一三回、設立される図書館の機能・組織・施設・運営・資料・予算から文部省所管の国立図書館との関係まで、LCを範として基本構想を教示された。使節の覚書を基礎に、新たに国立国会図書館法が急遽起草され、二三年二月六日両院通過成立した。当時、政局が乱れ直後の一〇日当時の片山哲内閣が総辞職しており、国立国会図書館法の成立はきわどい幸運を把んでいたといえよう。

「国立国会図書館は、真理がわれらを自由にするという確信に立って、憲法の誓約する日本の民主化と世界平和とに寄与することを使命として設立される」という前文が同法に付いており、羽仁は法律の条文はすべてＧＨＱ側で用意されたので、日本側として羽仁が前文だけ書いたと述べた。その際、ドイツマールブルク大学図書館玄関に掲げられた〈真理が人を自由にするWahrheit macht frei〉の語句に基いた由。これは聖書の「真理が汝等を自由にする」に由来し、意味が違うと後に議論になったことも申し添えておく。

それより初代館長人事で紛糾した。羽仁は中井正一を推薦し「羽仁五郎、国会図書館の赤化をはかる」と議会のまわりにビラが貼られたりした。戦時中、中井が治安維持法違反を問われ入獄した自由主義者ぶりを、右翼系議員によって共産主義者のレッテルを貼らせたのだ。

「とうとう占領軍が間に入って、衆議院が最後に出した候補が金森徳次郎博士だった。これをのめば必ず中井副館長を任命するというのでこの条件をのんだ。そうきめても中々衆参両院の議長は任命しない。それで創立の年の二月一〇日に一種の非合法の会合が帝国ホテルで催された。これは何の記録も残っていない。その席上に占領軍の代表者と衆参両院の図書館運営委員長と両院議長、金森、中井両氏が呼ばれた。日本の方が中々任命しないんで、占領軍側で先に任命しちゃったんです。その結果止むなく、衆参は金森館長を任命し、金森館長は中井副館長を任命した。」という。

二月二五日、館長任命によって国立国会図書館は発足した。衆議院図書館運営委員会が副館長人事について異例の決議をするなど、困難が予想されたが、四月一六日副館長に中井が任命され六月五日正式に開館した。

もう一つ、難題があった。国立図書館との統合である。

国会図書館法成立の段階では全く想定されなかった統合を、国会側、その背後のＧＨＱが米国図書館使節勧告の形で企図していると、文部省が知ったのは二二年一二月も押し詰ってからであり、当の国立図書館岡田館長に至っては翌年一月八日、初めて覚書を文部省から見せられて知るのである。

図書館法の成立

国立図書館長岡田温は「家主であるわれわれに全然相談なしに、どこかに合併しろというのはけしからん」と、米国図書館使節の勧告に憤慨したが、後の祭り、半年前の衆議院議長室での会合を苦々しく想い出さなければばならなかった。あの時、まさか国立図書館まで巻き込まれようとは考え及ばなかった不覚を悔んだに違いない。文部省は蚊帳の外にあって、何等援護してくれない。

それどころか、国立国会図書館が発足すると、岡田は、その整理局長に就任を求められ、金森館長から三顧の礼で口説かれた。合併に反対し『世界』一八号に「国立中央図書館の問題」を書き、『敍説』二輯に「今後の読書問題・図書館問題」を寄稿近日刊行という頃で、主張に反すると拒んだが、数日後の再訪で「読んでみたが、問題ない」と重ねて就任を迫られ、それでも渋ったが、三度目に「いろいろ考えることはない。ハムレットになってはいけない。ドン・キホーテにならなければいけないんだ」と説得され、遂に陥落した。後任の、最後の国立図書館長には、文部省の図書館担当官加藤宗厚が任命され、翌昭和二四年、国立国会図書館支部上野図書館へ移行した。

こうして、全国公共図書館の頂点としての国立図書館を失い図書館界も失望したが、文部省は社会教育における図書館にかける期待を減じた。それには、日本図書館協会が昭和二三年九月二七日新設の公共図書館法委員会見解なる小冊子『公共図書館法の制定について館界はかくの如く望んでいる』を一二月各方面へ配布したことも影響がある。

「図書館は社会教育施設の枠内でなく、綜合文化機関」と主張し、社会教育法とは別に図書館法制定を要望した館界の姿勢がそれである。しかし文部省はCIEネルソン課長から米国にはない公民館を地方民主化の成人教育施設として、早い段階でお墨付きを得ることが出来、公民館を柱に、図書館や博物館は切離して、二四年六月同法が成立公布された。

異を唱えて次年度に廻った図書館法は、二三年一二月一八日の経済九原則指令に始まるGHQの財政再建策に伴う超均衡予算で、期待された予算充実は夢と消えた。自主性尊重の形で地方自治体による義務設置は府県レベルも含め否定され、補助金諸制度も縮少されて、二四年四月三〇日、図書館法は成立、公布となる。日図協理事長中井正一は財政面で潤うところは乏しかったが、図書館発展のための「最初の狼火」であの「一つの橋頭堡」を勝ち得たといい、その瞬間から即刻行動を起し、発展を期そうと呼びかけた。

もう一つ、注目されるのは中央図書館制が姿を消したことである。地方自治体ごとに教育委員会が設置され、その自主性が重んじられる建前上、図書館相互の直接指導関係は矛盾する。市町村の図書館は各自治体の教育委員会から命令されるべきであって、県立図書館が市町村図書館に指図すべきでない、とCIEネルソンの審査でチェックされた。戦前派の府県立図書館長達がやっと民主主義を実地に教えられ、府県単位のヒエラルキーに君臨する夢を打ち砕かれた。もし図書館相互が働きの面で協力するのであれば、それは民間組織（府県図書館協会）が担当すべき分野であると説明された。日本側は戦前からの発想を引きずって、公共図書館を民主的制度の中で位置付ける革新性に欠け、主体性を生かすことができなかった。

図書館法はしかし公共図書館の新出発点になった。公布当時は一五四八館あったが、三年後七八六館に半減した。町村の簡易図書館が公民館図書室へ転化し、図書館以前的存在の施設は整理され消えた。その代り、市立図書館が終戦時一六四館から二五六館に増え、図書館法の成立が市立図書館こそ、その核的存在であることを明らかにした。

図書館法が施行されて「図書館奉仕」の語が話題になり、それをどのように実行するかが、課題となった。戦前の図書館令では「図書記録ノ類」とあったのが図書館法では「図書館資料」と改められ、美術品、レコード、フィルムなど視聴覚教育の資料その他に資料の枠を拡げ、その多様な資料の収集と提供、適当な資料組織化、利用相談、同種・異種の図書館との協力による相互貸借、分館等の設置と自動車文庫を含む貸出文庫の巡回、読書会その他集会活動の主催や奨励、時事情報や参考資料の紹介と提供、資料を所蔵する学校その他の施設との協力と、新しい図書館の行うべき諸活動を研修しなければならない。現職員の再教育のためと図書館専門職員養成講習会が昭和二六年から国立九大学で開始されたが、約五〇〇〇人の対象を早急に履修させるのは困難であった。

日図事務局長有山崧は「公共図書館のウヮークショップ（研究協議会）を提唱する」と『図書館雑誌』二五年九・一〇月合併号で訴え、現場の直面する問題を協議題とする民主的な研修協議の場を作る気運を拓いた。日図協の関東地区、近畿地区、九州地区等、地方ブロック毎に研究集会が企画され、昭和二八年から全国研究集会が開催された。同年は「開架制」（神奈川）、「レファレンス」（神戸）、「財政」（石川）がテーマとなる。翌年は「図書館奉仕と公民館奉仕との関係」（福島）、「郷土資料の取扱い」（愛媛）、「図書館統計」（山口）がテーマとなった。予め都道府県、各ブロック毎に協議を積み上げ、集約する筈であったが、実際には地方により運営に格差があった。

「図書館の自由宣言」採択

図書館法が成立して間もない昭和二五年六月勃発した朝鮮戦争は、わが国の新憲法に掲げてきた絶対平和の顔の向きを変えてしまった。第一に占領軍総司令官マッカーサーが七月警察予備隊創設を指令、九月には公務員のレッドパージを吉田茂が閣議決定、一〇月旧職業軍人の追放解除が始まった。翌二六年四月にはマッカーサーが罷免され、リッジウェイに代った。そして九月講和条約・日米安全保障条約調印、二七年二月日米行政協定調印、四月一七日破防法を国会に提出した。因みに同日、鳥取市に大火が生じ県立図書館が焼失した。四月二八日、講和条約と安保条約が発効した。その直後の五月一日は「血のメーデー」となる。戦後、メーデー中央集会は皇居前広場で行なわれてきたが、二五年五月末人民決起大会で多数検挙者を出したため、二六年メーデーから使用禁止となり、分散メーデーとなった。二七年メーデーは神宮外苑を会場に中央メーデーとして行なわれた。大会終了後、デモ行進に移った際、全学連を先頭とするデモ隊三万名が彼等の人民広場と呼ぶ皇居前広場へ突入し、警官隊と乱闘になり、死者一名を含む多数の負傷者を出し、検挙者一〇〇〇名に及ぶ。この事件は難航させる筈の国会における破防法の審議を、逆に若干の修正こそ施されたが、案外容易に通過させ七月二一日には公布施行された。

こうした状況下、日図協事務局長有山崧は「破防法が成立すれば、又してもかっての戦時中と同様或種の資料の入手公開が圧迫され、図書館の中立性、自由が犯されることが必然だから」と破防法反対の緊急大会決議をする話が出ていると報告、他方「直接政治や思想の問題に口を出すことは、それ自身図書館の中立性の自己侵犯で自殺行為」という自己規制も併せて『図書館雑誌』同年七月号に提示し館界の意見を求めた。これから暫く「図書館の中立性」論争が館界を賑わすことになる。

豊橋市立図書館中村光雄は「若し思想問題について警察が閲覧証を調べに来ればどうするか」設問し、意見をA「昔は見せた」、B「見にくれば見せてやる」、C「見せるために閲覧証を保存すべきでない」、D「絶対に見せるべきでない」の四通り出す。中村がABCを否定しDを「若し見せたとすれば私達は職権を濫用して基本的人権を侵したと言う罪を負う」と説いた(同八月号)。これに対し「憲法は基本的人権を保障するが絶対なものではない」と「憲法一三条公共の福祉」が優先することを法律的に論じた意見や所属図書館はB見解とした上で、C説提案者が出た。新聞倫理綱領に準じて図書館倫理綱領を提案した中部地方某図書館K生、再軍備資料の不買を訴える人も出現、一二月号に到って、アメリカ図書館協会で採択された「図書館憲章」が埼玉県立図書館草野正名(筆名そうや生)の邦訳付きで紹介され、同文なので訳文は省略された品川区立図書館の伊藤旦正の提言も図書館憲章を範とした図書館倫理綱領を目指していた。

図書館法成立後、昭和二六年に日図協は館種別部会組織を設け第一期は大阪府立館長中村祐吉が公共図書館部会長を務めたが二年後、第二期を関東ブロックが世話役を引受けることとなり埼玉県立の韮塚一三郎館長が部会長に就任、部会事務局を同館草野が担当した。前回触れた研究集会(ワークショップ)の府県別・ブロック別・全国の積み上げシステムもこの時期に定例化されたが、中立論争に決着をつけて「図書館の自由宣言」へ持って行く重要な原動力になった。もちろん日図協事務局の有山崧らの熱意があってだが、逆に本部が幾ら熱心でも、公共図書館部会が動かなければ前進できなかった訳で、韮塚・草野体制が公共図書館部会を組織的に固めて行った。まず二七年一一月、埼玉県公共図書館ワークショップで「催物奉仕と時代思想との関係」が論じられ、参加者の意見として取締当局等による集会室使用調査などの申し入れは、公共図書館活動の順調な発展を阻害する恐れがあるとの認識で一致し、それから話が拡がって将来の公共図書館活動の諸局面で予想される中立性の侵害に対し「日本図書館憲章草案が制定されるよう日図協に申し入れる」提案が決議された。この決議には草野が提供したアメリカ図書館協会(ALA)のLibrary Bill of Rightsの訳文が参考にされた。彼の訳文「図書館憲章草案」はイリノイ大学留学から帰ったばかりの裏田武夫に「草案と訳す誤解」を指摘され、「権利章典」でよいとされ、条文についても誤訳の訂正を受けた(『図書館雑誌』

二八年三月号)。

二八年六月、第六回全国図書館大会（東京）では、図書館憲章制定を韮塚が趣旨説明して提案し、不要論や尚早論など議論が長引き、総会決議は委任状を別とし賛成九二、反対五七で可決した。

図書館憲章の文案は、日図協に付託され、韮塚公共図部会長と武蔵野市立館長佐藤忠恕および有山事務局長で小委員会を作り「図書館の自由に関する宣言」として、次の通りまとめた。

「基本的人権の一つとして〝知る自由〟をもつ民衆に、資料と施設を提供することは、図書館のもっとも重要な任務である。図書館のこのような任務を果すため、我々図書館人は次のことを確認し実践する。

一、図書館は資料収集の自由を有する。

二、図書館は資料提供の自由を有する。

三、図書館はすべての不当な検閲に反対する。

図書館の自由が侵された時、我々は団結して関係諸方面との協力の下に抵抗する。」

二九年五月、旧年に引き続き、東京で開かれた全国図書館大会で、最後の語句の「関係諸方面…」を「あくまで自由を守る」と訂正可決した。

新しい図書館運動

「図書館の自由宣言」が決議された昭和二九年五月第七回全国図書館大会には「原子兵器禁止に関する各国図書館界への訴え」も決議された。昭和二五年のストックホルム・アッピール辺りから平和運動が盛り上り、図書館界も同調するに到った。

他方、講和條約定結後、占領時代の制度や法規見直し風が吹き出した。図書館界でも、図書館法改正が提起された。『図書館雑誌』二八年三月号は職員資格や義務設置、中央図書館復活、無料制再考、設置基準問題などを挙げ、意見を求めた。日図協は七月各ブロック選出委員一四、理事長指名二六、計四〇名に質問、書面回答を求め、その集計結果を九月号に報告したが、すっきりした結論を得られなかった。委員に選出された人びとが、館長級の責任ある人物で、抜本改革が理想であっても現実的でないと知り、部分修正で改善を企るべしと考えている方が多かったからである。

　全館種にわたる総合的基本計画（ナショナル・プラン）を唱える向きもあったが纏まらず、図書館法改正委員会で『図書館雑誌』三二年一二月号に発表した「図書館法改正草案」は、市段階までの義務設置、中央図書館制、文部省審議組織としての図書館審議会設置など、中央集権的、大図書館中心主義的発想で、逆コース調であった。この改正案は文部省でも相手にされず、公共図書館部会は改正委を解散、三八年桑原善作福島県立館長が部会長時代、行政に関する委員会を設置、最低基準などの個別条件別に検討の方向へ見直された。

昭和	都道府県	市区町村
30	(27) 40台	(11) 12台
35	(34) 59	(48) 50
40	(38) 72	(82) 95
45	(39) 75	(135) 159

（　）は自治体数

　ところで、この時期、地域社会との結び付きを深める新しい図書館運動が幾つも試みられている。戦後、昭和二四年夏に千葉県立図書館がブックモビル（自動車文庫、ＢＭ）を運行させて話題となったが、実は前年高知県立図書館がＢＭを運行しており、そのほうが早い。初期には県立図書館が県内の図書館空白地帯を充すためにＢＭを活用した。しかし広い県域に一台や二台のＢＭを投入してみても、訪問頻度が間遠になり、読者の要求する新しい図書の供給を満足に果せない。次第に市区町村レベルがＢＭ運用の主体へ成り変って行く。上表の通り、昭和三〇年代後半にその交代があり、やがて都道府県立レベルでは、減少して行くのである。

　それより、この時期に本を読まない人たちを読書へ誘う運動を展開した二つの県立図書館の活動を紹介しておこう。

その一はＰＴＡ母親文庫の運動である。昭和二五年、信州大学付属小学校ＰＴＡ教養部長を依嘱された叶沢清介県立長野図書館長は、小学校の学童を介して母親に図書を運ぶ貸出文庫策を選び、読書運動を展開した。四〇人学級を四人一組、一〇組に分け一人一週間貸しとし、四組回覧四週（＝ひと月）貸出システムで、同校の母親六〇〇人から出発し一〇年後に全県各地で母親一三万人に及ぶ大読書運動へ発展した。県内一七か所の配本所に県立図書館から新しい魅力的な本が届けられ、地元の図書館の本も加わって、代表や当番の母親たちの手で小学校単位で持ち帰られて各学級へ配られ、子供が家庭へ運ぶ。眼の前に本が置かれれば自然と手が出て読む仲間に入るというもの、ＰＴＡ母親文庫の大会は、年々千数百人も集まる大集会となって、各地元の図書館をより充実させる運動に取組む原動力を育てる基ともなる。

昭和三五年、鹿児島県立図書館長で童話作家椋鳩十として知られる久保田彦穂が提唱した「母と子の二〇分間読書運動」は、

〝教科書以外の本を、子どもが二〇分間くらい読むのを、母がかたわらにすわって、静かに聞く。たったこれだけのことである〟

と説いて、その年の内に県内八万五〇〇〇人の母と子がやり出し、その二〇分後に自然と生れた親子の対話が、次の読書を促した。この運動が実を結ぶには、本の豊かな供給が欠かせない。鹿児島県立では、手持ちの一・五万冊の児童書と三五年度から年々買い続けた一二〇万円ずつの新刊児童書とを、県内図書館・学校図書館・公民館を通し全県下に配り、五年後には同県立所蔵児童書は六万冊に達した。

こうした県立図書館のイニシアチブで運動が展開された図書普及運動は、農山村地域で発展し、女性（母親）たちを主たるターゲットとし、個々の家庭に本と読書生活を送り込んだことに特徴と意義を見出せる。

昭和四〇年、児童文学者石井桃子が『子どもの図書館』（岩波新書）を刊行、「子どもがどんな本をじっさいに喜ぶか、どんなことが、どんな風に書いてあれば、子どもにおもしろいか」の反応を知るために、自宅の

一室を開放した「かつら文庫」の記録中心に海外事情も含め、児童図書館の現状と願望を述べて評判になった。同書末尾に「ポストの数ほどの図書館を」という名言が出てくる。

同書を読んで何人もの母親が個人で文庫を開設した。個人蔵書や知友からの寄贈本では、消耗に加え、新刊本の魅力を備え続けられないので、地域の公共図書館の団体貸出利用を必要とした。場所により、文庫活動が集中して繁昌すると、関連して同地の公共図書館は児童書の収集を拡大しなければならなくなる。利用する子どもの親達は県や市区町村議会に図書館の資料購入予算増額を連名請願する。こうして、ささやかな図書館運動が育成されて行った。

有山市長と日野市立図書館の設立

近頃話題の新選組副長土方歳三の出身地が甲州道中日野宿である。江戸から九里二六町（三八㎞）、一〇番目の宿駅という。

日本図書館協会事務局長有山崧《たかし》は日野の人、農地改革前は自宅から一里四方、他人の土地を踏まないで行けるという旧家に育った。祖父の代から町長に推され、父は昭和前期二〇年間、町長を務めた。崧は明治四四年嫡男として生れ、昭和一〇年東大哲学科卆。文部省に入り社会教育局成人教育課で図書館行政に関わり、戦時中は中田邦造らと読書普及活動に励んだ。戦後は日図協の再建に衛藤利夫を担ぎ、自ら実務の中心に坐ることを甘受した。それは日図協の財政を一身に負うことを意味し、資金繰りの困難を有山家の財産の流用で支えた。戦前の協会は貴族や宗教指導者の芳志、時期によっては理事長個人または理事長所属大学（特に早慶両校）の援助に依存していた。戦後の協会も復興をどんなに熱望しようと、一般給料生活者なら傍観せざるを得ぬ状況下、三〇代半ばの有山が家産を賭けて守ったのだ。会費収入だけでは図書館運動は出来ないと、企業性を導入し、図書選定事業やその選定図書の斡旋配給、並行して図書館関係の出版業務の強化を計画、二〇人からの青年を擁する事務局を育成した。私財立替えに寛大だったが、協会の経理の締め括りは必ず自身で行い、公私の別は当然お金の収支を厳しくチェックし、企業性導入以降の政策の要所は自分でがっちり握り、職員の独断を許さなかった。時に有山商会とワンマン振りを評する者があっても決して後へは引かない。一〇年余を経て、協会財政の基礎に見通しが立ち、自立の目標がはっきりしたことは、彼の存在なしには不可能だったと協会理事の友人武田虎之助が語った。「現金の融通や手形の裏書など頻繁で、精算はしてあると氏は断言していたが、このことについては、協会とそして館界としても道義的に借り越しになっていると思うがいかが」とも述懐している。

図書館法が成立し、入館料こそ無料になったが、公共図書館は学生生徒の勉強部屋化し、成人の利用を拡大できない。信州のＰＴＡ母親文庫などの読書運動は生れているが、図書館活動を根本から見直す必要を痛感していた有山は、昭和三四年一〇月、ロックフェラー財団の援助を受け、日図協として米国公共図書館調査団を派遣した。東京都中央区立京橋図書館長清水正三ら参加した視察者が指摘した第一は館外貸出量の圧倒的な差であった。ニューヨークなど大都市一地区の貸出冊数が、日本全国七五〇弱ある公共図書館の館外貸出総数より多いのだ。

有山は英国の図書館改革調査を果したロバーツ委員会該当の中小公共図書館運営基準作成委員会（委員長清水正三）を三五年夏立上げ、実態調査に基づいた基準作りを計る。委員には石井敦（神奈川県立）、黒田一之（都立日比谷）、宮崎俊作（江東区立）、森博（大田区立）、森崎震二（国会）、吉川清（船橋市立）の革新意欲旺盛な若手館員が選ばれたが、首都圏の大規模館職員主体の編成で、理屈が先立ち、実状認識を危ぶむ声もあった。三年間の文部省助成調査なので一〇月の理事会で承認され発足した。初年度は人口五万の市立図書館苫小牧・気仙沼・新津・七尾・岡谷・綾部・高砂の七館を調査した。最初に全員で岡谷を調べ、調査法を統一、以後は委員が分担、単身で担当し現地の地方委員（計四九名）の協力を得て調査を纏めた。個別報告は持ち寄られ、三五年度総会報告が三日間の合宿で討議されたが、当初から了解されていた図書整理業務を簡略化し、奉仕中心への転換では意見の一致を見たけれども、奉仕内容については意見が対立して折合わず、宮崎・森両委員は辞任してしまった。

翌三六年度は新たに小井沢正雄（江東区立深川）、鈴木四郎（埼玉県立）が委員に加わり、人口八〜一四万都市の五館（伊勢崎、高岡、岩国、新居浜、八代）の調査を実施、前年度の反省や両年度調査結果比較、外国事情調査資料の整備も含め、一三回の委員会を開き、最終報告の基準項目や各分担などを決めた。

三七年度は県全体の図書館網、協力関係を主眼に埼玉県下一四館の総合調査と、問題点解決の確認調査として県立（青森他）、人口二〇万以上市立（仙台他）、町立（下田他）等七一館のデータを取り寄せ、原稿調整を三次にわたり行い一四回の委員会を重ね仕上げた。三八年三月刊。

「中小図書館こそ公共図書館の全てである」と『中小公共図書館運営基準委員会報告』（以下、『中小レポート』と略称）は主張し、それ以後の公共図書館観の原点となった。大図書館は「中小図書館の後楯として必要」とされている。

図書館は建物ではなく、機能であり「資料を求めるあらゆる人々やグループに対し、効果的にかつ無料で資料を提供するとともに、住民の資料要求を増大させるのが目的」と説いた。

しかし『中小レポート』が図書費の充実を求め、人口五万の図書館で二六二万円の図書費予算を最低必要と訴えて、当時の都道府県立図書館の平均図書費が二五〇万円、五万都市の館平均は五〇万円未満の現実に照らし、批判されるなど、すぐには認められなかった。

こういう段階で、有山は、昭和三八年日野市になった郷土の二代目市長選に四〇年八月立候補、当選する。彼は、そこで画期的な日野市立図書館を設立し、本格的な中小都市図書館の設立運動を展開させる契機を作った。

＊

日野市長に日図協事務局長が当選したら、早速図書館が出来た訳ではない。もう一人大事な人物の配置があった。市立図書館長となる前川恒雄である。

前川は昭和二八年文部省図書館職員養成所卒業後、石川県小松市立、次いで同県七尾市立図書館勤務後、養成所同級生で日図協事務局勤務の菅原峻の推挙を受けた有山の誘いに応じて、昭和三五年日図協事務局に入り『図書館雑誌』編集事務や調査・統計担当となった。必然的に中小公共図書館運営基準委員会の事務担当も廻ってきた。

「中小公共図書館とは何をさすのか」「運営とは何か」「基準とは数字をあげればいいのか、仕事の基準をも示すのか」から始まって、新進気鋭の委員たちの議論の輪に列なって記録し、中央委員が単独で向う調査にも同行し、地方委員との連絡等に努めた。二年後、最終報告を委員の分担執筆で書いた際も委員長と二人で内容の調整、表現の統一を行い、その修正加筆は相当大巾であったが、委員に回覧して承認を得、有山に届けた。一晩かけて読み、有山は強い口調で「序文はおれが書く」と言ったという。その序文は、

「近代公共図書館がわが国に移入されてから九〇年になる。その間幾多の先輩の努力により、今日全国各地に立派な近代的建築の粋を誇る図書館が出現し、見た目は甚だ華やかである。

しかし心して見るならば、日本の公共図書館は日本の風土にあった働きを必ずしも十分にしているわけではなく、「地域社会の民衆との直結」という点では、大いに反省しなくてはならない状態である」と書き出し、この委員会の任務を述べ、その成果を「多くの問題がなお存在すると思うが」「画期的」と評価「この報告が全国各地で大衆討議にかけられ、活発に検討されるならば幸である」と結んだ。

昭和三八年度は全国五か所で中小公共図書館運営研

究会が開かれた。そこでの評価は中小図書館の現場館員を勇気づけたが、決定的ではなかった。殊に県立館長達に不評だった。県立図書館の充実があってこそ、中小図書館の発展がある、との発想が抜けなかったようだ。また、前回挙げたように都道府県立図書館の平均図書費を超える図書費予算を最低限必要と打ち出されると、このレポートに好意的な市立館長でも、行政当局を納得させられるか、その数値と開きの大きい実状にたじろいだ。

こうなると、理屈の正しさを現実に立証するしかない。それを果たすのは誰か。有山がやるのみである。

昭和三七年八月、彼はスイスのベルンで開催の国際図書館協会連盟（ＩＦＬＡ）総会に日図協代表として出席、その際にヨーロッパで公共図書館が最も発達しているデンマークとイギリスを視察し、〈公共図書館の今日的問題の中心は、両国とも、図書館奉仕の有効適切に実施されうるためには、どの位の人口を有する地域を単位として設定したらよいか、ということだ〉と指摘するなど『中小レポート』に学んだ新鮮な問題意識で研究してきた。その上、イギリス図書館協会等と交渉し、日本の図書館員をイギリスで研修させる道筋をつけて、最初の留学生に『中小レポート』の委員鈴木四郎と同委員会事務担当の前川を選んだ。選ばれた前川は、有山の期待の大きさに心配し、語学力の自信もなく、誰かほかの人をと辞退を申し出たが、有山は「行きたくないという者にこそやらせたくなる」と微笑し、尻込みを許さなかった。

鈴木と前川は三八年一〇月から半年イギリスに行く。ブリティッシュ・カウンシルが滞在費を負担し、スケジュールも作ってくれて、主として鈴木は人口一〇万級四市、六〇～七五万二市の図書館システムを、前川は人口五万級以下の小都市図書館を二週間に一館の割合で研修して回った。

日本の図書館との違いは、第一に利用の多さで驚いた。前川の最初の研修先スウィントン・アンド・ペンドゥルペリー市立図書館では「利用者が湧いてくるという感じだった」という。町の広場に市がたち、安い品物を売る商人が集まる土曜日等は買出しに出た主婦が、ついでに図書館に寄り、貸出カウンターの前に行列が出来、館の外まで続いた。貸出手続きは簡単なのに、行列は一向に縮まらない。

日本の図書館の蔵書は古書店の店頭の古本以上に汚れが目立つのに、イギリスの図書館では新刊書店の感がして美しく、読者の手が自然とのびるような本で充ちている。図書費が日本の図書館の一〇倍、人口一〇万で一〇〇〇万円の購入予算を持つ。閲覧室はなく貸出し、参考調査、児童へのサービスの三部門に分かれていて、日本の公共図書館の半数以上が児童室を持たないのと大違いである。専門職制度、図書館間の相互貸借協力組織、分野別資料保存分担制度など、優れた制度が確立していて、社会的成熟の格差を感じ、帰国時に前川は絶望的になり、転職願望を有山に告白したこともあったという。

昭和四〇年三月、前川は有山から、日野市立図書館作りに行かないかと言われている。「経過から見て、驚きはしなかったが、有山も私も不安が強かった。私たちが考えている図書館は、それまでの日本にはないものだったし、市民の常識からも相当離れていた。」「もし失敗したら、有山と私が傷を負うのはいいとしても…、以後、図書館発展の道を主体的に探ることがほとんど不可能になってしまうにちがいない。しかし、とにかく日野でやってみるしかないことは、二人には十分に分っていた。」と前川が述べている。

＊

昭和四〇年四月、前川恒雄は日野市教育委員会に就職し、市立図書館設立準備に入った。有山崧が日野市長に当選するのは同八月だから、先行している。もっとも有山は三七年六月から日野市社会教育委員会委員長に就任し、市立図書館の基本構想を委員の浪江虔（南多摩農村図書館長）らと協議していた。周到に流れは用意されていたのである。

着任した前川がまず手を染めたのは「日野市立図書館設置条例」の立案、四〇年度予算編成、職員の人選への提言などの発足に際し緊急かつ重要な見解の表明であった。人や金に図書館長の意見なんて無視され勝ちな世界だが、有山市長の下では、充分配慮された。

しかし前川も無用の摩擦を巧みに避けている。

「図書館」は「閲覧室（学生の勉強部屋）のある建物」ではなく「中央館・地域館（分館）・移動図書館（以下BMと略す）によって構成される組織がシステムとしての一つの図書館」と説明し、最初に中央館を建てようとせず、最初は一台のBMの巡回から発足した。当年度の全国七二市に八五台のBMが走っており、その一台当り貸出冊数は最高が浜松の六・九七万冊、次が名古屋の六・六七万冊、日野は六・五五万冊で三位だ。但し、九月二一日から開始で、実働六か月強で両館の年間貸出数を達成しており、達成度から見れば日野こそ全国第一位である。

こういう現象を生じたのは、潤沢な図書費予算の計上だ。人口七・五万都市で五〇〇万円という破格の予算を持ち、読者の望む新刊書は必ず応じて揃えた。高価な美術書や学術書も避けず、人気作家の話題作に読書要求が殺到すれば、副本購求も厭わない。市内三七個所の駐車場に一回一五〇〇冊の提示しか出来ないが、見出せない読みたい本は二週間後、必ず望みが適うとなれば、市民の期待は高まる一方だ。貸出が多く、翌日のBM書架を充すために職員は急遽新刊書を追加整備する残業を余儀なくされたことも少くなかったという。また入手困難な旧刊本は、都内は素より必要なら全国各地の図書館に依頼して図書館間貸出を求め、読者の希望を適えた。

前者はイギリス留学で学んだ「図書館は資料を貸す施設であり、この〈貸す〉という働きは最も基本的な、最も重要な、ミニマムの働きである」を、日野で忠実に実践した。「求められた資料は利用者に必ず貸す」とも述べ、その代りに「求められない資料は配らない」。ここへ来ると、長野のPTA母親文庫運動その他多く読書普及運動が採ったお仕着せ読書は明確に否定されている。

前川は『中小レポート』段階では、児童サービスに消極的であったが、これもイギリス留学で修正、成人と同じように応接することに改めた。殊に読書を強要したり、読後感想文を課したり、「大人の本を読むな」「そんな小さい子の本を読んで」と読書指導めいた指図を否定して「子供は本来好奇心にあふれていて、よい本とよい環境さえあれば、誰でも本を読むし本好きになる」と主張する。相対性理論の本や源氏物語を読みたいという子供が現われたら、相対性理論入門書や現代語訳の源氏物語を貸し、本人が自分の力ではまだ無理だと気づけば、それも勉強と解く。また、グリム童話などの残酷な結末も「子供たちは本を読んで、自分で情景をくみたて、登場人物の心を想像し、それを自分のものにする」と説き、結末を削除する教育的配慮に反対している。

翌四一年度は図書費八八二万円、ＢＭも一八〇〇冊搭載二号車が九月就役、駐車場は初め四七個所、年度後期五五個所に増えた。四〇年一一月、廃車になった電車を利用した緑が丘こども図書館を開館させたが、四一年六月多摩平公団住宅内に移し多摩平児童図書館とし、蔵書六〇〇〇冊。別に日野市役所七生支所二階に高幡図書館を設け、蔵書五〇〇〇冊を配置した。各館には職員二名が配属された。初年度七名の全職員は一三名に増えたが、なお不足。

四二年度は図書館一〇一五万円となり、その額は都道府県立及び指定都市立図書館を含めて全国第一位の豊富さであった。市民のリクエストがますます強くなり、決して予算は余らない。

八年後、日野市二七㎢に地域館七館、利用者の大部分が図書館から半径一㎞以内に住む条件を充すようになって、中央館を作る段階を迎える。人口の稀薄な地域も残るが、そこはＢＭ二台がカバーする。

ところで、中央図書館は四八年四月落成開館し、日野図書館システムは完成した。貸出登録者率は市民の二二％、昭和四八年度の貸出冊数七五万冊（うち児童図書四三万冊）、市民一人当り貸出し七冊、蔵書の回転が五回という本邦図書館未踏の輝かしい成果を実現した。

残念なことに有山市長は四四年三月一六日、逝去された。享年五七歳。ガンに冒され、働き盛りの偉丈夫が余りにも早い終焉に図書館人は皆涙を禁じ得なかった。彼が居て出来た日野図書館の完成を、生きて見ることができなかったのである。日野市立の活動は、多摩地区の自治体に多大な刺激を与えずにはおかなかった。

調布市は四四年国領、四五年つつじヶ丘、四六年神代、深大寺の各地域館を設置すると共に四一年創設の中央館を再構築した。

昭和二六年創設の武蔵野市、三一年創設の町田市、三六年創設府中市、三九年の三鷹・武蔵村山両市も域内分館を四〇年代に数館づつ設けた。秋川・昭島・稲城・青梅・清瀬・国分寺・多摩・八王子・東久留米・福生等の諸都市は日野の後を追って四〇年代に図書館を設立した。五〇年代前半には東京全市に図書館は一応整備された。

日比谷図書館の再建に奮闘した土岐善麿館長

昭和二〇年五月二五日の空襲で、都立日比谷図書館は二七万冊の蔵書と共に烏有に帰し、戦後は耐火書庫もない仮館舎の再開となっていた。戦時中からの館長中田邦造は中央館中心の図書館網を構想し、夢を描いていたが、職員組合と衝突し、二四年九月辞職。その後は教育庁次長の事務職扱いで推移したが、二六年三月歌人・国文学者として著名な、読売と朝日の新聞記者として長年の経歴を持つ土岐善麿を迎えて館長に据えた。当時の東京都教育委員会委員長山崎匡輔の強い懇請によると佐藤政孝氏は述べている。山崎は元文部次官で国立図書館が立法府に移され、国立国会図書館となってしまい東京には対応する充実した公共図書館がなく、遺憾に思っていたから、国立国会図書館長金森徳次郎や同副館長中井正一と対抗できる人物として土岐に期待し、日比谷図書館の本格的再建或いは都立中央図書館の設立を狙っていた。当時は図書館法が施行された直後で、日比谷再建は容易に成就されると予想されていた。少くとも土岐は就任前にそう聞かされていた。ところが実際は全く展望が開けない。彼を推した山崎は間もなく辞職、都政首脳は無関心である。土岐は同年八月東大での第一回司書講習に参加、最前列で受講、熱心にノートを取る。司書資格を得て自信と館界の友人を持った。国立国会図書館法第二二条に「上野公園の国立図書館は、昭和二四年四月一日までに、国立国会図書館の支部図書館となり、特に東京都民の用に供するよう有効に運用される。この図書館はできる限り速かに、東京都に移管し、移管前に制定される法律及び諸規定に従って運用される」と規定されており、蔵書は兎も角、施設は東京都に移管されると考えられたから、土岐は金森や中井に面会し、移管を求め、上野に都立中央館を置く案も述べた。しかし国立国会図書館側も赤坂離宮の借り住まいで、少くとも新館造営の完成する三五年までは応じられないと拒まれた。そこで土岐は日比谷再建に金森の協力を求め、都知事への陳情に金森の同道援護を果たさせている。また東大の矢内原忠雄、慶大潮田江次、早大島田孝一、法政大内兵衛、学習院安倍能成、東芸大上野直昭の各学長、最高裁長官田中耕太郎、芸術院長高橋誠一郎、東商会頭藤山愛一郎、ＮＨＫ会長古垣鉄郎、東芝社長石坂泰三、芸術院会員柳田国男、長谷川如是閑ら超一流人一九氏の要望書を知事、教育委員長、都議会議長宛に送って日比谷図書館再興を切望すると訴えた。同じように浅草の寺育ち、幼い頃からの友人で文相にもなる安藤正純代議士の援助も有益だった。二八年秋、安藤は都議会自由党議員三〇余名の日比谷図書館視察を実現した。絶妙な時期に土岐は再興計画を現場でたっぷり説明する機会を得、漸く二九年度予算に日の目を見た。建設総額三億円、三年間継続事業となった。与えられた用地が三角形なので、土地を無駄なく活かすには三角形の外郭こそふさわしいと土岐は提案した。その下で、機能別部屋割りを立てたのは豊富な体験を持つ林靖一課長であった。彼は朝鮮鉄道会社直営の龍山鉄道図書館に昭和初期から勤め同一〇年から館長として活躍、戦後引揚げて中田邦造に拾われた人で創意工夫に富む実務家だった。現場構想がまとまると都営繕工事部技師高橋武士が設計図に整え、三者の意気が揃う形で二九年三月、基本計画は出来上って行った。不思議と三に縁があるということで、土岐が望んで起工式を三〇年三月三〇日午后三時に開催した。列席した各界名士のうち、社会党書記長浅沼稲次郎は「若い頃に日比谷図書館で勉強させて頂いたお蔭で僕の今日はある」と言って土岐に握手を求めた光景が瞼に焼きついていると佐藤政孝氏が書いている。

「石の上にも三年」やっと土岐の苦労が酬われて工事が進み出した矢先、土岐は退職を迫られた。都政人事の都合で日比谷館長のポストを空けて欲しいという訳で七月一日付勧奨退職が望まれた。東京都では幹部職員は五七歳で退職、関連外郭団体天下りを通例としていたが、土岐は六五歳で嘱託身分の館長となったのである。それも教育委員長らが三拝九拝して迎えた人なのだ。土岐は工事完成も待てない役人世界に失望し呆れ返った。勧奨なんて受けず即刻辞表を出して退職。六月八日生れだが、三にこだわり三日付で退任している。職員達への最後の挨拶では「古稀に際して、それを自分の定年と考え、愉しく図書館長の職を去る。後は万事よろしく」と述べた。

林靖一はその年四月に鬼籍に入っていた。若い時の結核が再発し、病に勝てなかった。政界から効力ある声援を送ってくれた安藤も同年秋彼岸へ旅立った。土岐は昭和二八年度から日本図書館協会理事長を頼まれていて、その任期一杯（三二年三月まで）は義務を果たしたが、以後は退職時、引受けた東京都立図書館協議会委員を五五年四月一五日、九四歳で逝去するまで続け、見守った。

日比谷図書館長には、この後で今一人文学者館長が出現するのである。その時期が、東京都の図書振興策策定期であり、より重要な時期であった。

東京都図書館振興策のなかの杉捷夫

昭和三〇年代、日本経済は毎年一〇％を上廻る成長率で、高度成長を遂げた。その代り、消費者物価高騰、公害の多発などのひずみをもたらした。都民は生活防衛を訴えた美濃部亮吉を知事に選び、四二年から一二年間革新都政を出現させた。美濃部は「シビル・ミニマムの達成」をしばしば口にした。それは「都民生活にとっての必要最低限水準」を指し、一〇年後を当面の計画、二〇年後を将来の計画とした。

その文化面のシビル・ミニマムに位置づけて図書館が採り上げられ、知事はその中心に都立日比谷図書館長として仏文学者東大名誉教授杉捷夫を迎えた。

昭和四四年一月、就任した杉が最初にした行動は都内市区立図書館への挨拶廻りであった。そんな詰らないことと思われようが「都立と市区立の関係を都立図書館長がどう見ているかを示すリトマス試験紙がこの挨拶」と日野市立館長だった前川恒雄は書いている。杉は上からものをいうのではなく、市区立の意見を聴き、その要望を都行政に伝える誠実な努力を果たした。

四四年一一月、知事と市区立図書館長との懇談会が杉の肝煎りで実現した。美濃部に図書館への積極的関心があったからには違いないが、都庁では異例な出来事、杉館長にして始めて成し得たことと関係者は評価した。この席で、知事は図書館振興策のプロジェクト・チーム設置を約束する。一カ月後、そのチーム初会合が開かれた。社会教育部長広田宗三をリーダーに、会議全般を企画調整局参事児玉工が主導、人事・財政・教育行政担当部門の部、課長に都区市立図書館長等の代表一六名で構成、事務局を日比谷図書館内に置く。会議は現状分析から問題点洗い出し、整備されるべき方向の確認、充実課題と対策へと進められ、全体会議一九回、小委員会一〇回、専門小委一二回、他に日比谷図書館協議会、公立図書館長の会、区市立図書館職員代表の会、都政モニターの会等の意見と要望を聴く会を催し、検討結果を集約しながらチーム報告「東京都の図書館政策の課題と対策」を纏めた。このチームには区立京橋館長清水正三、市立日野館長前川、都立八王子館長北御門憲一、それに事務局として日比谷副館長常田正治、同庶務課長佐藤政孝が参加、殊に前川・清水両名が重要な発言を行い、専門的助言で補って共通理解への溝を埋めた。

プロジェクト報告は四五年四月都知事政策審議機関の都民生活会議にかけられ、六月正式承認を得た。『東京都中期計画』に組み込まれ、図書館サービスが漸く東京都のシビルミニマムに位置づけられた。そこに掲げられた目標値は当り前のように思われても、今まで全国の道府県で一度も提示されたことのないものであった。

図書館の奉仕目標では、現行都民の図書館登録率二・五％を二〇％へ、年間貸出冊数を人口の四倍とする。この当面の目標達成は一〇年以内とし、将来は欧米先進国の標準的水準、登録率三〇％以上、貸出冊数は人口一人当たり七〜一〇冊を目標とする。この目標達成の基礎的条件である図書館の建設、図書資料の充実、司書職員の適正配置を総合的かつ計画的に推進すべしとした。

図書館の整備目標は、二三区や人口密度の高い市では当面四平方kmに一館、密度の低い市と町では六平方kmに一館、密度希薄な地域には移動図書館を活用するとし、図書館建設に際し、住民の身近な地区図書館を優先とした。

蔵書の充実目標は、現行都民一人〇・二三冊を一冊とする。このうち地区図書館の基本蔵書は過去五年以内の新刊書を基本とし、中心図書館では過去一〇年以内の出版書を基本とする。なお将来は一人二冊を目指すとした。

右の諸目標に沿い、建設する地区図書館の規模は、その地区人口に応じ八段階に分けて標準化された。最少の人口五千人程度の地区でも基本図書一〇〇〇冊、一般書一万冊、年間購入冊数二〇〇〇冊とし、施設規模は蔵書量を基準に二万冊なら開架室二一〇㎡、五万冊なら四六〇㎡と定め、他方、対象人口一・五万以下なら児童室八〇㎡集会室四〇㎡、事務室七〇㎡などと定めた。同様に中心図書館の蔵書や施設規模も目標値が六段階に分けて標準化された。さらに区市町図書館をバックアップする都立図書館について、新中央図書館及び多摩地域の準センターの設置が予定された。

四八年には第二次図書館振興対策プロジェクトチームが編成され、人的面の充実を期す。一方で、専門職(司書)の確立と、別に職員数の適正化を目指していた。司書職制度については、成果がなかったが、職員定数に関しては現実に即したものに改められた。

ここで、杉館長の森博登用に触れておかなければならない。都立図書館には司書採用の制度はあったが、専門職として管理職まで昇る制度がなく、人材が育たないと心配し、杉は都の臨時行政調査会に意見具申する傍ら、実際に専門家を特別任用した。昭和三一年、大田区立図書館創設に功績のあった森博流通経済大学司書長を、杉館長は都庁の人事当局に一年半もねばって四五年一二月日比谷の整理課長に据えた。しかし業務改革計画を次年度予算要求に備え、森は寝る間も惜しむ激務に打ち込み、翌年五月倒れ翌月死去した。

四七年六月、杉も辞職してフランス文学の世界へ去ったが、四六年度から実施された図書館建設への東京都の助成事業は偉大であった。五一年になってオイルショックと不況の到来で中断するまで、多摩の市や町への補助だけでも図書館三一館新設、蔵書八五万冊整備、その総額一四・五億円に達した。

私立南多摩農村図書館長浪江虔の貢献

自伝『図書館運動五十年』の冒頭は次のように書いてある。

「一冊の本がひとりの人間の生き方を変える。イタリーの詩人ジョバンニ・パピニの『基督の生涯』（大木篤夫訳、アルス　大正一三）は十六歳の私にとってまさにそういう本であった。」

当時（大正一五年）著者は武蔵高校尋常科四年生だ。同校は旧制中学五年該当の尋常科四年に旧制高校三年課程が続く、いわゆる七年制高校である。二歳年長の兄板谷敬は浦和高校三年生で、兄弟は日本基督教角筈教会の笹塚分教会に所属、その日曜学校教師を務めていた。クリスチャン両親の子として幼時から教会に通い、一三歳で洗礼も済んでいた。聖書に親しみ、その教えを受容してきたが、パピニ作品に感動、その「富に執着する心」の糾弾に参ってしまった。小遣いを蓄えることに興味を覚え小学一年から溜めた約一四〇円を持っていた。パピニは「喜びを以て金に触る者」を悪魔の汚穢に触ると叱り「ことごとく売りて貧しき者に施せ、さらば財宝を天に得ん」とイエスの言葉で攻め立てた。先に読んでいた兄に相談すると、弟の守銭奴的側面を知る兄は驚きながら回心を支持した。父母も驚いたが、制止はしなかった。四〇円を洗礼を授かった牧師に託し献金、残金で日曜学校図書部を開く。自宅の本箱を提供、本は教文館の児童書を一括購入、教会員の寄贈分を併せ、日曜学校の生徒に貸出した。各自本を抱え嬉々として帰る子供の後姿に「さらば財宝を天に得ん」と説く聖書の辞句の意味が判った気がした由。当然ながら図書部運営は虔の仕事となった。本を絶えず増やすことが必要と知り努力、古本買いの腕を磨く。子供間でいい本のすすめっこをさせたり、諸策も講じた。三年余で信仰を保持できなくなって昭和四年クリスマスを最後に教会と絶縁、図書部とも離れた。同年、日曜学校教師の集団の中にトロイカが形成されたという。三頭立ての馬車の意だが、社会主義研究の三人会である。中心は東大文学部宗教学科学生になっていた兄の敬で、次は専修大専門部に通う苦学生笹本栄治、それに東大文学部社会学科学生で、武蔵高校同期の寺崎鉄男であった。虔も同調に努めたが、自主性乏しく、兄に従っただけだった。笹本が急性肺炎で四年夏に急死、周辺の者の教会離脱を早めたという。笹本没後、遺族から『マルクス・エンゲルス全集』などの蔵書全部の寄贈を受け、クリスチャン笹本が深刻な思想的苦悩に直面していたと知る。日曜学校には置けず、虔が自室に預った。虔は翌春、東大文学部美学科に入って音楽美学を志したが、楽器を弾けるようにと一年間休学届を出し、間もなくプロレタリア音楽家同盟に加入、秋には全国農民組合東京府連合会書記になり、葛飾の組合事務所に半年近く起居後、翌春、小作争議中の南多摩郡鶴川村へ赴き、村うちだけの組合を東京府連鶴川支部に改組、担当書記として鶴川に駐在し、貧農小作人の生活に触れた。どの家にも本らしい本は一冊もなく、読書が生活に全く入ってないと知り驚く。

鶴川の農民の間で活躍できたのは昭和六年末までであった。警察の眼が厳しくなり、村を離れた虔は当時普通の成り行きで非合法活動に入り、八年九月検挙され、一二月市ヶ谷刑務所へ送られた。活動中「革命近きにあり」と「上部」に強く教えられていた虔は、少なくとも五、六年になりそうな自分の刑期だけ「帝国主義日本が持ち堪える筈がない」と思い込んでいた。それゆえ自分の釈放は「壁が外から壊れる」形で実現する筈と確信し、その日のために体を鍛えて置こうと冷水摩擦を始めた。

「革命近きにあり」の迷夢は独房生活一年で覚め、もう一度帝国主義日本で生活しなければならないなら、自分は何をなすべきか、どう考えても農村へ戻るしかない。挑戦しても弾き飛ばされて来たあの地主制に対して貧農小作人の戦いを支援する仕事をしよう。

それには農村定着が何が何でも必要と認識、そのためには「転向を表明すること」「農業の勉強をすること」「職につくこと」「根本方針に共鳴し、その実現のために協力する女性と結婚すること」「何か一つ村びとに役立つ仕事をすること」などを定めた。

転向を表明すると、執行猶予が確実となり、判決は懲役二年執行猶予四年で、昭和一〇年七月現実社会へ復帰したが、鶴川村を訪ねても、以前は家族同様に迎え入れてくれた農家が接触を拒んだ。農民組合書記時代は、百姓話の仲間入りが全くできなかったことを自己批判し、東京園芸学校第二部（一年課程）を受講、「三多摩地方の経済的諸事情と同地方の産業組合運動について」と題する六〇〇字詰めで三一〇枚の卒業論文まで書き、開校以来何人目という成績で翌一二年卒業した。その上、執行猶予中の身ながら実習助手、同窓会事務員、全国農業学校長協会書記の三つの仕事を合せ母校勤務員に採用され、四二円の月給を与えられた。

他方「革命成就後」という発想で棚上げしていた結婚を実現した。相手は東京女子大在学中に社会科学研究会に入り、卒業後も運動に若干協力、居住地桐生でも労働運動家と多少接触がある浪江八重子と知り合い、生活方針は変えないが、彼女の母方の姓を継ぐ入婿形式を容れた。彼女は将来の困難な農村生活に役立つように産婆学校に通い、助産婦免許を取得してくれた。

こうして一三年七月九日結婚、産婆の来住が歓迎されて鶴川村移住も現地で認められ、いよいよ農村図書館開設の第一歩を踏み出すのである。

＊

昭和一四年九月二一日、私立南多摩農村図書館が開館、但し三通りの意味で仮開館であった。

第一に、まだ認可が降りていなかった。当時の図書館令では第五条で「私人ハ図書館ヲ設置スルコトヲ得」と定め、第七条には「図書館ノ設置廃止ハ道府県立ノモノニ在リテハ文部大臣、其ノ他ノモノニ在リテハ地方長官ノ認可ヲ受クベシ」とある。もっとも同法令では無認可で開いても罰せられる訳ではない。しかし浪江は要注意人物視されている立場として、どんな細かい違反も犯すまいと構えていたから、当面「仮開館」で通した。

第二に施設である。当初予定した浪江宅の三畳間だけでは、認可申請を通りそうになかったが、妻の実家が桐生の織機製造業者で景気が良く、用地面積二〇坪に図書館専用施設一二坪を建ててくれ、工事進行中であった。

第三に運営の具体的なやり方をまだ決めかねていた。それで一〇月末まで四〇日間は、いつでも誰でも来館歓迎、利用料無料のテスト期間とした。仮開館初日に、手ぐすね引いて待ち構えた浪江は、来館者が小学校高等科女生徒五人のみにがっかり。八王子や立川の都立図書館さえ備えていない農業書を揃えたのに農民は誰一人来ない。読まれるのは文学書ばかり。一一月から会員制に改め、入会金一〇銭、会費月額五銭とした。二〇日後、会員は二五名、うち大人五名（女教師一、医師の娘一、学生二、農民一）であった。農業書を借りる会員は同年最後の開館日一二月二五日に入会した神奈川県岡上村農事研究会代表三人が最初だ。神奈川県というと遠く離れているように聞こえるが、小田急鉄道の線路を隔てて反対側の隣村（現川崎市麻生区）で、野菜生産地である。会員一七人の入会手続きをすませ、取り乱す程に喜んだ浪江が奨める、当時好評の三部作、明文堂刊『実用農芸全書』中の『果菜』『葉菜』『根菜』（共に渡辺誠三著）を借りて行った。快心の笑みを浮かべた浪江は、翌々日『実用農芸全書』未購入分一九冊を一括購入した。

しかし大失敗、彼等はやがて誰も来なくなった。一度も来館さえしない人も少くなかった。なぜか。野菜の名前が全部おそろしく難解な漢字で書かれていたからである。大根は莱菔、三つ葉は野蜀葵、人参は胡蘿蔔、トマトは蕃茄では、挿絵か写真を見なければ、どの野菜か見当も着かない。農学校に行けば、卒業までに大体読めるようになり、したがって園芸学校に学んだ浪江に難なく読め、高等小学校卒の岡上村農研メンバーにとって歯が立たない存在とは推察できなかった。浪江は「もしその頃私の方から訪ねていっていたら農業の本を農民が読みたがらないのは、本の方が悪いからだという重大発見を、七、八年早くやりとげていたかもしれない」と述懐している。

年末に完成した図書館に、正月一〇日、府庁係員が町田警察署の巡査と共に実地検分に来た。警察の表向きの査察は公衆衛生で、便所に手拭いを置かないように指示された。各自ハンケチで拭かせよという。これは納得したが、警察がこのために来た訳ではない。浪江は勿論どこからも疑われない本しか並べてはいなかった。同月二四日認可通知が来た。「同日を正式開館日とする」と館報に載せたが、実際に記念日扱いした日は九月二一日のほうだったという。

一月二四日現在会員は七二人（うち女二七、成人一七、青年二二、小学生（含高等科）三三）であった。それが館報三号発行の四月一二日までに九三名に増えている。ただし彼等の会費は微少で、蔵書の増強には役立たない。

二月、新たに法政大学教授城戸幡太郎を筆頭に、府立園芸学校長、鶴川村長、鶴川小学校長や三多摩選出代議士らを発起人として、月額五〇銭を一口とする後援会を設け、四月一二日までに一九人二七口の後援会員を得た。お蔭で三月だけで二八四冊増加、別に養賢堂社長及川伍三治が自社刊行の農業書二〇〇冊を寄贈してくれた。蔵書総数三〇〇〇冊に近づいた。

貸出冊数も三か月で七一六冊、文学書と児童書で七〇％、農業書は僅かに六％と報告されている。

やっと動き出した図書館運営は一か月後、無残にも潰えた。五月一三日、兄板谷敬の参加していた共産党再建運動が発覚、その検挙の巻き添えで浪江も逮捕されてしまった。懲役二年半の判決で下獄、満期釈放は一九年二月であった。図書館は一六年から休館していたが、一九年一一月に至って再開館に漕ぎつけた。「農業書が一一七〇冊も揃っており、食糧増産に役立てたい」と申し立て警察の了解取得に成功した。疎開して鶴川へ来た神近市子、歌人の今井邦子、俳人三谷昭らの応援も得られた。武蔵高校時代の同級生で、空襲下に蔵書を疎開できず提供する人が何人も居て、浪江の図書館は蔵書が倍増し、六〇〇〇冊を越えた。利用会員も昭和二〇年には毎月五〇人前後が新たに加わったが、退会も多い。

二〇年二月一六日、横浜刑務所に服役中の兄、板谷敬が栄養失調による衰弱のため、死亡した。

戦争が終って、一〇月四日に治安維持法等の悪法廃止の指令が占領軍から発せられ、同一〇日には徳田球一ら政治犯三千人が釈放された。浪江には彼等を迎えに行く積極性を持ち合わせなかったと告白しているが、兄の死を含め、複雑な気持があったようだ。しかし自由なときが来た実感に浸ったとも言っている。

自らの農村図書館の足跡を点検し「今では当地の住民になくてはならぬものに成り得たと信じ」ながら、年来主張してきた「読み仲間」主体の部落文庫ができて来ないのを悔んだが、同月、漸く部落文庫設置気運が起るのである。

*

部落文庫第一号は、浪江宅の図書館から東南へ三km、上三輪集落の内田家に昭和二〇年一〇月一五日開設された。この上三輪分館の実況を、当時『アサヒ・グラフ』副編集長伊沢紀が取材し、一一月一五日号に掲載した。分館近隣の農家で壮年の主人が音読しているのを家族皆で聞いている図を中心に、分館の書棚、浪江の本館内部、本館入口と少年群像などの写真が並ぶ。内田が音読していたのはパール・バック『大地』だ。家族のほか、近所の青年達一九人が集り、最近読んだ本について語り合い、夜のふけるのも忘れたと会報は報じた。

続いて河出書房創刊の総合誌『評論』から体験記執筆を求められ、浪江は熱っぽく農村図書館論を展開した（二一年三月刊同誌第二号に掲載）。

「日本に於ける農村図書館の基本的形態は部落文庫であらねばならぬ。篤志家の一室に書棚をおいて、少しでもいいから、喜んで読まれる本とそこの農事及生活改善に役立つ様な本をおく。部落の者は本を持ち寄り整理を手伝って、自分の図書館といふ気でそれを守り育てる。——だがこれだけでは不十分である」とし、部落文庫に栄養を補給し、永続的に発展させる親図書館の後援体制を提示した。彼の運営する農村図書館が、その親図書館の役割とも述べている。

その後、村内で二個所、隣接村四個所、離れて西多摩郡松原村（現、奥多摩町）に前記、上三輪を併せ、読書仲間へ団体貸出しを行って親図書館活動に努めているが、どの部落文庫も永続きしていない。部落文庫側の望む図書を浪江の図書館が提供し続けることが出来なかったからである。致命的だったのは、前回述べたような理由で農業書が役立たずだったことだ。

それに浪江は共産党へ再入党し、二二年四月の第一回統一地方選挙に立候補、鶴川村村会議員となって活動し始めると「図書館へいくとアカに染まる」と敬遠され文庫を解消する向きも生じた。もっとも、浪江は村会議員を一期だけで二六年退き、専ら農山漁村文化協会（農文協と略す）で「わかる農業書」作りに励む。農文協には二二年秋に参画、三〇年代にかけて、専門家との共著も含め『誰でもわかる肥料の知識』など技術書、『明日の農村をつくる選挙』他社会科学書を合わせて二〇冊を書いている。

前記『肥料の知識』を書いた後の数年間、肥料の先生として全国各地の農村に招かれ講演を求められた浪江は二八年『村の政治』を著して、今度は自治問題専門家として各方面から招かれる。二七年、浪江は共産党を脱党した。農地改革を「いつわりのもの」と決めつけた非現実的綱領採択に納得できなかったからである。岩波書店の新企画「村の図書室」シリーズ企画委員に加わり、前掲村政論を執筆してその中で、町村財政を予算書や決算書の分析で調べた。三二年『町づくり村づくり』、三四年『第二町づくり村づくり』を農文協から刊行、各書を通し「浪江式市町村政簡易診断法」を発表した。予算書か決算書（後者が正直だが、データ古い）で歳出部の食糧費と交際費を全部合算一〇〇とし、社会教育費総額との比率を評価するのだ。浪江の評価基準は二〇〇以上極良から二〇未満の極不良まで七段階とし、町村幹部宴会・接待費と社教費が比較対照に格好の費目とされている。

この頃から浪江は図書館界と本格的な関わりを持つ姿勢に変わる。三四年度、始めて日本図書館協会（略称、日図協）評議員に選出、「地域文庫」普及運動に積極的に関わって行く。

前述の通り「農村地帯における部落文庫に関しては」浪江は完敗した。「農民の読む農業書」が皆無で、慌てて泥縄を綯うのに追われて臍《ほぞ》を噛んだ。しかし彼には今一度、文庫運動の先頭に立つチャンスが巡ってきた。

浪江の住んだ鶴川村は多摩丘陵の東縁、武蔵野平野とは異なるいわゆる谷戸《やと》地形を形成、彼の眼の黒い内は都市化しない筈だったのに、ブルドーザによる技術革新が一大住宅都市に変貌させてしまう。三三年隣接五町村が合併し町田市となったが、三〇年代の鶴川地区は未だ静かであった。四二年に鶴川団地の入居で地区の雰囲気は一変する。三五年、都立八王子図書館の自動車文庫《ブックモビル》（ＢＭ）、巡回地域の八王子・町田市と南多摩郡の青少年読書環境整備を目的とした「八町南青少年読書普及会」が発足、その地域分会「町田市青少年読書普及会」が三六年末に結成された。

浪江は三八年一一月開催の町田市青少年読書普及会の会合で、ＢＭ駐車場世話人による文庫活動と共に「あかね台文庫」や玉川学園児童センターを開設した人びとの話を聞き、殊に「あかね台」の長瀬はつえが市立図書館に足繁く通い、規制枠を越す大量借入れ成功報告に感動した。

果たせなかった部落文庫の夢が浪江の脳裏に甦り、児童書を核に地域文庫に改変、読書運動を興すのである。町田市立図書館が三一年町立で創設されていたが、三八年当時、浪江の図書館蔵書数の三分の二、児童書数で三分の一と劣勢で、浪江が加勢し甲斐があった。都市化の現実に即し、四三年一月浪江の館を「私立鶴川図書館」と改称した。

それから二〇年、昭和も終わる六四年九月、図書館事業五〇年を機に閉館、その蔵書は町田市立図書館ほかへ寄贈された。

世紀末九九（平成一一）年一月二八日、浪江は逝去。享年八九歳。

『中小レポート』をまとめた清水正三

浪江虔が逝った一九九九(平成一一)年正月、もう一人公共図書館の発展に重要な貢献を遺した清水正三が彼岸へ旅立った。

浪江は農村改善を志し、私立図書館を経営し始めたのが一九三九(昭和一四)年九月だが、浪江より八歳若く一九一八(大正七)年生れの清水のほうが図書館員になったのは早く昭和一三年六月だった。もっとも、浪江のような積極的な考えがあった訳ではなく、東京市雇員試験に合格、勤務先を選ぶ際、前年入学した中央大学専門部の直ぐ裏手に在る市立駿河台図書館が、読書と通勤の便に好都合と望んだ。しかしなぜか適わず、赤坂の氷川図書館勤務を命じられた。浅草に住む清水としては不便と抗議し、通学路上の日本橋図書館勤務で妥協したという。

子供の頃、自宅に書物は『神宮暦』しかなかった家の子の彼が遊び仲間に教えられ、浅草寺境内伝法院の図書館で浜田廣介の童話本や『少年倶楽部』に読書の喜びを知り、高等小学校卒業後すぐ住み込み店員、出版社の走り使い社員、学校用務員などをして夜間中学卒。その頃、菊屋橋の本願寺境内にあった市立浅草図書館や向島の寺島町立図書館、神田の市立駿河台図書館へ日曜日など通っている。更に向学心を充すべく駿河台図書館と表裏の関係に位置する中央大学専門部へ進学、一五年三月卒業、六月深川図書館勤務。一六年一〇月応召、重砲兵観測班員として内地勤務だったが、一七年一一月結核発病入院。一八年三月除隊。東京市書記に昇任、復帰した。一九年七月、日比谷図書館へ着任した中田邦造館長が加藤宗厚富山県立館長を深川館長に任命、しかし兼任の形で日比谷図書館事業掛長に命じ、そのほうが多忙で深川へは週一回程度来館に止まり、清水が実質館長代行となる。二〇年一月二七日、焼夷弾が深川図書館を直撃、館員協力して消火。三月一〇日未明の大空襲で下町は焼野原と化したが、深川図書館は焼け残った。だが、軍の施設に接収され、館員は日比谷に転属させられた。五月二五日、再度の東京大空襲で日比谷焼失、京橋図書館を事務所とす。日比谷勤務以降は、貴重資料の疎開作業に従事した。

清水には「戦時下の図書館員たち」の一文があり「八月一五日の図書館員」を分類して、「玉音放送」をラジオできいた図書館員には、三つの型があった。第一は、敗戦をあたかも自然現象のように受取り、「嵐が去った」というかたちで受けとめた人々、第二は、敗戦に対し「帝国臣民」としての責任を痛感し悲憤の涙でこれを受けとめた人々、図書館員ではないが、阿南陸相のように「一死以て大罪を謝す」と遺言して自決した人々はその典型であろう。筆者などは八月一六日、この報に接し、深い感動を覚えた一人であるから、さしずめこの系列に属しよう。第三の人々は、敗戦を「解放」とうけとめた人々である。南多摩農村図書館の浪江虔氏は、「これで本当に自由な時がきたという実感にひたることができた」と述べている。治安維持法で投獄された氏としては当然であろう。筆者が浪江氏と同様な解放感に浸るまでには、八月一五日から数えて数か月の長い時間を要した。と述べ、忠良な臣民であったようだ。

戦後、昭和二一年正月から深川図書館に戻った。雪の日、爆撃で生じた天井穴から雪が舞込み閲覧室床上に積雪。階下事務室で近所の青年達と読書会催す。二二年四月、都立江戸川図書館長を命ぜられ、深川より都心から遠い小岩勤務に渋々応諾。元青年学校銃器庫改装の館長公舎を与えられ、新婚家庭独立の喜びに我慢する。小岩小学校内二教室借用の館で、図書費皆無状態を「江戸川読書クラブ」設立し、会費で新刊書購入、閲覧者数確保。二五年図書館法成立、二六年施行まで、閲覧料も徴集していた。二六年夏、司書講習のための指導者講習が文部省主催で慶應義塾大学で開催された際、参加し司書資格取得。清水は図書館歴一三年にして、図書館についての教育を漸く受け「聞くもの見るもの新鮮」だったという。講師は、ロックフェラー財団支援の米国図書館協会派遣訪問教授五人で、中でもロバート・ギトラーの図書館奉仕論とハナ・ハントの児童・青少年への奉仕であっだ。それと共に、全国から集ったベテラン館員の受講者と接し、多くの終生の友を得た。

二七年、都の管理職試験合格。

二八年、小岩図書館新館落成。

三〇年、江戸川区青年学級を館内に開設。付近勤労青年と親しむ。図書館問題研究会に参加。

三四年一〇月から一〇週間、米国図書館協会（ALA）招待によるALA参考業務研究集会に参加し、日米公共図書館の決定的相違を「貸出」と知る。

三四年一二月、中央区立京橋図書館長に就任した。日本図書館協会（日図協）理事にも就任、いよいよ本邦公共図書館界を代表する一流図書館人の一人になる。彼は江戸川図書館長に推挙されたとき、当時の日比谷図書館の中田邦造館長から「キミ石の上にも三年ということがあるが、一〇年辛抱したまえ、図書館の仕事は一〇年かかるよ」と訓えられた。一二年を経て、清水は中田の言葉を、重く受留めたに違いない。清水は、中田だけでなく、優れた先輩に出会い、学ぶ気になっているときにアメリカ直流の司書講習受講、米国現地の公共図書館の実状を見学できた。

三五年夏、彼は日図協有山事務局長に「中小図書館基準作成委員会」委員長就任を要請された。

＊

日図協有山事務局長が「中小図書館の運営基準を作りたい。その委員会委員長を頼む」と依頼したとき、清水は「今更基準など作っても効果はない」と思い、渋った。「兎に角、文部省に申請中の補助金を貰ったら全国中小図書館の実態調査をやる」といわれて、全国の図書館視察を官費で出来る魅力と、その年、委員長に選出された「図書館問題研究会」の組織強化にも役立つと考え、引受けたという。

それというのも、昭和二五年図書館法が成立後、講和条約締結を経て、図書館法改正の名において中央図書館制復活など中央集権に連なる階層化を指向する県立館長グループが抬頭し、逆コースが心配されたが、文部当局にも認められず、腰砕けとなった。また同じ頃、都道府県立館長の中、約半数が続いて引退したり転出し、ヴェテラン館長族が激減、館界の緊張感がゆるんでしまった。それらが、全国図書館大会の低調ぶりに現れて、昭和三四年名古屋大会、三五年福島大会などは批判されている。

昭和二五年以来の長野県立のPTA母親文庫や三五年からの鹿児島県立の「母と子の二〇分間読書運動」に広域読書運動の展開が話題になったが、不読書層の開拓による読書普及に図書館員の積極的教育活動姿勢を評価し得ても、図書館の充実、そのサービス拡大に直接結びつかない。そこへ到るには、別の発想と施策がなければならなかった。

昭和二四年開館の高知市民図書館は、市町村立館こそ第一線と主張する、それだけの実績を備えた図書館であった。同三〇年度の市区立図書館全国平均と較べ館費総額七二二万円は三倍以上、資料費二〇五万円は四倍以上と抜群で三一―三五年「ユネスコ協同図書館プロジェクト」の実験図書館に選ばれ、経常予算五年分の助成金を得、蔵書二・五万冊増の六・五万冊に達し、職員四名増、三分館増設、子供会・PTA・農協・4Hクラブ・労組など関連団体に読書運動を滲透させ、配本所二〇〇個所以上を作り、BM二台でネット化を深め、三一年一二月～三三年一二月間二五か月間に図書館サービス受益市民七五万人（うち児童二一万）に、六四四回の多彩な文化活動、郷土顕彰の地方出版などを展開した。渡辺進館長以下、三〇歳未満の若手館員が担当、活躍した。

清水は日図協の調査団の一員として、三四年三月、高知へ赴きこの異例の業績を学び、感銘を受けた。但し館外貸出登録者は保証金、分館利用者は運営協力金納入を求められる等、図書館利用は無償の図書館法原則から外れており、全国の模範には出来なかった。

三五年五月二六日、東京では、安保阻止国民会議が第一六次統一行動により一七万人のデモ隊で国会を包囲していた。安保デモに関連して日図協有山事務局長が「図書館は何をするところか」を機関誌に書き、「資料を使ってどう判断するかは一人一人の民衆の自由に任されている」と注意しながら「資料を広く民衆の間に流して、話し合いの場を作り、世論の形成を助けることは図書館の仕事」と説き、「図書館の自由宣言」に立ち帰れと示唆した。反安保行動に走る若手図書館員のほうにエネルギーを感じ、有山はこの力を結集し、一般的な公共図書館基準を作成しようとした。それが『中小レポート』である。

清水委員長は石井敦（神奈川県立）、黒田一之（都立日比谷）、宮崎俊作（江東区立）、森博（大田区立）、森崎震二（国会）、吉川清（船橋市立）六委員に徹底討論を宣言した。

最初の論点は単価図書館《ライブラリーユニット》で、人口幾らの都市図書館を基準に考えるべきか、である。英国ロバーツ委員会報告に示された基準が人口五万都市なのも影響があるが、職員一人や二人の館では基準にならず、最低五人と森が主張、①奉仕人口五万人必要となった。委員会の初期段階は、米国留学経験も持つ森がリードした。②蔵書数二・五万冊以上、③館外貸出実施、④専任館長在職、⑤図書費五〇万円以上の五条件で四条件を充している館を調査対象に選ぶことと決めた。しかし最初の調査館岡谷にしても、人口五・三万だが、職員四人、しかも館長は当時兼任だったし、蔵書数一・五万、図書費四四万円と条件に達しなかったが、委員全員参加の経費事情等から比較的東京に近い同館に決め、調査法の標準化を計った。一一月岡谷調査後、一二月七尾を清水、翌年一月新津を森崎、二月綾部と高砂を森、三月気仙沼を黒田、同月苫小牧を石井がそれぞれ数名の地方委員と調査した。事務局担当の前川は原則毎回参加だが、綾部へは宮崎、気仙沼へは吉川が代りに参加した。人口五万級都市図書館七館は七尾を除き、期待外れの館が多かったというが、前川が「普通のレベル」と説く館だった。四月に二泊三日合宿し、委員たちは基準館の機能論を烈しく論じた。読書会を作り団体貸出を増す、館外奉仕優先の石井・森崎・吉川意見に対し、資料提供・個人貸出の森意見が対立、森・宮崎が辞任、小井沢正雄（江東区立）と鈴木四郎（埼玉県立）が委員に追加された。

三六年度は人口一〇万前後都市の五館に取組み、伊勢崎を全員で調査、高岡を清水・鈴木で、岩国を森崎・前川、八代を石井・吉川、新居浜を黒田・鈴木で各数人の地方委員と調べ、三七年四月合宿討議し、最終報告案の項目策定・執筆分担を決めた。

三七年度は確認と追補、さらに原稿調整に費された。

＊

徹底討議を提案した清水は各委員の意見調整に苦労させられた。初年度の総括討議では「館外奉仕」の考え方さえ、当初明確ではなかった。「館員が図書館という建物から出てサービスする形態」と定義し、地域社会の各種団体に働きかけ、読書組織の形成を促し、そこへ団体貸出をする。館内に坐っていて、地域住民を待つのは館外貸出であろうと「館内奉仕」であり、館外奉仕に劣ると石井が主張、彼の頭には往年の佐野友三郎による巡回文庫活動の継承があったようだ。米国留学経験者の森が個人貸出中心説で対立した。委員の多数は石井説に味方し、森・宮崎両委員は辞めてしまった。清水は米国の公共図書館視察者であり、重視すべきは個人貸出と理解していながら、当時の館内奉仕が学生相手の勉強部屋管理に陥っており、その現状打破の主張に引きずられて、大勢に従う裁定を行う。

もっとも初年度の討議と最終報告では、差がある。初めは「学習会的読書会」に重点をおくべきだと言い、サロン的読書会を軽視していたが、『中小レポート』では改められ、集会そのものを大切にする、集会を作ることに重要性ありに方針変更した。

「中小公共図書館こそ、公共図書館である」と序論で鈴木が述べた文句が、多くの県立図書館や大都市図書館の人たちにカチンと来る刺激を与えた。小見出しとして上記のように書き、本文中では「中小公図は公図の全てである」とまで言い切り、また「利用者は大図書館を望んでいない」「大図書館は、中小図書館の後盾として必要」という。

児童奉仕については、石井は成人優先説であった。働く人たち、だから大人にサービスしないと住民の支持を得られない、との公式的見解だった由。学校図書館運営の経験を持つ森崎が強く反論し、成人と同様に重視すべきと主張した。清水は、児童奉仕については、市町村立図書館にいれば、児童奉仕が重要なことは自然に理解できる。「石井さんは県立でしょ」と体験の違いを指摘した。最終報告では森崎が分担執筆し、児童奉仕軽視を戒め、同等に位置付けるのが精一杯で終った。

　資料整理に対する考え方では整理偏重の傾向への警告で全員一致していた。但し整理無用論や敵視論ではなく、整理万能主義や大図書館の精密な分類・目録法模倣を批判し、奉仕のための整理に徹しようとした。業務の合理化から日図協や国会図書館製印刷カード利用も一致して推奨していたが、現実には見込生産や流通など印刷カード・システムに欠陥が多く、効果的助言にならなかった。

　中・小図書館の資料は常に利用の対象となり得るもので充たされているべきで、それも館外向け重視で、館内資料は郷土誌料と基本的参考図書を欠かせないが、小説・教養書・実用書中心の親しみ易い蔵書構成が推奨された。資料や資料費の数量的基準は前川が細かく計算して、委員達に計った。そこで話題となったのが資料費二六二万円である。図書の耐用年数を参考図書一五年、小説四年、児童書五年（館外用四年）、一般書一〇年（館外五年）とし、単価を参考図書一五〇〇円、小説・児童書四〇〇円、一般書六〇〇円として、総平均単価四五七円、年間要補充冊数が五七五〇で、図書費二六二万円余だ。

蔵書構成の最低標準

	館内	館外	計
参考図書	1,000（冊）		1,000
小説読物	6,000	7,200	13,200
児童図書	2,500	2,400	4,900
一般図書	8,000	2,400	10,400
計	17,500	12,000	29,500

　現実の人口五万都市の図書館では、図書費の平均が四九万円、五〇万円にも達していない。その五倍以上の数字を掲げたのだから、皆びっくりした。しかし筋から言えば当然であり、むしろ控え目な数字だ。

　また職員数についても、館長一、館外奉仕担当四、館内奉仕担当（児童室担当一含む）五、庶務担当二、計一二名案が提示された。現状の平均値三・七人に対し、現実離れの数字だった。

『中小レポート』の刊行された昭和三八年、全国五個所で討論集会が催され「原則には賛成であることが確認された」と報告されたが、一種の望ましい基準と受取られた感が強い。翌年『図書館雑誌』は『中小レポート』特集を五月・六月二号続けて組んだ。その中で、浪江虔が「満腔の賛意と若干の批判」と題し、図書館サービスは全住民にいきわたるべきものとし、それを住民が要求すべし、との基本姿勢を全面支持した上で、館外貸出の方式や開架式閲覧方式等の具体策が一貫していると認めながら本の背文字の重要性が留意されていなかったこと、本の補強と若がえりに力を入れる必要があること等を助言、小さい市や町村では連合即ち町村組合で一定水準の図書館運営を推奨する『中小レポート』案に実際的でないと評した。

渋谷国忠（前橋市立館長）は「公共図書館の曲がり角に立って」と題し、市立図書館の現状自己診断の資とするのはよいが科学的奉仕理論にはなっていない、と批判した。

『中小レポート』がそれだけで終れば、以前出された運営基準並みの評価で終った筈だが、前述のように有山市長のもとに日野図書館が成立、『中小レポート』を発展的に消化した成果を挙げ、それは東京都の図書館振興等（清水・前川参画）を興し、首都圏、更には全国へ影響を拡げた。清水は前川と児童奉仕から本の背標題強調まで改訂した『市民の図書館』なる新手引書を著したが、四七年一二月、都立中央図書館資料部長に就任、五〇年一一月退職。五一年度から五八年度まで立教大学で図書館学教授として講じた。平成一一年一月一七日逝去。

村上清造と富山県の図書館

昭和四七年「みんなに本を（Books for All）」の標語が世界中にこだまする国際図書年であり、日本図書館協会創立満八〇年ということで、日図協は『みんなに本を図書館白書1972』を刊行し、現状を解析し説明すると共に振興を訴えた。編集の中心は浪江虔であった。

この白書の中で「都道府県別に見た公共図書館の比較」の項を見ると、富山県が県民一人当りの資料費四七・五円で全国一、蔵書数でも八三〇冊で一位となっている。県内全市に図書館があり、それを達成している県は秋田・石川・岩手・香川とも五県、町村レベルでも設置率六二％で全国一位、全国平均は僅か八・六％に過ぎない。このような先進的歩みを示したのには、これから語る村上清造の大きな力に負うところがあった。

村上清造は明治三四年四月一九日富山県富山市梅沢町に薬種商の長男として生れた。当然のように薬学専門学校に入学したが、卒業の頃は薬屋を継ぐ気を失っていた。家の資本が少く、今後の近代化に即応し難いと考えた父が息子の商人向きでない性行も案じ、他の道を示唆したからである。富山薬専を卒業すると兵役が待っていた。見習薬剤官を終えた大正一一年八月、母校校長の奨めで、沖縄県女子師範と同県立高女の化学教諭となり丸四年勤めた後、帰郷し、母校の図書室に誘われ、昭和二年八月就職した。月給が一三〇円から六五円に半減したが、それよりも生徒への指導的立場の保持を望んだ。最初に手をつけたのは、無謀にも教官への貸出制限と生徒への貸出自由化の実施だった。今まで教官には無制限に長期貸出されていて、生徒や若手教官が不便を訴えていたので、分類変更を理由に回収し、一教科一〇冊（実習科五冊）に制限、また参考図書類は図書室備付にして特権層に叱られたが、多数利用者に感謝された。次に生徒への貸出は一々担当教官の認印を必要としていたのを廃止、利用が一〇倍に躍進した。

翌三年、大阪の間宮商店に誕生した青年図書館員聯盟に入会し、四年聯盟主催の鈴木賢祐講師の分類講習会、五年加藤宗厚講師の件名講習会に参加、一旦は自己流に分類した図書を「日本十進分類法（ＮＤＣ）」に分類更えし、目録整備も進めた。五年図書室新築、校長の欧州視察土産で一般公開が実現、地元製薬・化学工業界と緊密となり戦中戦後、外国資料入手困難・価格高騰期に多額の図書費援助を得た。日図協にも四年入会。

富山県の図書館を振興するには、県の図書館協会的組織の設置が必要と考え、県内有志に働きかけ、昭和六年金沢で全国図書館大会が開かれ、富山県から一五人の館長・職員が参加した機会に彼等全員に集って貰い、県協会設立を訴え、賛同を得、同年一一月富山市立図書館で創立総会開催、村上は書記を買って出た。会長となった米沢元健は元県会議員で、毎年開かれる総会時、協会建議の形で県に県立図書館設立を訴えた。

昭和九年図書館令が公布され富山市立図書館が県中央図書館に指定されたが、本来県立であるべきで、県当局は面目を失し更に一一年富山で第三回北信五県図書館大会が開かれ、出席の文部省水野成人課長、松本帝国図書館長らが県当局に県立図書館開設を説き、大会も決議し、県知事は応えた由。村上は富山商工会議所議員の薬専先輩に陳情し商工会議所建議を県に出させたり青年図書館員聯盟に依頼し聯盟の意見書を県要路へ送付をした。かくて昭和一五年県立図書館が創設され、帝国図書館から加藤宗厚が館長就任、加藤の求めで村上も県立へ移り主任司書となる。県都奉仕に偏ると恐れ貸出文庫係に専心､送付先の山村廻りに努め、また図書館未設の市町、福岡・大門・四方・桜井・上市の各町で映画と講演会を開き、読書普及を兼ねた図書館設立推進活動も展開した。

昭和一九年、全日本科学技術団体連合会（略称、全科技連）から呼出され、「科学技術重要文献目録」編集協力を要請され、上京し、全科技連の初委員会に参加、結局県立を退職し、科学論文調査会嘱託となって索引作成に専念したが、二〇年三月大空襲で、東京では仕事不能とカードの束を背負って帰郷した。同五月召集令状を受け三等薬剤官で入隊、終戦、一一月帰郷する。一二月母校を訪ねて即、同校図書整備を依頼された。母校は八月空襲被災、書庫のみ残る。翌年図書課長、二二年兼任教官となり文献利用法講義を求められ、二四年富山大学発足に伴い薬学部分館長兼助教授となり、薬学文献学を確立した。戦前から化学文献の抄録調査を体験し、図書の目録レベルから論文レベルへ深め、件名目録法からシソーラスの技法へ高めて、文献情報学の先駆的存在でもあった。

青年図書館員聯盟解散後、昭和二一年設立の後継団体・日本図書館研究会には創立総会から出席、五二年から名誉会員。日図協も四八年から顧問、また日本図書館学会、日本薬学図書館協会にも創立から尽力。富山県文化連盟文化賞、日本薬学会教育賞、日図協ＮＤＣ賞、日本科学技術情報センター丹羽賞功労賞など多数の賞を受けた。昭和三七年定年退職後も四五年まで非常勤講師で富山大学に勤めたが、四〇年～五二年富山女子短大でも教えた。六二年七月二四日逝去。享年八六。

彼は学校図書館から出発し、公共・大学図書館に活躍、全国で三七番目の県立図書館の確立から県内市町村図書館の普及まで成果を残し、大学図書館では地域産業界へ公開など、一歩先んじる展開を果した。もちろん彼一人で出来た訳ではないが、彼なくしては富山県図書館の発展は更に遅れたに違いない。

近畿地方における公共図書館の発達

『みんなに本を　図書館白書1972』は「人口一四〇万をこえる文化的大都市に、その市の図書館がないという例は世界のどこにもありません」と指摘した。わが国最初の公共図書館「書籍院」を開設した京都府での現象である。他方、兵庫県は県立図書館がなく、神戸市立図書館が、筋違いの県中央図書館にあてられてきた。昭和四九年一〇月、全国最後の都道府県立図書館として、明石市に市立図書館と併立で設立された。他方、京都市立図書館は五六年四月創立されたが、市直営でなく、財団法人京都市社会教育振興財団へ委託経営となっており、職員身分の充実に問題を生じた。このように、近畿地方は先進的な一面と、他地域では常識はずれといわれる反面がある。近畿地方図書館界の歩みを見てみよう。

昭和二年、大阪で組織された青年図書館員聯盟（書記長間宮不二雄）が戦時下の統制に溜らず一八年解散、戦後二一年に聯盟最終期の筆頭理事戸田信義（宝塚科学図書館長）の呼び掛けで、日本図書館研究会（日図研と略称）に再組織し、かつての同志を糾合して機関誌『図書館界』を刊行、研究活動とともに啓蒙運動を展開した。まず着手したのは、図書館実務講習会である。

真先に動いたのは、同志社大学図書館主任小野則秋で、同大学で戦時中から図書館学研究会を毎月のように開催、会員の研究発表や継続的研修の蓄積を心掛けてきた。全三八回開かれた例会で、演者は延べ五八人、内二二回小野が演述しており、彼がどれ程力を入れていたか判る。

但し小野は生粋の京都人ではない。大分県耶馬渓町に明治三九年二月一〇日生れた。学歴は小学校卒だけで、中学中退、後は独学で大正一三年中卒検定試験に合格し、昭和二年小学校正教員資格免許、五年中等教員免許（修身科）を得、大分・福岡両県の小学校・実業学校教員歴任後、昭和八年福岡県八幡市立図書館司書となる。一〇年同志社大学司書に転じたが、転任については、当時九州帝大司書官の竹林熊彦が小野の篤学に自分の母校でもある同志社入りを勧めた由。

二一年一〇月、図書館学講習所を設け、毎週水曜午后四時間、翌年二月まで二五週かけて一〇〇時間の講習を実施した。受講者一八名、同大図書館員七名を含む、全員現役の図書館勤務者であった。

講師は小野のほか、彼を同志社へ導いた竹林熊彦（京大司書官を経て退官、菊花女子専門校教授在職）や木寺清一（戦前、京大図書館等に居り、上海自然科学研究所図書館から引揚げてきた）、天野敬太郎（京都大学に在籍していて、社団法人西洋文化研究所に出向していた）、仙田正雄（天理大図書館）らの分担協力を仰いだ。次年度は一一名、二三年度は二五名、二四年度は四〇名、二五年度は四八名の修了生を出す。

すでに二三年度には、京大図書館で京都図書館学校が開校、二七名を養成したが、一度で終る。二四年度からは関西大学に図書館学講習所が開設され、天野敬太郎が引抜かれて図書課長に就任、毎週土曜半年間同等の講習を開始し、二四年四五名、二五年七九名を育てた。それより、小野は戦時中の論文で国家主義的思想を述べたとして、関西大学から教職追放に遭い、二五年二六年両年度は教育に従事できなくなった。幸い、小畑渉、多田光ら同僚の尽力でカバーされ、事なきを得た。

文部省や日図協の長期講習（一〇〇時間以上）も昭和二四年以降、開始され（図書館職員養成所は二三年度から）、図書館法成立後の二六年から司書講習は全国的に拡がるのである。

今一つ、京都府では二二年から一六年余、府立図書館長として勤続し、一元的分館網を構想した西村精一の計画に触れておく。「ボストンと京都とを比較してまず分館の開設（京都市内にも郡部にも多くの分館を設ける）時期がくれば本館の改築をやる、それを自分の使命と考えるようになりました」と『回想記』に述べているように、官選知事の下、府県級まで中央集権下にあった時代の意識を引きずっていたために、市内九分館、府下地方六分館、ＢＭ一台整備まで展開したが、地元からの成長を引き出すことはできなかった。殊に本館改築工事が、途中から府立総合資料館（知事部局所属）へ変質し、博物館・文書館・郷土資料館的機能を付加した総合的なものになった代り、府立中央館機能は在来の府立図書館に残す併立となって、西村の夢も齟齬をきたした。西村は立派な資料館の初代館長として昭和四二年まで務めた。他方、職員と資料は新資料館と存続する府立本館（教育委員会所属）に分属を余儀なくされ、はっきりとした根拠もない泣き別れに苦い思いを味わった。

京都以上に歴史の古い奈良県は、わが国最初の個人文庫「芸亭院」を邸内に設け、望む者に公開したという石上宅嗣《いそのかみやかつぐ》が住んでいた訳だが、近代図書館でも奈良町の漢方医石崎勝造（号・杏陰　一八四五～一九二〇）が貧しい書生達の読書希望に応え私財を投じて図書を購入し「石崎文庫」を設けて自宅を開放した（後に寺院の空房を借りて移る）。明治二二年である。日曜・祝日を除き、毎日無料開館し、創業者が死去後も遺族が継承し実に六〇年に及び昭和二三年まで続いたのは偉大である。蔵書も最初は五八八冊から閉館時は一・三万冊に達した。三五年大阪府立中之島図書館へ一括収納された。

「南都仏教図書館」即ち、東大寺図書館や柳沢吉保の子孫が継承した柳沢文庫など、個人文庫に注目されるものが目立つが、ここは公立図書館に着目し、次に考察しよう。

＊

奈良県は古代の平城京の地奈良を北端に紀伊半島の背骨に喰い込む内陸圏で、維新時、旧天領主体で始まったが、廃藩置県時に大和一国所管奈良県が成立し、堺県への編入、堺県の大阪府に合併で、一度消滅後、明治二〇年再置された。こんな事情から県都奈良が確立されるのは遅く、明治三一年県内唯一の市制を敷いて奈良市が発足してからである。公立図書館も高市郡今井町立図書館が早く、明治二三年五月、ときの東宮、後の大正天皇が皇妃共、御慶事を神武御陵へ御報告参拝あり、その際、金二〇〇〇円を教育資金に下賜、郡では教育博物館を建立、付属施設として図書館、物産陳列所、園芸場を併設し、三六年開館する。図書の閲覧・貸出や巡回文庫が開設された。しかし大正一二年郡制廃止で県の管理に移った後、昭和四年、今井町へ無償交付、町では図書館を併置したが、町役場にして活用した。戦争時代が過ぎて、図書館は根跡を残すのみという。

県立奈良図書館は日露戦争の戦捷記念事業で設立され、奈良公園内興福寺境内一隅に明治三九年開設された。入館料を徴収せず、巡回文庫を県内約一〇か所で実施するなど、通俗図書館制度化の基盤を定めた。また、高市郡に先んじた宇智郡五條町の宇智郡立図書館(明治三三創立)、高市郡に倣った吉野郡上市町の吉野郡立館(明四二創立)、このほかに磯城郡三輪町の磯城文庫(同郡教育会経営、明三六設立)と宇陀郡教育会図書館も併せ、県立に移し、大正末期には、県立六館と称した。村立や私立を合算すると三六館に及び賑わう。

昭和に入って、天理図書館の出現が特記されなければならない。天理教教主(真柱)の二代目、中山正善が東大宗教学科に学んで姉崎正治に感化され、当時、東大図書館長を兼務、震災で焼失した館状を回復すべく、奮斗する姉崎に収書の精神を教えられた。昭和天皇御大典時に天理教記念事業として、大図書館設立構想を立て、天理外国語学校付属の形で蔵書三万冊、昭和五年一〇月開館、学内あるいは教団内に限らず広く一般に公開し、当時としては破天荒とさえ称された。天理教立教以来の資料はもちろん、キリシタン版等を含む日本東洋伝道資料「よろづよ文庫」、西欧古版地図・地球儀類、アフリカ諸民族資料「戸定文庫」、伊藤仁斎系儒学書「古義堂文庫」、小泉八雲著作類「ハーン文庫」、神道本「吉田文庫」、その他、阪本猷収集古典籍「龍門文庫」、地方史家保井芳太郎収集奈良地方古文書「保井文庫」など、国宝・重要文化財を含む学術的に高い価値を持つ蔵書は今日一五〇万冊を上廻る一大コレクションとなっている。

昭和一五年は皇紀二六〇〇年として記念事業の年であったが、奈良県は肇国の地として橿原神宮改築と付設文庫、競技場等の整備を県が企画した際、天理教団は橿原文庫の建設を一切引受け、建築・設備・収書・整理すべて完了、一五年八月献納した。戦後は県立橿原図書館と改め、県南部の図書館活動の拠点となって、BMさくら号を巡回させている。

なお、司書養成についても、天理図書館は、京都における同志社的役割を果たした。図書館成立の翌年昭和二六年「司書資格収得講習会」を開催、富永牧太館長、司書高橋重臣らが竹林熊彦、泉井久之助、寿岳文章ら京阪の学者を招き、いわゆる週一回講座方式一〇〇時間講座を行う。二七年からは天理短期大学に定員三〇名の図書館科を設け、三回卒業生を出して後、四年制大学の司書課程へ移行させた。

次に滋賀県を見てみよう。

県立館長や守山・大津両市立各初代館長を務めた平田守衛によると、「明治一二年に大津師範学校内の県の書籍従覧所が設けられたが、財政難のため二〇年廃止され、その後昭和一八年県立図書館が開館されるまで、実に五六年間にわたって県立図書館不在県となっていた」けれども、通俗図書館の普及は早く、明治三三年から昭和一五年までに五五館が開館し、明治末期で本県の二〇館は全国第六位、大正末期の三一館は第一〇位。また通俗図書館といえば蔵書数千冊以下、予算百円以下の零細館が多いのに、滋賀では千冊未満は四館、百円未満は九館と少い。永年、王城に近く、学問文芸尊重の気風の地であり富裕農村地帯でもあり、近江商人の郷里で、成功者の郷土への寄付が多い故と分析され、私立館は明治期設立館中一八館に昇る由。また公立館も記念事業館が多い。御即位・戦捷記念など目立つが、井伊大老顕彰とか、教育勅語下賜三〇周年記念などもある。名目に応じて寄付が集ったのであろう。

しかし昭和一六年三一館あった図書館が戦後まで生残ったのは市立彦根、町立水口、私立江北、叡山、近江兄弟社の五館だけであった。県立図書館は昭和一六年戦時統制令違反で検挙された商人がその利益寄付を申請したとき、これを転用し、一八年漸く開設された。

戦後も公民館の設置運動が進んだのに、図書館の振興は遅れていた。昭和三一年、県立図書館にBMが配備され、県下各地に読書の風が流れ出した。三三年、新たに県立館長となった小林重幸はBMを二台に増やし、BMにより農村婦人層に読書を呼びかけ続けた。三五年、湖北の浅井町で「本を読むお母さん運動」が起り三年で全県的運動となって、長野のPTA母親文庫や鹿児島の親子二〇分読書運動と並べて話題とされるようになった。

ただし琵琶湖の周囲に図書館はなかなか整備されない。その結実は昭和四五年以後となる。

＊

日図協『子どもは本がだいすき　図書館白書1974』は児童奉仕に焦点をあてた公共図書館限定白書となっている。その地域別発展比較で近畿地区は「阪神地方では、図書館の設置や充実を求める市民運動が、ひじょうな勢で盛り上がっています。この運動の底力はおそらくどこよりも強いでしょう」と評価されているが、その未完成進行形部を除けば、全般に低水準と編者浪江虔に激しく判定されている。

昭和二〇・三〇年代、関西図書館界の意見は中村祐吉・西村精一両府立館長や小林重幸滋賀県立館長らの声が東京へ強く聞えてきたが、公共図書館の普及は遅れていた。たとえば人口二〇〇万名古屋市が区毎に一館を目指し、九館と別にBM四台を備えたのに、三〇〇万大阪市は二二区に三館とBM一台である。府県別公共図書館設置状況でも威張れる数値でない。

昭和三九年、現状打破を志す男が現場の管理職になった。大阪府立天王寺館長森耕一である。鹿児島生れ、少年期は東京育ち戦後と共に京大物理を卒業し、鹿児島・和歌山県立医大で教養課程物理を教える傍ら、大学図書館に関与した。分類法目録法への強い興味が高じて、三六年遂に大阪市立中央図書館整理課長として館界に転じた。しかし分館とはいえど館長就任に際し、彼は『中小レポート』以来の図書館革命の火を近畿地方で燃え上らせる決心をした。

まず未着手の成人向け館外貸出を、団体貸出を手掛りに開始し、四一年には成人・児童とも個人貸出を実現、また団体貸出や利用団体世話人の連絡会を機に「図書館友の会」を結成した。同年秋の予算要求にＢＭ購入を望んだが、財務当局に認められる可能性なく、団体貸出用図書と利用団体世話人の運搬タクシー代を要求、一旦削られたが年度末に七〇万円復活した。更に友の会会長が名古屋のＢＭ基地を見学し、廃車予定の車を譲っても良いとの情報をもたらした。またライオンズ・クラブから一〇万円の寄付を受けられるよう手配され、車の払下げと修理費に充当できた。こうしてＢＭ巡回は開始された。

この頃、日野市が閲覧室はないが、新鮮・豊富な蔵書を備えた開架室を持つ地域館とＢＭで驚異的館外貸出の成果を挙げていた（一三九頁参照）。四三年度から日図協は「公共図書館振興プロジェクト」を立ち上げ、市（区町村）立図書館のすぐれた活動や経験を交流し、その成果を普及、本邦公共図書館のレベルアップ計画を進めた。森もアドバイサーの一人として最初と最終の合宿検討会に参加した。彼の持つ整理技術への確かな知識が公共図書館の現場認識と融合して、迎えられたに違いない。

四五年二月の箱根合宿の最終討議は白熱的だったといわれる。報告原案起草者の前川恒雄は「当面、貸出を重点として、職員の全エネルギーを投入すべきだ」と主張、対して高知市民図書館長渡辺進が「貸出だけが図書館の働きではない」と反論、両者譲らず、他の参加者も各自意見を添えたが、見解が別れて纏らなかった。真夜中に至って「図書館から市民へ貸出した本の冊数が、一年間に人口一人あたり二冊に達するまでは」という条件つきで渡辺が貸出重視に同意して、漸く結着を見た。この箱根討議を念頭に置き、修正加筆の上、同年五月末に『市民の図書館』として刊行され、公共図書館運営のテキストとなる。

森は三九年から四一年にかけて、一般向け『図書館の話』の執筆を依頼され、歴史的に図書館の発達を調べ、図書館の目的・機能・現状を確認し、特に英米両国と日本を比較し、較差を挙げ、改善を課題とした。

公共図書館所蔵図書数では、日本は英米の七分の一、貸出数に至っては英国の一人あたり八・七冊、米国の四・四冊に対し、当時の日本は〇・一五冊で、英国の六〇分の一、米国の三〇分の一であった。

四五年二月には、新聞の社説に「図書館の充実に一層の努力を」と題した大阪市の図書館行政批評が載り、それが市議会の質疑に反映し、市長も図書館整備を約束、四五年度には、三〇館計画が策定され、翌年、森が中央図書館長に就任したとき、最初の増設館、東住吉、西淀川両地域館が着工、四七年竣工・開館、五〇年には旭区に旭図書館も創設された。

森は二八年から日図研理事（四〇・四一年を除く）だったが、四八年理事長に選ばれ、終生務めた。彼は大阪市の枠を越えた図書館発展に尽力するようになり、殊に五二年京大教育学部の図書館学講座の助教授、翌年から教授となって、現場の制約も解け、広い視野に立ち、活動するようになった。その中で大きいのは「滋賀県の図書館振興策」策定に関わったことである。関連して滋賀県立図書館長の人事の相談を受け、日野の前川恒雄を推挙し、成功したのも大きい。前川新館長が実現し一〇年、県内七市全部と、四三町村中の八町に図書館が出来、町村の図書館設置率も一九％（現在五〇％を越える）、図書費、人口一人あたり貸出冊数等でも全国二位、三位を争っている。

今一つは、大阪府茨木市の図書館計画で、こちらは答申作成委員会の委員長を森が引受けている。答申案作成にも深くタッチし、美事に最善案を市長に認めさせている。また、新計画推進の図書館専門家を推挙する役割をも引受け、神戸市立中央図書館伊藤昭治主幹を推し、推された伊藤が結果を出している。

なお、森は昭和六二年京大を定年退官し光華女子大学教授に就任したが、平成四年三月退職、同年一一月五日癌のため逝去、享年六九歳。

望ましい基準（案）の展開

「公共図書館における蔵書は新鮮さがまず第一の要件」と述べ、蔵書数よりも年間増加冊数の方が重要な指数」と指摘したのは前川恒雄である（昭和四八）。

彼は「ぎりぎり最低限人口の八分の一の増加冊数」以上でないと、市民に魅力的図書館とならないと説いた。彼が専門委員に加わった図書館法一八条にいう望ましい基準（案）は昭和四七年社会教育審議会に報告されたが今もって公示されていない。同基準案で、もう一つ大事な数字は、「人口の二倍の貸出冊数」で、サービスの水準とされている。

右の両指標を手掛りに評価基準を作って、日図協の『図書館白書』や『図書館年鑑』で積極的に活用し、図書館評価を試みたのが浪江虔であった。

浪江は基準案値の収書一二五〜一八七冊と貸出二〇〇〜二九九冊を各五点に採点、それを基にそれぞれ一〇分の一以下から四倍以上まで一〇段階に分け、両指標での合計点で図書館の格付を行った。

13点以上　A　高い
12〜10　B　やや高い
9〜8　C　やや低い
7〜6　D　かなり低い
5〜4　E　甚だ低い
3以下　F　極度に低い

の六段階にクラス分けした（収書・貸出共に4^{+}のときだけ、合計点を9と計算している）。

FやEの「本来あってはならない」クラスは急速に減少して何とかC〜D級へ進歩したが、一三年経過しても、「高い」と認めるA〜B級は併せて二〇%にも達しない。そういう意味では、まだまだである。それ以前に、図書館設置率も八一%で十分ではない。

九〇％に達するのは平成に変る昭和六四年である。同年市区立図書館は「高い」級が二〇％を越えた。ただし町村立図書館は設置率一八％で二〇％にも届かぬ。さらに市区立設置率が九五％に達するのは平成六年で、同年町村立図書館設置率は二六％である。

しかし浪江式評価法は『図書館年鑑』に採用されたのは一九九二年版までだった。九三年版「市区町村立図書館の充実度と活動度について」というコメントを同年鑑の統計担当が書いている。

「ランクづけは、あいまいさがあり、どういう根拠に基づきどういう手法によってランクづけしたかという疑問を呈する人々は少なくはなかった」とあるが、手法は明快であり、収書と貸出に絞った指標が気に入らないのであろう。「レファレンスの重視が叫ばれ、現に多くの図書館が質的なものへの着目を開始し、なおかつ実践化するようになってきた」ともいう。あるいはまた町村図書館に対して「設置率は依然として二〇％強という低迷が」続いている中で「このようなランクで表されるものかどうか」と疑問視する向きもある由。確かに人口一万以下の町村で、図書館の設置が一段と困難なことは理解できる。もともと「中小レポート」では、人口五万の都市を基準とし、それ以下の場合は「組合立図書館」を提唱したが、ほとんど無視された。統計上四館に過ぎず、将来の見込みも明るくない。町村合併の促進に伴い、まず合併があって、新しい統合自治体の図書館として設置が可能なのだろう。合併しない場合は幾分小さくても、各自治体毎に図書館をもつところから始めるしかなかろう。

日図協創立一〇〇年の平成四年『図書館はいま―白書・日本の図書館1992』で、人口段階別町村図書館設置状況が報告されている中で、人口五〇〇〇人未満では七・七％、五〇〇〇～一万一四％、一～一・五万二三％、二～二・五万三一％、二・五～三万四一％、三～三・五万五一％、三・五～四万四〇％、四万以上四六％となっており、人口一・五万人を境に大きく可能性が高まっており、白書編者は「人口一・五万以上の町村は、その気になれば図書館設置可能」と見る。なお市区立以上全備都府県は一八。

この年五月、生涯学習審議会社会教育分科審議会施設部会図書館専門委員会（座長―藤川正信）が「公立図書館の設置及び運営に関する基準について」報告し、六月文部省生涯学習局長から各都道府県・指定都市教育委員会教育長に通知された。その中で、貸出については「人口一人当り四冊以上となるよう努めるものとする」と説き、従来の基準の二倍に高められた。

収書については、人口一万人未満一・五万冊を底に一内至三万未満なら、+《プラス》一・五冊×《カケル》一万を超える人数、同様三万、一〇万、六〇万を境に一・〇、〇・七、〇・五冊割合で累加した冊数を開架図書数として求め、毎年五分の一以上の冊数更新に努めよという。

望ましい基準（案）による浪江式評価法

基準案値に対する比率	年間収書（1000人当り）	評点	年間貸出（100人当り）	評点
4倍以上	500冊以上	9	800冊以上	9
3倍～4倍未満	375～499冊	8	600～799冊	8
2〃～3〃	250～374〃	7	400～599〃	7
1.5〃～2〃	188～249〃	6	300～399〃	6
1〃～1.5〃	125～187〃	5	200～299〃	5
(0.8〃～1〃)	(100～124〃)	4+	(160～199〃)	4+
0.5〃～0.8〃	63～99〃	4	100～159〃	4
0.2〃～0.5〃	25～62〃	3	40～99〃	3
0.1〃～0.2〃	13～24〃	2	20～39〃	2
0.1〃	1～12〃	1	1～19〃	1

市区立図書館の動向

昭和年度	全市区数	図書館設置市区数	設置率%	クラス分け（上段：実数／下段：比率%） A	B	C	D	E	F	図書館未設置市区
41	593	384	65	1	0	1	32	139	211	209
				0.3		0.3	8.3	36.2	54.9	
46	655	434	66	0	3	19	136	165	111	221
					0.7	4.4	31.3	38.0	25.6	
51	667	497	75	8	31	90	238	100	30	170
				1.6	6.2	18.1	47.9	20.1	6.1	
54	669	543	81	26	62	170	217	52	16	126
				4.8	11.4	31.3	40.0	9.6	2.9	

*

GNPが世界一、いや米国に次ぐ第二位とか、一人当り国民所得でも四位、生活水準も米・英・仏・独・瑞典と言った欧米各国の平均水準を上回っていると評価されるようになったのは昭和六三年といわれる。経済的安定・家庭生活・健康は高水準だが、学習・文化活動や地域・社会活動では平均以下となっている。殊に公共図書館の少なさが指摘される。前回も参照した『図書館はいま—白書・日本の図書館1992』をもう一度見てみよう。分館・BMを含む公共図書館のサービス拠点数は約二・三〇〇〇か所、英国は人口二分の一以下、国土面積三分の二で、一・六万か所、八倍に近い。公共図書館の蔵書数では、日本で国民一人当り一・〇、英国は二・三で、森耕一が『図書館の話』で嘆いた頃から見れば格段の進歩ながら、未だしの感をぬぐえない（一七二頁参照）。

図書館は地域住民の意向によって作られるので、次に地域社会について眺めると、都道府県別では、県内九市一八町八村全三五自治体に図書館があるのは富山県のみ。全自治体に網羅するきっかけは戦後、二三年県内市町立図書館を県立図書館の分館に指定し、県から資料費等を補助できる体制を作り、近隣未設置自治体へのサービスも担当させた。これが誘い水となって全市町レベルまで図書館完備が昭和五〇年、更に五六年に至って、村レベルまで揃った。二一年から県図書館協会副会長に就任、未設置自治体当局に説得する努力を三〇余年続け通した村上清造の功績が大きい。少くとも一四館は県協会の勧奨に負うと伝えられている。

市及び東京都特別区に限っては、六七八市区ある中で、六一七が図書館を持ち、九一％になる。市区立レベル設置率百％の都府県は、昭和五五年四月、岩手・宮城・秋田・東京・富山・石川・山口・香川の一都七県だったが、一〇年後、福島・埼玉・神奈川・岐阜・滋賀・京都・和歌山・岡山・愛媛・高知の一府九県を加え、一八都府県に達した。

しかし設置率が高ければ内容まで良いと必ずしも言えない。富山県立図書館の京谷しげ子氏は平成七年度全国図書館大会（新潟）で、同県公立図書館設置の歩みを報告したが、設置率一〇〇％、県立を含め、分館・分室を入れて五八館とBM八台、人口一人当り蔵書冊数は三・〇五冊、冊数は多いが、職員が四名以下の小規模館が四三館である。住民一人当りの年間購入冊数は〇・一二冊、登録率は一七・二％、住民一人当り個人貸出冊数は二・六冊で、全国平均以下となっており、順位としても降下気味である。

　このような現状に対し、県立図書館を核としたコンピュータによる情報ネットワークの構築を進め、TRC全体MARC及び県内の図書館所蔵情報を二大学二高専も含めて確認できる体制を準備、また総合目録参加館の貸出申込みも所蔵館に直接出来るようにし、相互貸借の活性化が計られている。

　しかしながら、図書館設置気運の盛り上げが制度化先行に走り、住民要求の掘り起し、中身のある図書館造りが伴わない場合、形骸化を齎すことを実証した形になり、発展が滞り勝ちとなる。報告者も、今後は図書館の新設を急ぐのではなく、先述の条件を満たす整備を必須の要件と考えて設置すべきだと反省している。望ましい基準に全く言及していないが、中味の充実した図書館の配置が重要である。

　この大会では、続いて滋賀県立図書館岸本岳文氏が同県の図書館振興施策を報告した。七市四三町村ある内で七市一七町村に図書館があり、大津市には分館一も出来て漸く半分に到達した段階であると述べ、その二〇年前に、大津の複合文化施設・滋賀会館内の県立図書館を、琵琶湖対岸の瀬田へ新築移転させる話が出、県立図書館は何をすべきか、日本図書館研究会に委託調査して貰った。理事長森耕一が調査委の委員長にもなった上、天満隆之輔、伊藤昭治、石塚栄二、布村忠雄、辻原与三の公共図書館現場の論客、小倉親雄、高橋重臣、塩見昇の理論家を揃えた集団の美事な成果を報告した。もっとも、森は後の回想では全く触れておらず、積極的役割は意識しなかったのかも知れない。関連してはその四年後、県の「図書館振興対策委員会」特別委員に加わり「県と市町村との機能的な役割」について講演し「図書館事業は社会福祉や塵埃処理などと同様に、地域住民の日常生活にとって欠くことのできない行政サービスとして、市町村が、その設置と維持管理の責務を負っているので、図書館振興の問題は市町村がその責務を感ずることが第一」と指摘、その必要は地域の都市化に起因していると説き、農村地域の地域格差是正から着手せよ。そのためには、市町村は一般会計予算の一％を図書館費に充てよ、と提言した。更に英国の図書館学者L・R・マッコルビンの言葉「供給が需要をつくる」を引用、図書館を使ったことのない農村に、図書館の要求は生じない。便利な家電製品が供給されて需要が湧き起るように、図書館の有難味を味わってもらい、図書館設置要求を促進させるべきだと進言した。

それにも増して県立館長に日野市館長だった前川恒雄を推挙成功したことが滋賀県の図書館振興を発展させた。当初全国三七位の普及度だった滋賀県が一〇年後には、人口一人当り図書館資料費が三五四円、東京に次ぐ二位、利用面では、貸出冊数が人口一〇〇人当り二七一冊で、東京・愛知・千葉に次ぐ四位に躍進した。

戦後における児童サービスの発展

二〇世紀に、やっと芽が出、育ちかけた図書館の児童サービスは、昭和に入って戦時体制化に忽ちしぼんでしまい、出版統制は児童書に及び、空襲が施設を破壊し、学童疎開で読書どころではなくなってしまった。

そして、敗戦、占領軍は民主主義教育推進の一環として、社会教育、図書館に力を注ぐ。奨学金等を得て、友野（旧姓山口）玲子、渡辺茂男、大月（旧姓間崎）ルリ子、松岡享子らが米国留学、児童図書館員の専門的訓練を受け、実地に業務も経験して帰り、司書養成に当る人、児童室の司書になる人、児童文学の作家等、それぞれ第一線で活躍した。

他方、戦前から児童サービスに強い関心を持ち、或いは実践経験のある人々も動き出した。

戦前、東京市や大橋図書館で活動した竹内善作が『学校・公共図書館―設立・運営の実際』（東京堂　上下二冊　昭二四―二五）を著し、その中で公共図書館なら児童室を必須条件に挙げていた。設備や用品などに彼独特の主張があり、標準的でなく、余り顧みられなかった。品川区立図書館で児童サービスに尽していた小河内芳子会長に、児童図書館研究会が昭和二八年一〇月結成され、機関誌『こどもの図書館』が発行された。当初はガリ版刷りから出発、弥吉光長の仲介で日販の弘報誌『日販通信』に記事提供の形で二ページ分の乗り込みを果たし、昭和三〇年四月から活版印刷に切替った。もっとも三五年からは独立し、謄写印刷ながら自前で会報発行に発展している。

篤志家のボランティアによる文庫活動の盛り上りも注目しなければならない。

福島県郡山市桑野清水谷の金森好子氏のクローバー文庫（二七年三月設立）、東京都大田区大森の村岡花子宅の道雄文庫（二六年設立）、世田谷区上北沢の土屋滋子宅の土屋児童文庫（三〇年設立）、杉並区石井桃子宅のかつら文庫（三三年三月設立）、世田谷区代田北野道彦宅のともだち文庫（三一年八月設立）、北は北海道から南は沖縄まで、全国的に拡がり、それら文庫の連絡会も出来て励まし合い、そこから地域図書館が新設される切っ掛けになる例も生じた。石井桃子氏は『子どもの図書館』（岩波新書　昭和四〇）を著して、典型的な例を紹介し、一層の発展を促した。

しかし日図協の『中小都市における公共図書館の運営』（『中小レポート』昭和三八）も中・高校生の勉強部屋化を恐れ「児童用一〇～一五席確保」とか、「年間個人貸出登録者数八〇〇名」とか、備付資料について基準を述べているが、遠慮がちである。『市民の図書館』（昭和四五）に至って「児童サービスを広げるために」の一章を備え総合的に説く。

日図協は昭和四九年『子どもは本がだいすき』と題する図書館白書を発表、児童奉仕の発展状況を解説した。その中で、公共図書館における館外貸出図書の過半数を昭和四七年度には児童図書が占めるようになったと報じている。図書館の蔵書数から見ると、児童書は貧弱で、一般成人向け図書の一七％弱に過ぎないのに、貸出では成人向けを越えていて、地域の図書館発展の原動力になっていると、その重要性を訴えている。

	登録者数	うち児童	貸出冊数	うち児童
昭45	18,371	6,674（36）	527	279（53）
昭50	39,214	19,350（49）	945	527（56）
昭55	45,019	22,396（50）	1062	481（45）
昭60	41,696	16,474（40）	958	315（33）
昭64 平元	37,381	11,367（30）	843	229（27）

（）％、貸出冊数千冊単位

その後の展開を追ってみると昭和五〇年度一年間に一万冊以上児童書を購入した図書館は二六市区、その中の町田、府中、枚方、日野、小平、草加、柏、東久留米、国立九市は年間購入冊数が人口の二〇分の一以上である。

地域（家庭）文庫も拡がり、昭和五〇年代には全国で三千以上といわれ、大阪府の状況を調査した中尾みどり氏の報告では、府下三二市一二町村のうち二五市二町に文庫があり、四〇年末までに設立は七、四一〜四四に二一、四五年に一六、四六年に一四、四七年に二四、四八年に五三、四九年に八一、五〇年に七六、五一年と五二年一月とで四三と驚くべき勢いで生れ、全体で三三九文庫ある。

文庫の所在地は個人宅一五七＝四六％、次が集会所一〇六＝三一％、公共施設五二＝一五％、後の両者を同類と見れば、個人宅とほぼ同数、他は宗教施設という。

開場日は週一回が七割、二回以上・随時・月二回各一割。

登録児童は四万九〇〇〇人、一文庫当り一六三人だが、実際に来るのは五〇人位。ただし一〇〇人以上来る文庫も三七ある。

最も注目される図書は全部で二二万八〇〇〇余冊、文庫平均六七三冊、うち一五万三〇〇〇冊は文庫蔵書で六七％、市町立図書館・公民館・教育委員会からの借用本が六・一万冊＝二六・六％、府立図書館等から一・四万冊＝六・三％となっている。

一度に貸出す冊数は、一冊から無制限まで多様だが、二冊が最多、次が三冊で、平均二・八冊、開場日毎に五〇人の子供が一四〇冊ほど借り、全文庫で四・五〜五万冊が借り出されて行く。年間でその五〇倍の二〇〇万冊以上の本が読まれている。ほかに「読みきかせ」や「お話」が一一一文庫で実施され紙芝居・人形劇・子供会なども行われている。

ところが、昭和五五年を過ぎると、様子が変ってくる。それまで児童の図書館登録率も彼等の貸出冊数も登り坂だったのに、減少に転じた。具体例に、日野市立図書館が挙げられる。

左の表の通り、変化するのは、児童人口の減少によると思われるが、それだけでなく「活字離れ」「本離れ」現象が心配されている。テレビやファミコン等の新たな問題がある。ここからは現代の課題となる。

第Ⅲ章

大学の図書館

源流から学術情報まで

近代大学図書館の源流

今までも大学図書館に触れなかった訳ではないが、系統立って扱わなかったので、歴史的流れに沿って追って見よう。

日本で、近代的大学といえば明治一〇（一八七七）年設立の東京大学が最初である。しかしこの学校は新規に建設されたのではなく、江戸幕府の蕃書調所《ばんしょしらべしょ》の延長線上にある。名称が示すように西洋文献を通して海外事情を調査研究するのが表芸で、西洋言語を修得し、外国知識を学ぶ学生を教育するのは看板に掲げない併設事業であった。

蕃書調所が設置される気運が生じたのは、嘉永六（一八五三）年六月米艦の江戸湾来航に刺激されてであるが、寛永一八（一六四一）年オランダ商館を出島に移したいわゆる鎖国の完成以来、対外交渉は長崎に集中させ、文化八（一八一一）年まで長崎奉行に委されていた。一八世紀末から蝦夷地へのロシア船来航、その対応に長崎から和蘭通詞を派遣していては間に合わず、文化八年、稽古通詞の馬場佐十郎（貞由）が天文方高橋景保に預けられて、天文台詰通詞の制度が始まる。

天文方では、蛮（＝蕃）書和解《わげ》御用の局を新設、ここで馬場はショメル百科事典の翻訳に従事しながら待機し、北方に異国船来ると知らせが入れば、外交文書翻訳と異国人応接に出動した。文政期には英国船が浦賀へ来航したりして、その応接にも当り、合間には江戸の蘭学者にオランダ語文法を教授してもいる。

蛮書和解御用の局には、最初は大槻玄沢が参与の形で出仕したが、宇田川玄真、同榕菴、大槻玄幹らがショメル事典翻訳に加わり、青地林宗は単独で『世界地理書』を訳し、杉田立卿らのグループは海軍砲術書翻訳に取組んで行く。こうして、蘭学者達が幕府の下で公学化というか、組織化され、内容もまた広義の軍事科学或いは国防科学的様相を帯びてくる。

こういう時期が四、五年程あって開国を迎え、幕府として洋学を専門に扱う独立の機関を設置する。それが蕃書調所である。

時の老中首座阿部正弘は「海防局」（名目はどうでもよい）を設け、海防掛の面々が月々一二回程、会合し種々討論研究する評定所のような機関と、その付属機関に諸藩陪臣で学識あり、外国事情に通じた者、蘭学者、兵学者、砲術家らに出役させ、同じく月々一二回会合し、海防掛から評議を下し、議論を詰めさせるのはどうか、と腹心の部下で海防掛兼異国応接掛に登用した筒井政憲・川路聖謨・岩瀬忠震・水野忠徳・古賀謹一郎に諮問したが、彼等は皆忙しく、自ら設立に当る余裕なく、適当な人物を推挙し、彼等に準備を委せた。小田又蔵・勝麟太郎・箕作阮甫・森山栄之助の四人で、異国応接掛手附・蘭書翻訳御用を命ぜられた。小田と勝の答申は別々ながら、評定ではなく、翻訳研究機関であり、海防掛の筒井・川路らも異句同音に蛮書翻訳事業を急務とし、その調査研究機関設置を求め、併せて蘭学稽古所を備えるように提案した。

安政二（一八五五）年八月、阿部老中の指令が下り、洋学所頭取に二丸御留守居古賀謹一郎が任命された。川路・筒井・岩瀬・水野は古賀の相談役を指示されている。古賀頭取発令も川路らの推挙と見られるが、その発端は、ペリー来航に一月遅れて長崎へ入港したロシア艦の使節プチャーチンに応接した幕府使節に由来する。川路（正使）筒井（副使）に随行した儒者が古賀であり、翻訳方として箕作阮甫も従っていた。彼等は江戸―長崎往復、翌年の春、伊豆下田における第二次の談判を通じて慣れない外交交渉を一緒に戦い、遂に条約締結まで行った同志的関係があった。

次に役所の名称である。当時の蘭学者たち、例えば奥医師は蘭学館とか蘭学校、洋学館と呼んでいたが、老中らは不適当と考えていた。幕府が江戸に設置するのに洋学とか蘭学と名づけるのは不体裁と意識していたようで、蕃書調所に決ったが、もう一つ洋書翻訳・

講読とは別に技芸の研究や機械の製作・発明も期待していたようで、林大学頭らに問合せ、例えば「職方館」ではどうか、と尋ねている。返事は見つかっていないが、文久三年調所が学問所管轄に移ると、詩経の「開物成務」の語を採り開成館と改称したいと申請しており、その考え方は当初から論じられていたのである。

蕃所調所は小川町元火消役御役宅を予定したが、安政二年の地震で類焼、元飯田町九段坂下竹本図書頭屋敷家作共を入手することに替る。

次いで教官や事務官の人事が重要だが、教官については、小田と勝が作成した洋学者一覧表を参考に、中心になる箕作阮甫とも相談し、従前の蕃書和解御用局の訳官を重視し、原案を立て、古賀が立合の川路らの了解を取り、老中へ上申している。安政三年三月末、阿部老中は目付大久保右近将監（忠寛）を蕃書調所総裁に任じており、彼は早速盟友津田真一郎（真道）を教授に推挙していて、津田は備中津山から帰府を求められた。箕作阮甫に蘭学を学び、塾頭を務めたこともあるから、津田の加入に問題はなかった。

それより、洋書の収集が大変だった。まず集められる限りの洋書を揃えようと、安政二年一一月、頭取古賀は「差向書籍不足ニてハ、御用筋差支可レ申ニ付、紅葉山御文庫之品ハ夫〻御下ケ天文方御預り之分も、追〻新役所江御預り替被二仰付一候様仕度」と老中へ願い出た。

＊

年を越えて安政三（一八五六）年正月、頭取古賀は川路聖謨ら立合四氏と相談の上、再度老中に願出て、紅葉山文庫と天文方へ移管指令を乞うた。その際、添付された御達案には「古賀謹一郎江頭取被二仰付一候ニ付てハ是迄紅葉山御文庫并天文方御預り之蛮書類同人江御預替被二仰付一候間、書銘早々取調可レ被二申聞一候、尤洋学所附御書物蔵御修復出来迄ハ、是迄之通相心得、謹一郎断次第相渡候様可レ被レ到候」と書かれており、蕃書調所（安政三年二月一一日、命名されたので、それ以前は洋学所と仮に呼ばれていた）改修工事期間中の猶予を認めており天文方に対しては「天文暦学上必要な参考図書の保管を申請によって応じるから、蔵書印押印のため、一旦は提出して欲しい」と求めている。

　紅葉山文庫の勤番日誌『御書物方日記』の同年四月四日の条に、その旨、書物奉行山路弥左衛門諸孝と武島安左衛門茂潤が呼び出され、若年寄遠藤但馬守から示達されている。山路は天文方兼帯であったから、そのまま天文方への通達ともなった。

　書物方では、同心四名が担当し、『御書籍目録』「蛮書類」と照合、同月一三日に目録一冊、書面一通を添え、預け替えを若年寄に進達している。

　このほか、先年シーボルト事件に連坐し獄死した高橋景保や蛮社事件で逮捕され、自殺した渡辺崋山から没収し、書類預りになっている書物の移管も頭取古賀から申請して収集した。

　既に輸入済の図書だけでなく長崎に加えて、新たに下田と箱館両港を開き、輸入される洋書に関しても、すべて新役所に下げ渡されるように要請し、その権限も認められている。

　こうして集められた洋書に、まず蔵書印が押された。この押印を理由に、紅葉山文庫や天文方の書庫から借出された図書の回収が企られた。安政三年四月の「諸伺拝借之蕃書類返納方并御蔵書印押印候儀ニ付相伺候書付」がそれである。

「先達て紅葉山御文庫并天文方御預り之蕃書類、御預替之儀相伺置候処、此度御下知相成候皆を以、御書物奉行并天文方より引渡之手続罷成候処、右之内当節別て必用之品ハ、過半諸半諸向拝借出本ニ相成居候由ニ付、右御出本之分御府内遠国とも、何れニも一旦返納被二仰付一、調所ニて取調申度候、勿論左迄部数も無レ之候得共、和漢之書と違、書銘等至て粉敷、御品引合篤と不二相調一候てハ何分不分明ニて、御用筋取扱候とも差支候間、前文返納之儀ハ早々御達御座候様仕度、且又御蔵書印無レ之候てハ、公儀御所蔵并調所御預り之廉も不二相分一、御締向難レ立候間、是迄御所蔵之分、并向後御買上相成候分共、学問所振合ニ見合、別紙雛形之通、御蔵書印押候様仕度奉レ存候」と老中に伺った。老中に異論なく、五月一七日その旨達せられたのである。

六月二六日には、阿部老中は大目付と御目付に「此度蕃書調所御取建相成候間、銘々所蔵之蕃書、原書之分ハ書目取調、西洋紀年何年之藩述ニて、何術又ハ何科之書と申儀認差出、且右之内翻訳出来之分ハ、一部宛早々可レ被二差出一候、尤伊勢守江差出候様可レ被レ到候」と達したが、その成果は不明である。蘭癖大名たちが届け出たという記録もないし、話も知らない。

一二月になると、日米和親条約締結の本条約書交換に遣米使節が派遣されることになり、随行通詞名村五八郎と立石得十郎から蕃書調所蔵本の対訳辞書借用願が使節に提出された。使節からの貸渡し要請を受け、古賀頭取は、希望された『ボンホフ英蘭対訳字書』を「御差支之儀無二御座一候」と返事して貸出している。

遣米使節新見豊前守・村垣淡路守一行は翌春正月、渡米の途に就き、閏三月ワシントンで批准書交換、ニューヨークへ出て五月帰航の途に入るが、大西洋から世界一周し、九月品川に帰着した。米国で過し、米艦で送られ、英語の重要性を実感した使節が英語辞書、文法書などを多数購入し持ち帰り、幕府へ提出した。蕃書調所へ引渡されたが、次のような領収書が『幕末維新外国史料集成』に残っている。

ウオルシストル著述　一英語字引　拾壱冊　内大八部小三部　一英語文法書　七拾冊　一地理字引　拾冊　一地理書　三拾冊　一同　拾五冊　一地図　三拾冊　一窮理書　五拾冊　一貿易方字引　貳拾五冊　一英仏対訳会話書　五拾冊　ボウデツ著述　一般海書　七拾冊　一般海家暦書　七拾冊

有被レ成二御引渡一請取申候以上

酉（＝万延二）三月二日

蕃書調所

石井弥左衛門　印

他方、調所自体でも、御用聞書物問屋万屋兵四郎から万延元年一五八両という大金を投じ対訳辞書や語学（英、仏語）書などを大量に買い込んでいる。

オランダ語から急速に英語、フランス語へ切替って行く段階であったと思われ、また軍事技術書の導入が注目されてくる。

世の中が一段階緊迫して来た実感もある。

遣外使節が訪問先から贈られた図書もある。遣米使節は、万延元年四月二日（一八六〇年五月二三日）合衆国特許庁を見学し、『特許庁公報』(Report of Commissioner of Patents) を贈呈された。献辞「合衆国政府に近い日本大君の特命全権公使新見豊前守へ／合衆国特許庁長官フィリップ・F・トーマスより／ワシントン市」(原文英語) がある公報が現存する。

*

蔵書の管理はどうなっていたのであろうか。それがよく判らない。頭取古賀謹一郎は「書物御用出役」を設け、翻訳物を書写し、清書し、又はその控をとる職員一〇人を任命して欲しいと申請したが、老中はまず四、五人も人選し、それでも手が足り兼ねた節になって増員を申立てるように指令した。そのため安政三年正月、古賀は立合の川路聖謨らと協議の上、御普請奉行美作守三男の伊沢謹吾、御書院番池田甲斐守組小田切庄三郎、箱館奉行支配調役尚太郎伜の鈴木慎一郎、大御番大久保因幡守組与力小林八十五郎、新潟奉行支配並役三之助伜の杉浦磯吉、評定所書役一八伜の森鉢太郎、以上の六名を「漢学洋学之心懸も有レ之候もの共」として任命を求め、発令を見た。どうも教官は殆ど諸藩の出、即ち陪臣で直参旗本の出る幕はなかった。それだけに事務方の勤番の士は当然ながら、書物御用出役も旗本御家人から優秀な若手を選んだと見られる。その後、万延元（一八六〇）年八月、御軍艦操練取調方出役小笠辰之助、神奈川奉行手付出役津田栄七、外国奉行手付出役平子誠太郎の三名に「蕃書調所書物御用出役替」が申渡され「追加して、松平因幡守組小西徳三郎、仙口河内守組植村千之助の両名に、同役を命じ、同年一〇月神奈川奉行支配調役並出役宍戸勘太夫に出役替で書物御用出役を命じた。但し以後は改めようとする。文久元（一八六一）年三月、古賀・勝連署して「蕃書調所書物御用出役之儀、是迄ハ手跡宜敷一ト通リ漢学出来候者ニ候得ハ、取人ニ中上来候処、右は諸向俗用書物共違ひ専ら翻訳書而巳書写仕候ニ付、西洋語心得無レ之者ニてハ、兎角語路取違ひ、誤写出来、後々ニハ世人之大害を生し申間敷も難レ斗、深く心配仕候間、以来ハ稽古人之内ニて、一ト通り学業出来候者より、名前相選候事ニ取極度旨、教授方出役共一同申出候、右ハ事実尤之次第候間向後右之通取斗可レ申哉と奉レ存候。依之此段奉レ伺候以上」と老中へ伺った。しかし老中は一応尤だが、そのように限定すると無理が生ずるとし、「今一度よく調べよ」と指令している。以後追加はない。

同年一〇月、総裁に坐った大久保忠寛と頭取古賀は教授手伝並の教官三名を挙げて「蕃書調所御書籍類追々相嵩ミ、諸向拝借出入等甚手数も相掛り、其上漢籍とも違ひ、横文字之儀ハ、同名別板又ハ別語之書有レ之、混雑仕候上、私共支配向之者ハ何れも俗役ニ付、更二弁へ無二御座一、其都度々々教授方之者、立合相頼取扱來候得共、右教授之儀ハ、主役稽古人之教導、又ハ調物相掛り居、且会席等も度々相明ヶ候てハ何とも不都合之次第、殊ニハ右様大数之御書籍片手間を以取扱候儀ハ迚も行届兼、追々御不取締ニも可二相成一と心配仕罷在候、依てハ前書名之者、御手当ハ只今迄之通ニて、改て書籍調出役と被二仰付一被レ下候様仕度、左候ハヽ、御締も相立、向後混雑之儀も出来仕間敷哉と奉レ存候、右之趣浅野一学江も申談、此段奉レ伺候以上」と老中へ伺った。

挙げられた三人は、奥御右筆清五郎厄介伯父佐藤革蔵、御書院番頭内藤肥後守与力村上誠之丞、渡辺爲三郎組御徒・箱館奉行手付出役儀三郎弟陶山淳平でいずれも御家人出身なのが注意を引く。開国以来、英学を望む稽古人が激増し、その初歩指導に、稽古人中の成績優秀者を句読教授に挙げ、更にその中で抜群の人材を英学教授手伝並出役に昇格させたのであるが、この中で、幕臣を選んで、蕃書調所の事務方に拘わる仕事につけようとしている。矢張り、諸藩からの陪臣を気安く扱えなかったのであろう。

ところで、この三人の仕事「書籍調出役」は、書物の分析である。さきに任命された「書物御用出役」は、ろくに横文字を読めず、和漢書の書名から類推して、書名冒頭の語に着目すると、「入門（introduction）」、「便覧（handbook）」、「教科書（textbook）」などの語は同じでも、その後に来る主題語が違うのに、同一書名と誤解したりして、教官の役に立たないことも少なくなかったようだ。そこで「書籍調出役」は蔵書のそれぞれに簡略な説明書を付けた。たとえば、マルチネット（J.F.Martinet）の『自然の教理問答（Katechismus der natuur）』に対しては、

「御用　乙ノ六
一　カテシスミュス　デル
ナデューレン　但　窮理書
マルティ子ット著述
千八《ママ》百八十二年　丁巳　天
四冊之内」

と書く。しかし必ず「二」と断って書く人も居れば、そうでない人もいる。仮名による音読みしか書かない人、訳だけ入れる人など、不統一である。同じ書物の別セットには

「四番甲　窮「之廿」（上に白紙貼紙）」
マルチ子ット　カデシスミュス
デル　ナチュール　千七百八十二、九年「天台」（抹消）
全四冊　一（～四）」

と記されている。

この説明紙片を表記の裏に貼布し、外国語の判らない者でも探せる工夫をしたらしい。上記貼紙中の「天」または「天台」は勿論天文方＝天文台で、天文方から送付された図書を意味し、別に「楓山」と記された楓山文庫から送付本もある。有名なケンペル『日本誌』の場合は「楓山」本のほかに「天台廻」、更に「右筆」と書き込まれた奥右筆所管本もあった。「右廻」または単に「右」と略述されている例もある。ほかにも「発玄使」は文久三年帰国の遣欧使節船載書である。

但し、この入手経路の書込みは、書物御用出役とは違う職員の手による可能性がある。

『蕃書調所書籍目録写』と『御書籍目録』「蛮書類」

『蕃書調所書籍目録写』と表紙に墨書された半紙五二枚を袋綴じにした写本が東大附属図書館に現存する。「箕作秋坪蔵」と表紙右下隅にあり、秋坪自筆と推定されているが、本文は筆蹟を異にする数人の手に成る。

箕作秋坪（一八二五―八六）は美作国（岡山県）津山藩儒者菊池文理の次男で、蕃書調所の筆頭教授箕作阮甫（同藩の先輩）に入門、男児のない阮甫と養子約束をして四年間緒方洪庵の適塾遊学後、嘉永三（一八五〇）年女婿となる。三年後、蕃書和解御用を命ぜられ、安政二（一八五五）年家督相続、藩主の侍医を勤めた。同六年蕃書調所教授手伝出役、文久元年暮（一八六二）幕府遣欧使節竹内保徳一行に随行し洋行。帰国後に幕臣（禄高百俵）に列し外国奉行支配調役翻訳御用（役料百五十俵・役金一五両）を命ぜられ、慶応二（一八六六）年小出秀実箱館奉行一行に随行、ロシア訪問、北方領土境界交渉に加わる。維新後は私塾三叉学舎を開き、再三徴士を辞退していたが、明治八（一八七五）年東京師範学校摂理（校長）に就任、同一二年教育博物館長兼東京図書館長となった。この辺の事情については、以前触れた覚えがある。同一九年辞任、同年末、腸チブスで逝去されている。

ところで、『蕃書調所書籍目録』なるものは洋書目録だが、アルファベットを使っていない。前回紹介した書籍調出役たちが翻訳したり、仮名読みを付けた紙片を写したものに過ぎない。「一・ストロイク天文書、至千七百四十年至千七百五十三年板、三冊」「ケンプルヤッパン、千七三三、四部四冊」「一・ハルマ辞書、写本七冊」という具合である。著者名は、姓のみを表示するが、著者名だけで書名を欠く例がある。「一・

マアリン、二冊」というが、「マアリン和蘭法郎西対訳辞書」と詳しく書かなくとも「マアリン辞書」とでも書けば良いのにと思うのだが。どうやら、旧蔵者が高橋景保だったので、彼が「マアリン」とのみ表紙に注記しておかなかった後遺症らしい。逆に著者名抜きの書名だけを書いた例も少くない。「ハントフッキーホール　カノニールス」は砲兵操典の類だが、団体著者ゆえ、略されているのは判るが、明確に著者の表示があるのに、書名だけの本は、蕃書調所へ来る前に、その書名で独り歩きしていたものらしい。例示するとスウィンテン（Jokannes Henricas Van Swinden 1746–1823）著『惑星儀・地球儀・月球儀講義（Lessen over het Planetarium, Tellurium, en Lanarium, 1803）』は『天体儀説』となっていて、著者名は無視されている。「丁巳天」と貼紙にあり、安政四丁巳年（一八五七）天文台移管本で、恐らく天文方で「天体儀説」として定着していたのであろう。

　目録は分類目録で、次の順序である（数字は所属図書記入数）

天文	56
地理	87
文則	23
窮理	25
分離	16
動物	4
植物	6
政事	15
伝記	49
航海	12
兵法	107
建築	28
器械	34
数学	17
医術	37
雑著	19
辞書	118
（不明のもの）	36
計	689

「雑著」の項の後に「辞書」の項が最後にあるのは、辞書が別置されていたからであろう。対訳辞書や百科全書、術語辞書も含む。なお兵法には、「火技、操演、韜鈐、雑説」と注記があり、砲術、組織的戦闘の操典、号令術などが入っている。

　秋坪蔵『目録写』は何時現在の目録であろうか。秋坪が蕃書調所教授手伝並として登用されたのが一八五九年だが、その頃としても収録書に五八年刊行書さえ皆無で、最新刊でも五七年刊に過ぎない。輸入図書の流通や納付過程がどうなっていたのか疑問が残る。

　蕃書調所は、文久元年八月、西洋医学所の成立に伴い、医学書や動・植物書は移管したらしく、その分類項目は欠ける。（実は医学書が一冊だけ残って項目は残るのだが、医学は医学でも獣医学書であった。）

文久二年五月に、一ツ橋門外護持院ガ原へ校舎を新築─移転したのを機に、洋書調所を改称した。この時分には、新たに分類項目の番号化がなされ、十六類に整理された。注目されるのは、逆に辞書類が、二分され、新たに対訳辞書の項が起こされたことである。順序も若干変更されて次の通りとなる。（カッコ内略号）

一番　辞書（辞）
・二番　対訳辞書（対辞または対）
三番　文則書（文）
四番　窮理書（窮）＝物理
五番　分離術（分）＝化学
六番　算法（算）
七番　天文書（天）
八番　地理書（地）
九番　記（または紀）伝（紀または記）
十番　航海術書（航）
十一番　政法（または政事）書（政）
十二番　兵法書（兵）
十三番　建築（建）
十四番　器械之類（機）
十五番　医書（医）
十六番　雑之類（雑）

こうなると、同一図書を違う分類項目に入れた例も出てくる。たとえば、

「十二番地甲　兵　セーリグ名入／オントルウェイス　イン　デ　ベヴェーギング　デル　ラステン　ホール　アルチールリステン／千八百三十五年　全一冊」と同じ本が「十四番天甲　兵　セーリグ／ヲンドルウェイス　イン　デ　ベヴェイギング　デル　ラステン／千八百三十五年　巳未　全一冊」となっている。セーリグ（H.G.Seelig）著の『砲兵操典（Onderwijs in de leweging der lasten voor antilleristen, 1835)』の場合である。

実は、この種目の目録の失蹤があった。楓山文庫の目録、『御書籍目録』の「蛮書類」がそれである。その関連から見直してみよう。

＊

慶長七年（一六〇二）六月というから徳川家康が征夷大将軍に任命される半年も前に、江戸城の南富士見亭に金沢文庫を範として江戸城の文庫は建設された。寛永十六（一六三九）年七月紅葉山宝蔵内へ新築移転し、幕末に及ぶ。書物奉行が若年寄のもとに管理する「江戸時代唯一の官立図書館」と述べ、十余年間文庫の歴史と書物奉行九〇人の業績を調査して『紅葉山文庫と書物奉行』（昭和書房　昭和八）を著した森潤三郎に待つところが大きい。

しかし紅葉山文庫は、金沢文庫や足利学校が公開された面のあるのに反し、大名や旗本でさえ、容易に閲覧を許されず、秘密主義に終始した面を指摘されている。従って、たとえば書目編纂の起原も、歴代書物奉行中、随一の研究者近藤重蔵（第五四代奉行）すら「文献の徴すべきなければ得て詳にすべからず」と著書『好書故事』に記載している程であると森潤三郎が述べて、現代の追求を断念した。

書目改訂の記事の初出は延宝八（一六八〇）年閏八月、林家の年譜に出てくる。それには

依台命入御文庫改正書目撰男吉松及一二門弟従行訂書目与御書物奉行池田勘兵衛（諱は貞雄、第八代）日日参会而相議

とある。荻生徂来の著『憲廟実録』は元禄時代史に詳しいが、その「巻之第一」には

延宝八年庚申十月十六日林春常人見友元御文庫を点検し目録を作て上る

とあり、この年八月、五代将軍に綱吉が就任したときと知れば、綱吉着任の翌月、林大学頭（信篤）に命じて着手させ、十月半ばに結果を出し、奉呈したようで、これぞ第一回の改正だと森は述べている。

その後、七代家継時代まで書目改正なく、八代将軍吉宗に至って、享保五（一七二〇）年、同八年、同十年と三回にわたり改正が行われた。しかも八年の改正からは書物奉行の仕事とされ、林家は顧問格に位置づけられた。当時の書物奉行第十五代石川半右衛門（清盈）は林氏を立てて、改修は林氏に命ぜられ、奉行等は補助する形を申請したが、許されなかった。

第五回改正は十代将軍家治の明和三（一七六六）年

書物奉行第三七代徳力藤八郎（良弼）が願出て改正している。

第六回は一一代将軍家斉の享和二（一八〇二）年改正された。

以上六回は旧来目録の補訂の域にとどまったが、文化一一（一八一四）年には重訂書目の編輯が企画され、伺書提出の奉行四人は近藤重蔵（第五四代）、鈴木岩次郎（五五代）、髙橋作左衛門（五七代）、夏目勇次郎（五八代）で、作左衛門景保が当番として呈出した。それから十一年、漸く校正も終った段階で、豊後佐伯藩主毛利髙翰から、その祖父髙標《たかすえ》蒐集にかかる二万七五八巻を幕府に献じ、その内の経史子集八百八部一万四二〇〇巻、道蔵経四一〇五帖を紅葉山文庫に納めることになり、書目の追加作業に時日の倍増を要し、天保七（一八三六）年一二月『重訂御書籍目録』四二巻が完成した。

目録といえば、分類目録で、まず漢籍が経史子集の順に、各部細目を分けて、同類書は時代順に並べるが、古書の訓釈は原書の次に置く。漢籍の末尾「巻之十四附存部」に、演義、雑記、雑劇、韓人著撰類、満文類、蛮書類を備えた。後に国書が来る。

蛮書類は四七記入あって、厳密な主題分類順ではないが、百科事典・天文・地理・医学・算法・言語・辞典の流れになっている。末尾に詩集が載る。

さて、内容を吟味してみる。冒頭の百科事典は「ショメール前編後編　一六冊」である。フランスのショメール（N. Chomel 1632-1712）神父が著した家庭百科事典をオランダ語に訳したもので、新教国オランダに適するように、カトリック儀礼項目を簡略化し、代りに科学技術の新知識を増補しており、オランダのみならず、ヨーロッパで英独語版等も出て、もてはやされた。日本では、天明三（一七八三）年成稿（天明八刊）の大槻玄沢著『蘭学階梯』巻下「書籍」の条末尾に「ショメール、ホイスホウデレキウヲールデンブック二冊、増続七冊居家纂要の全書なり」と推賞している。二冊本はオランダ語版初版で、一七四三年刊、七冊本は増補改訂版で一七六八―七七年刊行されたが、七八年に一括再刻されていて、本邦渡来本は再刷のほうらしい。それにしても、新旧両版とも揃えた大槻家はさすがである。香川大学神原文庫には和蘭通詞吉雄幸左衛門のローマ字署名がある二冊本が所蔵されており、吉雄は安永五（一七七六）年から「幸作」と改めているので、それ以前とすると、長崎の通詞たちが早くから所持者であったと思われる。七冊本については、森島中良著『紅毛雑話』（天明七刊）に「楢林九皐（重兵衛高廣　一七五〇―一八〇一）家兄（＝桂川甫周国瑞）の紅毛学を求む事の厚に感じて是を属す。当時日本中には只一部の書なり」と誇らしげに書いているから、桂川家のほうが大槻家より一歩先んじていたのであろう。

ショメール事典は、さらに「続編」九巻を一七八六―九三年刊行する。幕府は「続編」第一巻が刊行された時点（一七八六）で、「正編」七冊とも八冊を購入し、天文方の蕃書和解御用の局で『厚生新編』翻訳底本となった。北方有事に備えて、長崎通詞の馬場佐十郎を江戸で待機させるため、翻訳事業を起したのだが、訳稿が大分蓄積されていたので、訳稿から原書へ関心を向けた上司が居て再発注したのであろうか。

＊

ときの将軍は十一代家斉《いえなり》である。田沼意次の支援を受けて擁立されたが、田沼派は一掃され松平定信が老中となり、寛政改革、それを継承した松平信明の老中期までは、圍籾（社倉）政策や公金貸付け政策など、封建的社会政策を展開、いわゆる仁政を施したが、文政元（一八一八）年水野忠成が老中になってから政治は弛み、無為逸楽の生活を送った。

水野忠成も家斉の小姓や奏者番を務めて重宝がられ、寺社奉行・若年寄・世子の側用人を歴任し老中に昇りつめたが、将軍への追従と賄賂だけで出世した訳ではない。「温厚でものわかりの良い苦労人の風格をもち、事務的官僚大名の典型ともいうべき人物」と北島正元氏は『日本の歴史18　幕藩制の苦悶』で紹介されている。

そんな体制が始まって直ぐの文政二年八月三日の『御書物方日記』に

一、ショメール前後編十六冊当分之内御預ヶニ相成、右ニ付、作左衛門江御書之書面承附いたし置候。
御順覧之上来ル七日御返上可レ被レ下候。

とあり、当分は紅葉山文庫に預けておく旨、作左衛門、即ち高橋景保に通知したと言う。景保は文化一一（一八一四）年以来、書物奉行兼天文方であり、当日は紅葉山文庫詰番に当っていた。

すでに『厚生新編』訳稿は数十冊献上されていたが、将軍家斉・老中水野ともに関心を寄せたかどうか疑わしい。むしろ高橋景保が原著の購入を望み、上司若年寄植村駿河守家長の承認を得て入手したのではなかろうか。その証拠に、上覧を終えて紅葉山文庫へ預けられたショメール事典を高橋がつぎつぎと借り出している。

同年八月二一日、高橋が詰番の日の記録に、

一、当分御預ニ相成候ショメール拾六冊之内弐冊之間宅江相下ヶ候。今日壱冊都合三冊相下ヶ候旨、
駿河守殿江致二御届一置候

とあり、その後も九月二七日にも三冊、翌年五月一一日一冊、借出し、九年六月五日の条には「ショメール全部拾六冊作左衛門江御預ヶ切ニ相成、此間相下ヶ候」と報告されており、結果として、このショメール事典が高橋のために購入されたといえるだろう。

シーボルト事件後、返却されたことは、戊子（＝文政一一年）一〇月一三日付「高橋作左衛門拝借致置候書目」末尾に記載されており、明らかである。

次に天文・暦書では、『御書籍目録』に見えるのは『ラランテ天文書』八冊、『ストロイク天文書』一冊、『天体儀説』一冊、『ペイポステーンスタラ』二冊に『星学諸表』『海上求緯術書』を併せて一五冊の天文学書に西洋暦書二三冊とその和訳三〇冊である（ペイポステーンスタラは著者名Pibo Steenstraで、ステーンスタラ著『星学基礎入門』）。

暦書の大部分も高橋に下げ渡された経緯が

文政二年己卯咬𠺕吧暦　八月廿一日紀伊守殿　高木幸次郎を以御下

のように暦書表紙裏に記録されており、判る。左の紀伊守は若年寄内藤信教である。

天文関係に次いで纏っているのは地理書であろう。

第一に挙げられる『チュゲイ地理書』は、高橋がシーボルトから贈された書物である。英国海軍チュケー中佐原著英書の蘭訳『海洋通商地理学』（一八一一九刊五冊）で、第一巻表紙の次の遊紙に「江戸の帝室天文台長グロビウス君に感謝をこめて捧ぐ」（原文オランダ語）とシーボルト自筆の献辞があり、その日付はシーボルトが江戸参府した一八二六年五月となっていて、事件の発端となった日本実測図を依頼した五月一五日の可能性さえある。高橋は入手した同書を蕃書和解御用の局に持ち込み、青地林宗に翻訳させた。青地は第四巻の一部「亜墨利加北西海浜記」を訳し『都哥乙地誌』として残した。アリューシャン列島からアラスカを扱い、今日、渡辺崋山旧蔵没収本として国立国会図書館に現存する。

『ケンペル日本紀事』一冊はケンペル『日本誌』（一七三三）で、高橋が文政五年、その一部を訳し『蕃賦排浜訳説』を著しており高橋との関係が深い。

『東北韃靼誌』は、ウィットセン著『北東トルコ誌』（一七八五）で、本書を馬場貞由が訳し、『東北韃靼蝦夷雑記訳説』とした。関東震災の際、東大図書館において焼失した由で、現認は適わない。

『ヒュブネル地理書』は一冊本、五冊本、六冊本があるが、楓山文庫本として現存するのは一冊本、即ち『古今地理学問答』（一七三六）で、ローマ字でN. Zensabrooと墨書署名入りで和蘭通詞西善三郎の旧蔵書を、多分高橋が譲り受けたものであろう。

『魯西亜封域図』は、寛政四（一七九二）ロシア使節ラックスマンに送られて帰国した大黒屋光太夫によってもたらされた『ロシア帝国地図』（一七八七）ではあるまいか。桂川甫周『北槎聞略』（寛政六〔一七九四〕成）付図の原図として役立った。但し原図は現認できない。

『西洋鍼路図』三張は、西洋製ポルトラーノ海図であり、一六〇〇年来日の蘭船リーフデ号備品として家康時代から幕府所蔵品で東京国立博物館に現存する。

『清土十六省九辺図』はイエズス会士が清朝康熙帝の命を受けて実地測量により中国と周辺を描いた「康熙図」である。

この他『諳厄利亞版アトラス』は、高橋が『新訂万国全図』作成に参照したアロウスミス作地図帳と推察される。

*

語学書と辞書へ進もう。一九種掲げられているが、半数は訳著やメモである。

オランダ語に関しては、当時最も定評のあった語学者ウェイラントの大著『オランダ語辞典』（一七九九―一八一一）十一冊だけである。

英語については「文政庚辰（一八二〇）正月　求己堂蔵」と墨書され「求己文庫」墨印を押す、高橋旧蔵本の『諳厄亜《ママ》辞書』がある。セウエルというイギリス系オランダ人学者の一七〇七年刊大冊で、第一部英蘭（四六八頁）、二部蘭英（六八〇頁）、第三部英文法（九〇頁）を合刻したものがある。

同書の増訂版『英蘭蘭英大辞典』（一七四九）は蘭英（五二八頁）、英蘭（五四八頁）二冊本で、貼紙に「文政六年七月杉田立卿進呈　同年九月九日荒井□□（三郎）を以御下ゲ」とあり「丁巳　天台」とも書かれている。このとき、高橋は『亜欧語鼎』なるアジア・ヨーロッパ・日本語の三種の言語を対照する語彙集を作っており、満洲語を見出しとし、対応する漢語を備えた『増訂清文鑑』を基礎に、最上段に漢語、次に満洲語を置き、それに欧語としてオランダ語、さらにロシア語を追随させ、最後に日本語を添える五か国語対照語彙集である。五巻五冊。ロシア語は巻一に若干あるのみで、空欄が目立つ。当時蕃書和解御用局在職の馬場貞由に負うと見られ文政五年病没してしまったからであろう。馬場の後釜が杉田立卿であり、ロシア語欄の一部に英語の混入しているのは立卿の補ったためであろう。この辞典は立卿から官へ納めた由だから一度紅葉山文庫に登録されてから高橋へ貸し与えられたと考えられる。高橋が失脚後、当然紅葉山文庫へ収容された。『御書物方日記』天保二（一八三一）年四月一三日の条に

一、増補セウエル諳厄亜辞書　全部貳冊
右新規御預大和守殿田中竜之助を以御下ケ尤直ニ
天文方山路弥左衛門江拝借ニ相成今日弥左衛門江

可レ渡処弥左衛門致退出候間、明日ニモ御差出被
成度候

と記されている。翌日には申し送りされた記事もある。大和守は若年寄堀親寚である。こうして天文方へ渡った同書は蕃書調所へ移管されるときは天文台から送られたので「丁巳（＝安政四年）天台」と貼紙されたのである。

セウエル辞書は、原編者没後に、ボイスが改訂した『完全英蘭（蘭英）辞典』（一七六六）二冊本もある。

英語については、蛮書扱いだが実際は和書の次の七種が挙っている。

①諳厄利亜語林大成　十五冊
②諳厄利亜国語和解　十冊
③諳厄利亜言語和解　三冊
④写典ヲ諳厄利亜語ニ訳ス書　四冊
⑤五車韻府ヲ諳厄利亜ニ訳ス書　二冊
⑥漢字ヲ諳厄利亜語ニ訳ス書　三冊
⑦諳厄利亜語ヲ漢字ニ訳ス書　一冊

①は本木正栄・楢林高美・吉雄永保訳編の英蘭和対訳辞書で文化十一年幕府に献呈されている。②は、わが国最初の英語研究書といわれる吉雄権之助、猪股伝次右衛門、岩瀬弥十郎の三通辞が分担執筆したもの、文化七年末に成ったといわれる。③は題簽に「諳厄利亜国語和解」とあるが、『諳厄利亜興学小筌』が正しく、本木正栄の訳述した英語入門書で、用語集も付載されている。商館長ブロムホフの協力を得ている。②が関東震災で焼失したため、③が現在最古といわれている。④〜⑦は高橋のメモ帳であるらしい。⑤と⑥は前述『亜欧語鼎』の原稿でなかろうか。

フランス語でも『ハルマ辞書』が「六十四冊」とあるが、これはハルマの『蘭仏仏蘭辞典』原著ではなく、翻訳である。翻訳の最初は、指導した商館長ヅーフの名をとる『ヅーフ・ハルマ字書』である。天保四年（一八三三）清書され、一組が幕府に献上され、現存内閣文庫本が二十四冊である。次に稲村三伯が石井庄助の力を借りて纏めた『波留瑪和解』は初版（江戸版）が二七冊、再版（泉州版）が一三冊、いずれも一組は幕府に献上されており、全部で六四冊になる。

別に『仏蘭西語ヲ波爾杜瓦爾語ニ訳ス書』『仏蘭察語ヲ伊斯把泥亜語ニ訳ス書』各一冊は、やはり高橋のノートであろう。現存しないので不詳。同様に『入爾瑪泥亜語ヲ和蘭語ニ訳ス書』『和蘭語ヲ入爾瑪泥亜語ニ訳ス書』各一冊もあるが、ドイツ語に関する高橋のメモ帳だろう。

語学書の最後にロシア語に関し『魯西亜語ハンドブック』『魯西亜辞書』『魯西亜文法書』『魯西亜算法書』『魯西亜書』各一冊が挙げられているが、『辞書』には、タチシェフ編『完全仏魯辞典』（一七九八）が該当書であろう。『天文方代々記』によると、足立左内が蝦夷地松前に派遣されて、捕虜ゴロヴニンらと折衝し文化一〇年五月ロシア語辞書を入手、帰府後、幕府へ献じ、幕府から更に調査を命ぜられ、文政七年九月十九日「魯西亜国文字の書籍」を編集し献上した。『御書物方日記』同年一一月六日の条に『魯西亜国算学手引草』と『魯西亜学筌』の「二部新規御預り御本駿河守殿同人を以被レ成二御下一候」とあり、高橋が預ったと見られる。

このほか『和蘭詩集』（一七三五）も高橋のローマ字印を押しており、高橋からの没収本が大部分を占めていることが判り紅葉山文庫の洋書は、彼を抜きにしては考えられないものとなっている。

書房と呼ばれた大学図書館　―工学寮・工部大学校の図書館

「維新ノ際主トシテ機械工芸ノ長ヲ西洋ニ取リテ以テ、我短ヲ補フノ急ヲ覚悟シテヨリ、凡ソ造船、鉄道、電信、鉱山、造家ヨリ百般ノ器械家具ニ至ルマデ、西洋ニ模倣シテ以テ内地ニ之ヲ製造シ、一蹶以テ文明ノ観ヲ装ハント欲シ、大ニ洋人ヲ聘シ、内地ニ於ケルモ苟クモ西洋法ノ学芸ニ通達スルモノアラバ之ヲ集メ、以テ官府自ラ業務ヲ経営シテ以テ富国強兵ノ基ヲ建ントシ、次デ其学ノ興サザル可カラザルヲ感ジテ学校ヲ興シ、兼テ其沢ヲ人民ニ及ボサザル可カラザル所以ヲ知リテ、勧工ノ事業ヲ創起シ、工部省ナル者起レリ」と伊藤博文は明治三年（一八七〇）の工部省創立の由来を書き残した。伊藤は初代工部大輔、それも卿不在の長官代行になった。西洋人技師を招き、鉱工業を官営で開始したが、日本人が伝習するための学校も重視されている。筆頭寮を工学寮とし、専門技術者の養成を計った。

自ら岩倉具視使節団の副使の一人となって米欧視察の途に上った伊藤は、明治五年七月ロンドンに着き、幕末留学したとき、世話になったジャーディン・マセソン商会社長ヒュー・マセソンに再会し「日本で工科大学を設立するにつきその教師の選び出しに協力して欲しい」と依頼している。

マセソンは、自分で直接探すのではなく、友人のグラスゴー大学教授だったルイス・ゴードンに話す。なぜケンブリッジやオックスフォードでないのかというと、マセソンがスコットランド人だったからである。

二一世紀の現在はどうか判らないが、少くとも一九世紀には、スコットランド野郎はイングランド人より低く見られ、差別があったらしく、それだけスコットランド人の結束も強かったようである。

グラスゴー大学は一四五一年創立の古い大学で、神学、法学、医学の三専門職養成学部とリベラル・アーツ、紳士《ゼントルマン》（地主階層）を養成する教養学部の四学部制を採る。この教養学部に一八四〇年、ビクトリア女王が、一種の寄付をして土木工学及び機械学講座という講座が生れた。産業革命の影響の表われだが、その講座の初代教授が先述のゴードンである。しかしゴードンは、現場で働くといって辞め、会社の技師長になって海底電線敷設工事をアラビアやインド等東洋まで展開する。その後任がウィリアム・マッキノン・ランキンで、ランキンのもとで日本行き技師の人選がなされた。ランキンは、応用力学の大家で、彼の名前のついた方則が現在もおこなわれている。

ランキンの眼鏡にかなった一番弟子がヘンリー・ダ

イアー（一八四八―一九一八）で、派遣教師団の首席となった。

ダイアーはグラスゴー近郊の職工の子として生まれ、小学校卒業と共に鉄工所の従弟奉公に出、夜学に通って専門技術の基礎となる工学初歩の教育を受け、記憶力抜群、計算に強い優等生で卒業した。工場支配人が彼をグラスゴー大学へ推薦してくれて、ダイアーを、ここでも優等卒業へ導いた。そこで、ランキン先生から日本行きを持ち出された。時に、ダイアーは二四歳の若者だった。しかしランキンは、自分もその年令でグラスゴー大学教授ばかりか、学長に就任した経験を語り、ダイアーにも奮起を促した。ダイアーは自分より年長者が多い教師団（助手三人含む）九人の首席教師として明治六年来日する。

横浜港に出迎えた工部省の役人にダイアーは見覚えのある男を見出した。ダイアーが通った夜学校アンダーソン・カレッジで席を並べたことのある山尾庸三である。同校はグラスゴー大学物理学教授ジョン・アンダーソン（一七二六―九六）の遺言と基金で設立の市民講座（一七九八開講）で、職工学校として有名な工学講座に発展した。山尾は同校に学んで後、ロンドン大学で造船学を修めている。

ダイアーも驚いたが、山尾も感動した。工学頭、即ち学校の管理者が山尾で、筆頭教授がダイアー、その二人が旧知の間柄だから、息が合って運営もうまくいった。お雇い外国人の中には、立派な人物でも成果を挙げられずに終った人も少なくなかったが、日本政府当局と意思の疎通に失敗した場合が多い。たとえば、北海道開拓使顧問になったホレス・ケプロンのように、合衆国農務長官だった人を、年俸一万弗払い開拓使で招聘し、意見を聞くが、当局者はケプロンの意向の半分も実施しないで終った。そういう意味でダイアーの場合は、相手をする山尾庸三と息が合い、効率的に仕事ができた。これが双方にとり好結果をもたらした。

しかし、ダイアーは母国イギリスでの方法をそのまま持ち込んだ訳ではなかった。イギリスには、模範になる工科大学は、当時まだ存在しなかった。ただし現状では良くないと警告し、ヨーロッパ大陸の進歩した状況を解説した論述をした人の書物が出版されていた。それを読んで、ダイアーが研究して来た。

その著者はジョン・スコット・ラッセル（一八〇八—八二）で、グラスゴー大学出身の造船技師であり、一八三二年エジンバラ大学自然哲学教授に任ぜられ、船に及ぼす波の影響を研究し、一八三五年流体力学理論を発表して、三七年王立学会会員に選ばれて少壮科学者と呼ばれ、高速船グレート・イースタン号（一八五六）や装甲戦艦の最初といわれるウオリア号（一八六〇）等の設計に貢献した。万国博覧会運営にも関係し、列国の技術者養成を比較研究し、『英国人のための体系的技術訓練法』（一八六九）を著した。その中にダイアーがモデルとしたスイスのチューリッヒ工科大学の紹介があった。

＊

ヨーロッパ大陸の技術教育の元祖はフランスである。フランス革命期の一七九四年にエコール・ポリテクニークという総合的技術学校が設けられた。元来が軍の砲工学校で、技術士官の養成機関といわれている。砲兵出身のナポレオンが学制改革を行い、軍事技術のための高級な学校の方向を強めた。基礎的な科学と技術を結びつけ、民事を含めフランス最高の専門的科学技術教育機関として多くの科学者、技術者を育てた。

隣接するドイツでも、その影響を多分に受けた高等工業学校が続々設立された。プロイセンのベルリン、バーデンのカールスルーエのそれは典型である。ベルリンの場合、一八二一年工業学校として開設され、二七年工業専門学校（テクニッシェ・インスティチュート）に昇り、六六年には大学相当の工業アカデミーとなり、七一年には正式に工科大学（テクニッシェ・ホッホシューレ）と改称した。カールスルーエでは、一八一四年に創立の工業学校が、二五年にポリテクニッシェ・シューレに改称した。基礎課程の上に、土木・建築・森林・化学・機械の製造・商業・郵務などの専門部門に分化する。一七歳で基礎課程に入り、二年間で修了、専門課程を二年乃至二年半で卒業する。

スイスでは、一八四八年連邦が総合技術学校（ポリテヒニクム）を創設、六七年の学則では建築・土木・

機械・工業化学（以上三年課程）、森林、数理師範学、文学・道徳・政治・経済学、予科課程（以上二年課程）の八部門に分れている。建学の目的が政府官吏要員養成のためだったので、工業中心だが、他の分野も包括する総合的教育機関となった。

こうした大陸の技術教育体制に対し、イギリスでは依然としてギルド式教育が続いている。現場で先輩から伝達式に教える教育で、フランスの理論中心教育とは正反対になっている。ドイツやスイスでは、理論教育だけでなく、実習や実験に力を入れ、付属施設として植物園や演習林、実験牧場、実験用の機械工場、標本館などの施設や設備が揃えられている。

特にチューリッヒ工科大学については、各学科の教官の一覧表、授業時間割当までラッセルにより詳しく紹介されている。それをダイアーは日本へ来る船の中でじっくり検討して来た。もっともチューリッヒ工大には講義の数は全部で一四五あり、教官数も何百人だが、ダイアー達は助手共で九人に過ぎない。規模は違うが、考え方では、むしろチューリッヒ以上に現場へ近付ける方向で考えている。ダイアーの経験したグラスゴー大学の工学科体験も影響しているに違いない。

ダイアーの教育計画は『工学寮学課並諸規則』の標題を与えるが英文の、Imperial College of Engineering. Tokei/Calendar. Session MDCCIXIII-LXXIV. 1873.として結実した。これは藤田豊氏が『天野敬太郎先生古稀記念論文集』で紹介された（後に復刻も作り、頒布された）。

この学則は学年暦、教師名簿に続いて、大学の目的と入学許可条件、出願書式、技術教育各部門課程名、一般及科学課程、技術課程、試験、実務課程、教授職責、時間割、制服・備品、生徒館（住居）、規律、書房、物理実験所、化学実験所、工作場、技術博物館の後に各学科教授要目解説（シラバス）があり、最後に学生氏名リストを付載している。

英文の学則を邦訳したものは七九条に列挙書きされていてその五七条から六五条が書房の項目を扱っている。

第五七条は「図書科ハ寮長或ハ都検ノ指揮ヲ受け書

房ヲ看守シ、且書籍、官器ノ出納ヲ掌ル。」とある。「図書科」は'A Librarian'の訳である。第六二条では「書房ノ傍ニ読書室ヲ設ケ、諸術ノ日誌及新聞紙ヲ備フベシ」と訳しているが原文は'A Reading Room will be established in connection with the Library to which a selction of the best scientific journals and newspapers will be supplied'である。いささかニュアンスの異る訳文になっている。

藤田氏は前記英文学則をグラスゴー大学図書館に送って、当時の同大学図書館規則と比較検討を依頼したところ、一八六九年前後の在り方と工学寮とはほとんど同じである由、返事を得ている。またロンドン大学司書ウェーゼンクラフト氏の返事も同大学でも、シラバスは一八六〇年からあり、形式もグラスゴー大学と同様という。

結果から見て「ダイアーは母校の在り方を採ったが、英国の当時の大学図書館のシステムをそのまま輸入実施したことになる」と藤田氏は述べている。

また、当時は英国でも大学図書館に専門職の司書は未だ存在しないと報告されている。

別に、工学寮の落着き先、東京大学工学部図書室勤務の滝沢正順氏の研究を参照し、書房の状態を見て見よう。

学校は東京虎の門にあったが、当初は間に合わず、赤坂溜池寄りの松平大和守上屋敷の畳を取払って教場としたが、明治六年末に英人アンダーソン設計の煉瓦造貳階建の校舎が竣工、教場となる。同十年仏人ボワンヴィル設計の本館が建ち、旧校舎は博物場となった。書房は煉瓦造建物が出来る前から設けられていたらしい。最初の煉瓦造建物でも、十年新築の本館が出来ると移転して新館へ入るが、建物の中央部の広堂の周りの廻廊三方を図書室兼閲覧室にしていて、各教室の中核的位置に立っており、ダイアーが意図して、そのような配置に工夫したと考えられる。

＊

造家科を明治一二年（一八七九）一一月卒業の一期生で、母校助教授となった曾禰達蔵の回想によると、

此の建物の特徴は中央の広堂で中に二列数本の長

き木造簇柱の立てると二階の床に当る所は三方廻り廊下にて中部は高き一階となり、上は実に手の込入った見事なる木造の穹窿天井となって居た等である。其の廻床は壁に接して一列に書棚が設けられ、其の反対の欄干に接しては閲覧用の卓子が造り付けられてあつた。即ち此の廻廊は書房と稱へられて図書室兼閲覧室であった。

と『旧工部大学校史料附録』（虎の門会編刊　昭和六）で述べている。

明治一一年七月『教育雑誌』二七号に載る「工部大学校ノ書房」の紹介では、蔵書が和漢書四〇四六冊、洋書が八四四五冊と洋書が和書の倍以上になっている。だんだん整備された明治一五年以降は、一般《ゼネラル》図書館と別に学級《クラス》図書館が設置され、主として教科書や指定参考書類が複数備え付けられた。

学校側でテキストに限らず、読むべき本を用意するのは工部大学校に限らない。瀧沢正順氏は『学士会報』五八三号所載の座談会記事（昭和一一年）から東大理学部工芸学科の土木工学教師米国人（実はカナダ人）ジョン・アレキサンダー・ロー・ワデルの回想に「教科書は皆アメリカ人の著書で厚さの二インチ位ある本を幾つかの部分に分けて二週間或いは三週間位に学生全部に読了させるのです。本は大がい一冊しかないのですから諸君はくじ引きで順序を極めて読んで居られた。貧乏くじに当つた人はよく徹夜で読んで居られるのをみかけた」という。

慶應義塾の「書籍出納規則」（明治一六年現在）でも「課業ノ書籍大概ハ之レヲ貸ス」とあるのに、東京専門学校（早稲田大学の前身）は「書籍室ニ設備セル参考書類ハ生徒之ヲ閲覧スルヲ許ス」が「生徒ノ日課用書ハ総テ自辨タルベシ」となっている。早慶で考え方が違っていた。

次に、職員については、明治一〇年まで二名、一一—一五年三名、一六—一八年四名となっており、その内、一名だけが最初から通して書房担当で、本館竣工後は主任を勤めた猪俣昌武という人物については、若干知られていることがある。曾禰達蔵の前記回想記事に氏は書房主任として明治七年濠上の建物の図書室係より本館成るの後は中堂の書房係主任となり十九年工部大学校が文部省の所管に移りて東京大学に併合となるまで終始一貫書房係の勤務に服して居た人であつた。怜悧にして且緻密の人であつて其の所管の図書能く整頓し、而して其の各科の書籍の種別名称を熟知したるは閲覧者の驚嘆する所であつた。ダイヤー都検は特に其の才を愛し大に進展せしめんと欲し其の期満ちて正に歸国せんとするに際しては同行して渡英せんことを勧誘したと云ふことであつた。

とあり、『工部大学校第二年報』(明治九年七月—一〇年六月)の「教頭ダイブルス申報」に

余ノ視察スル所ニ依レハ書房掛博物場及ヒ生徒館ノ吏員ハ執レモ有傚ノモノニシテ就中当校ニ於テ久シク其職ニ在ル書房掛猪俣氏学生課荒尾氏ノ如キハ秀俊卓越ノ人ニシテ当校拝命ノ日ヨリ現今ニ至マテ終始相渝ラス孜々慇懃能ク其職務ヲ執リ尚モ怠ルコトアルコトナシ是レ余ノ最モ賞賛ニ堪ヘサル所ナリ

と掲げられている。

猪俣は工学会の会員(準員)となっていて『工学会員姓名録』(工学叢誌二一巻付録)に

麹町区中六番三十三番地　工部属　猪俣昌武

と載っていて『官員録』では、明治五年に工学寮一四等出仕、属籍地は長崎で、途中一時静岡とし、再び長崎に戻している。瀧沢氏は気付かれなかったようだが、長崎の猪俣といえば、和蘭通辞猪俣源三郎昌之なるシーボルト事件関連の人物が想起される。名前も「昌武」と関係有りを示している。途中、静岡に変えたのは西南戦争で疑われるのを避けたのかも知れない。幕府に仕えていた証拠かも。

明治一四—一八年度には書房担当以外に教頭附書記補を兼ね、入学試験の和文英訳試験官でもあった。ということは英語は出来たのだろう。

工部大学校が帝大に併合されると、猪俣も帝大へ移り、工科大学書記から文科大学舎監兼務で帝国大学図書館管理補となっている。当時、館長を図書館管理と称したから、さしずめ副館長である。その時期は四代の図書館管理と名を連ねている。『帝国大学一覧　明

治21／22年』では、木下広次（法科大学教授）と、次の「22／23年」版では、宮崎道三郎（法科大学教授）、次年度から田中稲城文科大学教授と連名となり、二六年からは和田万吉文科大学助教授に並ぶ。

瀧沢氏は別に高野彰氏の論考「帝国大学図書館史（2）」に同館新築設計委員としての活動に触れている。この件については、高野氏が猪俣の前歴をご存知なかったようで「人文・社会系の色彩の強い図書館作り」と評しているのは、工部大学校書房勤務一二年の猪俣には気の毒な感じがしないでもない。ただし専門別閲覧室制導入を推奨した田中稲城の新しさはない。しかし暖房機械室ノ不燃構造要求、屋背ニ避雷針設備、書庫ハ本館トハ別棟、渡り廊下連結等、可成工夫された努力が見られる。結果の当否は別に問われようが。

猪俣のその後についても、瀧沢氏は追跡された『日本紳士録』（交詢社）で、興味深い第二の人生が判り、それが永井荷風の父、永井久一郎の影と連なるのが注目される。

東京開成学校校内に設置した東京書籍館法律書庫のこと

永井久一郎を語るなら、東京書籍館に立ち戻って話したい。しかし学校図書館シリーズに入って、違う図書館に戻すのも具合が悪いので、開成学校との関わりで述べてみたい。

永井久一郎は、尾張国鳴尾村に嘉永四年（一八五一）八月二日永井匡威の長男として生れ、本名匡温、幼時から学問に親しみ、漢詩を愛した。森春濤に就き、特別に詩の勉強もした。藩儒鷲津毅堂に認められ、明治元年（一八六八）師の毅堂が政府に登用され、東京へ出ると、永井も上京、開成学校に通学した。毅堂が登米県（宮城県の一部）権知事、宣教判官、司法少書記官を歴任する。永井は師の家から通学、洋学を箕作麟祥に学び、慶應義塾にも入門した。藩の貢進生に選抜され大学南校に進んだが、明治四年に藩の留学生として渡米、プリンストン大学へ入学するも、ニューブランスウィックへ移り、ラトガース大学で英語・ラテン語を修め、六年秋帰国した。翌春、工部省工学二等少師となる。理工系の専門知識はないが、工学寮で英語を講じ、翻訳もしている。

教頭ダイアーの恩師の著作であり、彼が機械科の教科書に使用したランキン（William John Macquorn Rankine, 1820–72）著『蒸気機関及びその他の原動機便覧（A Manual of the Steam Engine and Other Prime Movers)』（一八六九初版・一八七六第八版）を訳して『蘭均氏汽機学』を公けにしている。上五一六頁、下七五八頁、付図四一頁の三冊もので、明治一八年文部省刊行となっているが、工部省時代の訳稿を後で整理したものである。

ラトガース大学の先輩、畠山義成に呼ばれ、文部省へ八年二月転属する。当初は医務局へ配属、長與専斎局長の下で衛生行政を学び、三月書籍館掛兼博物館掛に転じた。

ちょうど東京書籍館を開館準備の段階で、館長の畠山は中督学が本務、東京開成学校長と書籍・博物両館長を兼務で受持っていた。

明治五年（一八七二）創設の書籍館・博物館は太政官所管の博覧会事務局へ吸収合併され、八年文部省に戻ったのは名目だけだったから、書籍館なら蔵書、博物館なら博物資料から準備しなければならない。博物資料は簡単に集らないが、書物は文部省倉庫に一万冊程積まれていた。その大部分は洋書で、外国出版社からの教科書等の見本が多かった。折角取戻した名目ゆえ、先づ書籍館を開設することになり、永井は書籍館専任の館長補を命ぜられ、昇級し八等官となった。

他方、次の年は米国建国百年の記念すべき年で、米国は建国宣言をした費府《フィラデルフィア》で万国博覧会を開催する。そのテーマが「科学技術の進歩」と「教育の普及」であった。万博に縁の薄い文部省が、この度は、田中不二麻呂が先頭に立ち、学監マレーや畠山その他の若手俊秀を連れて渡米、博覧会で日本の教育普及ぶりを宣伝した。英文『日本教育略史』を配布もしている。

九年三月、田中大輔らが出張した後の五月、開成学校長補の浜尾新から法律書庫開設の強い要請が永井の手元に届く。それには「此館ヤ学術ヲ講究スル者ノ参観ニ供スルヲ主トシ、又、傍ラ人民ノ縦覧ニ供スルモノナリト」聞いていると田中不二麻呂が主張した「教育上、書籍館是非必要説」を逆手に取り、開成学校教員生徒に使わせたいが遠くて不便、開成学校に律書館《ローライブラリ》が必要だが集書不充分で、東京書籍館も内外法律書を相当持っている。両方の蔵書を併せ開成学校内に法律書庫を設ければ便宜増大する、と提案した。永井は本省に相談すると、両者で協議し実施を指令してきたので、開成学校内の外人教師宿舎の一つを利用、東京書籍館法律書庫を九月開設した。同書庫蔵書は和書一五三、漢書四六二、新刊和漢書五一四、英書五〇一、仏書二二二、独書三四であった。ところが、開成学校側は法学生徒の専用であるように振舞ったので、永井は同書庫の廃止を上申、開成学校側も専用に供する意図はないと折れたが、十年二月十五日、東京書籍館廃止に伴い、同書庫も廃止された。書籍館廃止は西南戦争の危機迫り、政府は軍事費の増大に各省の諸経費削減を求めたためである。田中大輔は無理して設けた書籍館を廃止したが、万博で知ったカナダの教育博物館を見学の上、東京博物館を教育博物館に改め、こちらは守り抜き、書籍館は廃止止むなしとした。永井は東京女子師範学校教諭兼幹事に転任となったが、奔走して書籍館を東京府へ預けることに成功する。恐らく師匠の鷲津毅堂の伝手で府知事楠本正隆と話が着いたのであろう。永井は同年毅堂の次女恒と結婚をする。

一二年内務省衛生局へ転じる。一四年内務権少書記官に進み、一七年には、ロンドンで万国衛生博覧会に政府代表として出席し、欧洲各国を視察して帰る。『巡欧記実衛生二大工事』を明治二〇年刊行しているが、長與専斎の序があって、文部省医務局以来の縁が導いたと思われる。また、永井は文部省百科全書、その延長の丸善本まで含めて、第六冊「水運」、八冊「豚兎食用鳥篭鳥篇」、一二冊「希臘史」の三冊を訳している。

一九年再び文部省へ戻って帝国大学書記官を勤め、その際、法律書庫関係で大学へ行きっ放しになっていた図書を東京図書館へ戻したり、後始末をした。二二年文部大臣首席秘書官となり四大臣に仕え、二四年同省会計課長となる。ここでも、帝国図書館の新建築予算の議会上程を手掛け、見事成功させている。尤も、自身に三〇年辞職して、西園寺公望の周旋で日本郵船上海支店長に迎えられる。清末の詩人と交遊を深めたといわれる。三三年横浜支店長へ移り、四四年まで勤めた。

ところで、工部大学校書房の猪股昌武は、明治七年工部省で永井と出会い、一九年帝国大学に合併した段階で永井の指揮下に入り、二五年以降、日本郵船社員に転じており、永井との間が偶然とは思われない。但し、永井が郵船に入るのは三〇年と遅いが、瀧沢氏の指摘もあり、更に調べるべき要素がある気もする。

慶應義塾図書館の源流

『福翁自伝』を読むと、緒方洪庵の適塾での修業の話が書いてある。

まず初めて塾に入門した者は何も知らぬ。何も知らぬ者に如何して教えるかというと、そのとき江戸で翻刻になっているオランダの文典が二冊ある。一をガランマチカといい、一をセインタキスという。初学の者には、まずそのガランマチカを教え、素読を授ける傍らに講釈をも聞かせる。これを一冊読了るとセインタキスをまたその通りに教える。

と、此処までが授業による指導で、次は会読、十数人が一冊の原書を輪読するのである。その原書は洪庵が買集めた舶載ものだから医書か窮理書一〇冊程、一種一部しかないから、各自写して自分用のテキストを用意しなければならない。一〇人も一度に一緒に写す訳に行かないから籤引きとなる。運が悪ければ、毎晩夜中に写す破目に陥る。

福澤は緒方塾の塾長を安政四年（一八五七）から翌年藩命で江戸出府まで勤め、目の当りにしていたので、改善を期した。

幕末三度の洋行を遂げた福澤は、三度目の慶応三年幕府発注軍艦受取りの小野友五郎（正使）に随行した際、本業の通訳は逃げ廻り、自前の書籍購入に奔走し、四〇〇〇両からの原書を購入した。大中小の辞書、地理書、歴史書、今まで注目されなかった経済、法律書も初めて集め、塾生に銘々持てるように教科書は四〇部揃えた。小野が幕府の書籍購入も一緒にやらせようとすると、幕府の書籍は卸値で購入できると知って、自分の分もその中に潜り込ませたりしたという。また、運賃でも公けの荷物に入れて公金勘定にした。

そこで小野は帰国後、福澤の荷物を神奈川奉行に差押えさせ福澤を告発、自分も取締り不行届きで進退伺いを出した。

福澤は、外国奉行から「御用中不都合の次第あり謹慎申付くる」命を蒙つた。もっとも、幕府崩壊で有耶無耶、放免となる。福澤が福地源一郎に告白したところによると、この際の商人からコミッションや運賃、その他合せて一万五〇〇〇弗は利得した由。

慶応四年、即ち明治初年の春に、芝の新銭座に買ってあった有馬藩中屋敷に普請を始めた。官軍が江戸へ攻めてくると、江戸中が騒いでいる最中である。そんな中だから、大工も左官も飛びついて請け、飯が食えれば結構と破格の安さ、建物も中津の奥平家の屋敷から古長屋を貰って移築、一五〇坪を普請して四〇〇両で仕上げた。慶応明治の境時分は塾生も散って一八人に減ったが、四月から集り盛り返す。しかし図書室設置は、明治四年、新銭座から三田の島原藩邸跡へ移って後である。月波楼という建物に図書室が設けられた。

福澤が米欧から買い求めた原書を皆寄付し、馬場辰猪、目賀田種太郎、金子堅太郎らが持ち帰った書籍を寄贈、それらに「慶應義塾書館」と蔵書印を押して納めたという。「書館」とは中国で娼楼を意味した筈なのに気にしなかったらしい。

丸山信氏が『三田新聞』に書いたところによると、明治三〇年一一月刊『慶應義塾一覧』に校舎等の配置平面図があって、「月波楼は寄宿舎にあり、品川沖を望む絶好地」という。

此処で、明治四年に起草された「慶應義塾社中之約束」中の「書籍出納規則」を掲げて置こう。「近代図書館の性格・機能の規則が書いてある」と丸山氏は言うが「文明開化の音がする」ような規則と思える。真先に「蔵書目録を備えること」は至極当然だが、次に「蔵書を売払う時は古書売払の印を捺すこと」が来て「貸出日は何日である」「貸出方法はどうする」より順序が先なのは慶應義塾流なのだろう。「一年に三度内外社中中借用の書籍を皆集めて蔵書目録と引合すこと、書籍修復料として、借用した社中から金を納めさせること、例えば大ウェブスターの類は一銀九匁、中ウェブスターの類は一銀六匁、テロル万国史の類は一銀四匁五分など」とある。当時から館外貸出を実施していたのだから、偉い面はあるが、即物的である。最後の条は「借用の書籍を焼き、又は種子油を掛けし者は其時の市価に従ひ代金を償はしむ可し」とあって、丸山氏は「和服姿の塾生が丁度俎《まないた》のような形の机で、灯火には種油を使って本を読んだ当時の図書室の風景が想像できる」とあるが、寄宿舎の自室でもよかったのではないか。

ここで、もう一言申し添えれば、試験期以外は、慶應義塾の図書館は、学外に公開だった。これは素晴らしいことである。

ところで、図書館の世話をしたのは誰だったのか。明治四年の段階では、門野幾之進（一八五六—一九三八）らしい。土佐出身で、一六歳で慶應義塾教員となり、図書室管理も担当したという。明治十六年塾教頭に進み、その後も選書業務などは担当したと伝えられる。

三一年大学部成立の時、愛媛県出身の菅　学応（一八六八—一九三二）に引継がれたが、病気で、平山幹次という人に交代したらしい。この平山氏は塾員のリストになく、明治三八年死去としか判らない。この段階で制度化が進んだらしく、図書館長に担当する監督が置かれるようになった。

初代監督は田中一貞（一八七二―一九一一）で、慶大では、初代社会学教授。大学からの第二回派遣留学生としてエール大学、さらにパリ大学で学ぶ。

慶應義塾の創建は安政五年（一八五八）一〇月だから、それから半世紀を経た明治四十一年創立五十周年記念として図書館を新設することに田中は邁進する。

＊

『慶應義塾学報』（『三田評論』の前身）明治三九年六月一五日号に田中は、「図書館建築に就いて」と題し、米国議会図書館、英帝国博物館図書部、仏国国立図書館と冒頭に世界最高級の国立図書館を紹介、アメリカの図書館では図書館学校卒業者が館員として図書館を経営している等、西欧新知識を披露、特に図書館建築に関しては一見識を示す。

書庫については、火災に備え被害を最少限たらしめるべく、分房組織《コンパートメント》にすべきと主張、また収容書籍の能力を算定し、最も経済的な書架の高さ、書庫拡張の準備の必要性なども論じ、当座の都合だけ考えた図書館では完全な計画にはならぬとした。

日本の事情に配慮し、アメリカで推奨される設計方式にも手心を加える必要まで書き添えている。

その点で「図書館建設趣意書」を掲げ、欧米諸大学では教室での講義と図書館での研究が同様に重んじられていると述べ、五〇年記念は図書館建設がふさわしいとし、発起人一一四名を列記して「同志諸君の賛助を請う」と結んだ。恐らく、図書館における研究が授業の講義に匹敵するという主旨を述べた最初であろう。それまでは、図書館の有用性は補助的機能しか認められず、せいぜい補完的とされたに過ぎない。

図書館は明治四二年六月着工、四五年四月竣工、同五月一八日開館式を行った。

来賓の日本図書館協会総裁、徳川頼倫（旧紀州藩主、侯爵）は「慶應義塾創立五〇年記念図書館」の竣工を祝い、次のように述べた。

「（前略）私は浅学乍ら〔福澤〕先生の御考を推想しまして一言申添えたいと存ずるは、今日では諸所に図書館が設立されるので御座いますが、その図書館の多くはあるいは何々大学付属といい、何々中学付属といい、何れも大抵付属図書館になっております。然るに私の望む処では何々学校付属図書館ではなく、何々学校図書館付属大学とかまた中学校でなくてはなるまいと存じます。前に申上げた通り気品の泉源知徳の模範になるのは何れの図書館も同じであるから（中略）この慶應義塾の図書館も恐らく慶應義塾付属でなくして慶應義塾図書館付属大学又中学であろう。また義塾の先輩諸彦もその御積りでこの図書館を記念にお建てになったことであろうと存じます」

自ら南葵文庫を創設した人らしい祝詞を呈した。

ところで、新図書館には、名物になった大きなステンド・グラスがあった。正面玄関から閲覧室に登る階段北側の窓一杯に拡がっており、図柄は「武将が馬から降りて自由の女神に対する構図」となっており、下辺にラテン語で「ペンは剣より強し（Calamus gladio Fortior）」と刻まれている。

もっともこのステンド・グラスは図書館竣工時には間に合わなかった。ステンド・グラスの取付けが完了したのは大正四年一二月一三日であった。

原図の作者は和田英作（一八七四―一九五九）、鹿児島の人だが、福澤諭吉の肖像画も描いており、縁がある存在なのだ。英作の父、和田秀豊が慶應義塾に明治六年から八年にかけて英語の学習に励み、九年帰郷した。その間、C・M・ウイリアムズ（アメリカ聖公会堂教師・一八二九―一九一〇）の手で洗礼を受け、鹿児島では伝導活動に入り、後には上京して社会事業に尽くした。そんな中で塾との関係が再び結びついたものと思われる。

ガラス制作者は小川三和で東京美術学校卒業生ゆえ、和田英作の教え子、渡米して七年滞在、ガラス研究に打込んだという。

ところで、このステンド・グラスは昭和二〇年五月二五日の空襲で焼失した。このときは、閲覧室、記念室、事務室を含む本館全部と書庫の天井裏一部が灰燼に帰し、未整理の水上瀧太郎、馬場孤蝶、泉鏡花の遺言状など多数の二つとない文化財を失った。

その後、ステンド・グラスは昭和四九年一二月復旧されていることを付言しなければならない。

ここで、一つ付け加えたいことがある。国立国会図書館の一源流、帝国図書館の前身、東京書籍館の蔵書票に英語で「ペンは剣より強し（The pen is mightier than the sward)」が表示されていることである。この蔵書票を決めたのは誰か。当時の館長は畠山義成であったが、本務として中督学つまり視学官であり、彼は文部卿代行の文部大輔田中不二麻呂のブレーンを実際の本務とし、東京開成学校長、東京博物館長、そして東京書籍館長を兼務させられていた。従って実務は東京書籍館の館長補永井久一郎に預けられていた。恐らく、この蔵書票の考案者も永井であろう。永井は畠山と同じラトガース大学に留学したが、渡米前、慶應義塾に学んだ。田中一貞がステンド・グラスに同じ文字を選んだのは、福澤諭吉の発言に由来するのではないか。明白な証拠はないが、福澤の言としても不思議ではない。

早稲田大学図書館の源流

早稲田大学は、明治一五年（一八八二）年一〇月二一日、東京府南豊島郡下戸塚村（現在地、即ち東京都新宿区西早稲田）に、政治経済・法律・理の三学科を持つ専門学校（旧制では、中学校五年制の修了者に三年間、専門知識を教授する学校）として設立され「東京専門学校」と称した。初代校長は、大隈英麿（重信の嗣子）であったが、土地や校舎は大隈重信の寄付によるもので、彼の創立に負っている。

当初から校則第一一条に「校内に図書室を設け図書室規則に従い学生をして書籍を縦覧せしむ」と定め、一室を用意した。

『早稲田大学図書館史―資料と写真で見る一〇〇年

―』（早稲田大学図書館編刊　平成二）という好著があるので、同書によって紹介させていただく。

校舎は木造二階建て三棟、うち二棟は寄宿舎で、残る一棟が授業棟であった。市島春城の『創立二十年紀念録』（明三六）所収懐古談で次のようにいう。

「長屋の方は専ら寄宿舎に充て、表の一棟は教場でもあり、事務室でもあり、図書室やら教員室やらであつたのです。…　階上の四室を教場に充て、まだ明間があつたのですから、二階の講堂の一つに畳を敷き、これを高田君、田原君の宿所に充て、其の隣りを書籍閲覧室に充てたのです。」

高田は高田早苗（一八六〇―一九三八）で初代早稲田大学学長、当時講師であり、田原は田原栄（一九一四没）で同じく講師で、後に高等予科長になった。

「当時こゝに高さ一間半位な粗末な書架が二個据え付けられてあつたけれども、最初はこれに陳列すべき図書は一巻も無かつた。……如此にしてまづ図書館の卵子が出来たが、其後間もなく教場拡張の都合により、此卵子は階下に移された。即ち今の第十教場が蔵書室で、今の高等予科事務室と其の次の一小室か〔が〕閲覧室に充てられたので、彼の煉瓦講堂の階下に書庫閲覧室が新築されるまでは、爰にあつたのである。」

と続く。

蔵書が皆無では困るので、大隈家の蔵書を運んで来た。教職員からの寄贈・寄託も若干加わって数百冊になっただろうか。

学校経営の中核は、小野梓と彼を兄と慕う高田早苗、天野爲之、市島謙吉（春城）ら帝大出身（卒業したのは高田だけ、他は中退）の改新党員であった。

しかし開校式で、小野は「学の独立」宣言し、教育・研究は不偏不党でなければならないと標榜した。

「学の独立は大隈家からの独立」と、学校経営者は大隈家の補助を返上し、月謝を一円から一・八円に値上げした。その代り、洋書を大量に複部数購入し、無償貸与することとした。洋書に力を入れると、和書が疎かになる。それを支えたのは、一部の学生グループであった。

初期の学生に新潟県出身者が多かった。在校生の二〇％というから、五〇人以上、居たらしい。講師に市島や今井鉄太郎が新潟出身者であった。市島家は越後国一の大地主、彼は本家ではないが、実力分家の当主だった。今井も柏崎の出身で帝大理学部二年中退、早稲田英語講師となり、明治二〇年、初代図書室長となった人。彼等の指導があった可能性もある。

兎に角、新潟出身組が「同攻会」なる親睦会を組織し、金を拠出し、共有の図書を購入、共同利用を始めた。そのうち、約五〇部三〇〇冊を図書室へ寄託して、本来は会員の共同利用だが、やがて、他の学生も含めて利用するようになり、寄贈になった。明治一八年五月現在の『同攻会蔵書目録』では、法律書九一部二六七冊のほか、合せて三三二部九七九冊を載せている。学校が洋書に力を入れてからは和書で補う力になったという。

今井図書室長は明治二二年一二月まで在任したが、その間に、新たに大講堂（二階）が建ち、その一階が図書室になった。この煉瓦造り大講堂は大隈重信が単独で工費二万円をかけて建て寄贈したもので、蔵書四万冊収蔵可能の書庫と閲覧室、事務室を備えていた。

現在の蔵書のうち、図書に受入年月日の明記されているものは、明治二三年四月が最も古い由。蔵書印を押すなどの装備がなされるようになったのは此の頃かららしい。

明治二五年四月から図書取扱責任者として専任職員石井藤五郎が任命された。給仕二人を使って、購入・整理・閲覧サービスまで一人で兼ね、後に図書館長に就任した市島春城に「一人八人芸」と驚嘆される働きをした。石井は連日、図書館の生き字引として活躍し続けたが、三四年後、新図書館が竣工、開館準備中に大正一四年八月死去した。

その葬儀には、高田総長が弔辞を述べた。

ところで、明治三〇年七月の図書室は、閲覧席五〇席に対し、平均一日の利用者五三人、貸出図書一〇一冊、内容は政治・経済・法律書が大半を占めていた、と報告されている。

また、図書室の近代化は、いわゆる熊本バンドのクリスチャンで、エール大学留学から帰朝の浮田和民の手でなされる。

*

浮田和民（一八五九―一九四六）は、横井時雄、海老名弾正、徳富猪一郎らと一八七六（明治九）年熊本の花岡山で「奉教趣意書」に署名し、日本にキリスト教（プロテスタント）を信じ拡める盟約をした、いわゆる熊本バンドの一人であり、熊本藩お雇い教師として来日、明治四―九年洋学校で教えたジェーンズ（Leroy Lansing Janes 1838-1909）に学んで入信した。ジェーンズ退職後は、浮田や徳富らは京都同志社英学校へ移り、同校創立の新島襄の活動を盛り上げた。浮田は大阪で布教に従事した後、明治二五年渡米、エール大学に留学、二七年帰国して同志社へ戻ったが、三〇年上京して早稲田の教壇に立った。政治学、社会学、西洋史を講じ、民本主義を説いて、一方の論客、花形教授の一人に挙げられた。

同志社出身の早稲田の教授はもう一人、安部磯雄（一八六五―一九四九）がいる。彼は福岡県生れ、同志社に学び、新島襄から受洗した。渡米して神学校卒業後、ベルリン大学に移り二八年帰国して同志社で教鞭をとったが、宣教師と意見が違い、辞職して早稲田に迎えられた。

それには、大隈重信が同志社に好意的であった事実がある。

大隈が東京専門学校を建てると、政府は第二の西郷の私学校になる危険性を疑い、存続を望まず、各銀行に指令し、大隈への融資を禁止した。経営資金に窮した大隈は、横浜の金融業者平沼専蔵から十三万円借りて、月々の経費二千円余の運用に宛てた。高利貸からの借金を批判する学校関係者もいたが、大隈は「利息さえ払えば貸してくれる金を拒む理由はない」と反論した。後に平沼は大隈の意気に感じ、貸金全額を寄付したという。また、私立学校生への徴兵延期特典を取消し、官立学校生だけにして、慶應義塾や同志社では、多数の退学者を生じさせ、学校の経営に影響を与えた。新島襄は当時の日記で「本校に退学続出なのに、東京専門学校で、そんなことがないのは羨しい」と述べている。早稲田の学生は二〇歳以上が多かったからだとの説もあるが、第一期生は八〇名中、八〇％が二〇歳以下だった。

後に、同志社が大学昇格の際に大隈は寄付金三万円を集め、自ら一〇〇〇円を寄付した。反政府反官僚的と見られる一種の誼みのようなものが生じたのかも知れない。同志社卒の早稲田の講堂に立つ人は少くない。

明治三三年（世紀末）始めて、東京専門学校図書館と改称し世間で評判の浮田和民を初代館長に据えた。

浮田館長は、図書館目録をカード目録に改め、近代化の一歩を進めた。

図書分類法も、最初は甲乙丙丁順を明治二七年から伊呂波順に改めて一六類に別け、各類毎に一冊の台帳に受入順に列記していた。三五年に和漢書は二一類、洋書はアルファベット順に一九類に改められた。

図書原簿も、この時期から整備されたようで、資料統計が明らかになるのもこの時からである。

明治三五年一〇月一九日、東京専門学校創立二〇周年記念祭と併せて早稲田大学の開学行事が行われた。曽ては政敵であった伊藤博文も来賓として出席、祝詞を述べ、このほか、千家尊福、榎本武揚らが列席した。校友千名以上の参集を得、式後、園遊会や提灯行列まで催おされた。

早稲田大学図書館の初代館長には、浮田に代って、二か月前に市島謙吉が任命された。開学の日、病気で床に就いていたが、自宅付近を提灯行列が通ると、たまらず起きて道路へ出て、行列を迎え、暫く立ち尽した。延々四㎞に及ぶ行列を見てこの火が日本を、更に世界を埋め尽す日を鶴首して待ち望み、涙の流れるのを押さえられなかったという。

図書館も新築、同時に披露された。新図書館は煉瓦造り建坪五四坪三層の書庫、その入口を挟んで同じ煉瓦造り平屋の館長室と洋書管理部事務室が堅め、木造二階建て（建て坪一二五坪）の閲覧室棟との間は渡り廊下で結ばれていた。閲覧席は四五〇人分用意され二階には特別研究室も置く。和書管理部、庶務部などの事務室は閲覧棟に接続して設けられた。書庫に昇降器は設備されたが、書籍専用で、人間が乗れるものではなかった。

市島は大正六年八月引退まで一五年間、図書館長を務め、早稲田の図書館のさまざまな面の基礎を作った。第一に図書館会計を独立させて独自予算を立て、収支会計事務を自立して処理する体制に改めた。蔵書の強化に関しても、他の人では到底できないような腕を振るい、発展の途を開いた。

蔵書増加表

明治	累増計	年増計（うち洋書）
35	26,258	26,258（8,744）
36	41,418	15,160（1,428）
37	51,090	9,672（1,802）
38	60,713	9,623（1,060）
39	81,220	20,507（1,664）
40	95,062	13,842（1,772）
41	110,731	15,669（1,883）
42	119,657	8,926（2,185）
43	126,057	6,400（2,383）
44	135,717	9,660（2,027）
45	140,924	5,207（1,487）
大正2	146,306	5,382（1,322）
3	152,534	6,228（1,731）
4	158,523	5,989（1,599）
5	163,631	5,108（2,147）
6	170,825	7,194（3,055）

＊

市島謙吉（一八六〇—一九四四）は古経・古文書から名家自筆本、現代の珍本に至るまで、巾広く蒐集した蔵書家として知られている。日本最古の写経「金剛場陀羅尼経」（国宝）も彼旧蔵の名品の一つという。

市島家は越後随一の豪農、大正一三年（一九二四）の調査によれば、耕地一三〇〇町歩、山林三〇〇〇町歩の大地主であった。

市島家の出自は丹波というが慶長三年（一五九八）上越新発田《しばた》に封じられた溝口伯耆守秀勝に従い来住し福島潟の干拓を中心に蒲原平野の開発に努め、成果を挙げた。豊浦町に在る市島宗家の屋敷は敷地八〇〇〇坪、水池を配した回遊式庭園になっており、建坪六〇〇坪の邸宅は帳場や表座敷などと私邸部分を長い渡り廊下で結び、茶室や仏間、裏手に離れた寮、説教所もあり、今では観光名所となっている。

謙吉の生家は筆頭分家、角市《かくいち》市島家と呼ばれ、蔵米の回漕を差配する家柄なので江戸と頻繁に往来し、文人墨客の宿泊も多く、一族きっての情報通、歴代文才を誇ってきた。謙吉も一二歳で『資治通鑑』を白文で読み一六歳で上京し東京英語学校を経て東大文学部に進学した。卒業一年前の明治一四年（一八八一）、一〇年先国会開設の詔勅と引換えに参議大隈重信追放事件を生じ、大学中退、自由民権運動に投じる。翌年立憲改進党結党と共に入党、新聞『内外政党事情』を創刊したが続かず、郷里上越で『高田新聞』主筆として啓蒙に務めるが、改正新聞条例違反筆禍第一号となり投獄の憂き目にも遇う。同級生高田早苗は一緒に入党、大隈の東京専門学校設立に参画、大学も卒業、『読売新聞』主筆も務む。二四年高田に代り謙吉が『読売』主筆となる。代議士当選三回四二歳で喀血し政界引退、学長高田を補佐し早稲田大学経営に当たる。彼にははまり役の図書館長が与えられた。東京専門学校から早稲田大学へ改組段階で忙しかった。図書館に限っても、新築すると、蔵書も揃えねばならず、契約満期帰国する帝大史学教師ルドウィヒ・リースの手離した蔵書二〇〇〇冊を購入、田口卯吉から『群書類従』他、著書刊書の寄贈を受け、各府県の最も精密な地誌・地図類の収集、さらに横山又次郎講師の意見に沿いドイツから鉱物標本一〇〇〇点を蒐め陳列している。私学では、最近まで丼勘定が横行していて、図書館会計の独立など、当時は珍らしかったが確立、大学関係者外の公衆への有料利用許可、閲覧用カード目録などの整備も怠らず、館長在職一五年のうちに近代化を推進した。

次いで日本文庫協会に参加、早速早稲田大学で幹事を引受けて積極的に取組む。明治三六年である。同年大橋図書館で最初の図書館講習会が催され、謙吉も科外講演「図書館の必要」を演述したが、同年謙吉の発議で協会主催「第一回図書展覧会」の開催も記録して置こう。会場は東大図書館、一〇月二五日に都下各館から四百点の出陳を得て好評であった。この種の展示会は図書館運動に意味があるのか疑問ともされているが、当時の図書館スポンサーに好書家がおり、決して無意味ではなかったように思う。

謙吉は四〇年日本文庫協会の第三代会長に選出された。彼の在任中に日本図書館協会と改称されたから、新名称の初代会長ともいえる。それは兎も角、彼が徳川総裁体制の基礎を築いたことは明らかで、彼の尽力により大正期の協会財政は確保されたといえなくもない。市島会長時代から寄付を度々受け、協会側は総裁就任を打診していたが間に入る南葵文庫主事斎藤勇見彦や文庫員橘井清五郎が確答を出さなかったり、時間が流れた。大正二年（一九一三）四月一二日、市島が和田万吉、太田爲三郎を伴って徳川頼倫邸を訪問、総裁就任を要請し、快諾を得た。

徳川総裁時代の前半は年額数百円の寄付のほか、協会出版物『図書館小識』（御大典記念事業に公立図書館設置の適当なることを強調した図書館解説書）の印刷刊行費、全国大会における宴会費等、個別に総裁の負担で事業がなされたが、関東震災後、『図書館雑誌』刊行助成金が丸善から出なくなり、今更機関誌休刊も難しく、総裁に申請し、年額三〇〇〇円の助成を受けることとなった。方法として五万円の寄付を受け、元金は徳川家で運用、年六分の利子三〇〇〇円の交付を受けることと取決めた。（後に訴訟事件となる。）

市島の文化事業は出版分野でも著しかった。明治三九年国書刊行会を起し未刊の古典的文献数百種を校訂・刊行した。『続々群書類従』『新群書類従』『古今要覧稿』や新井白石、近藤正斎、伴信友らの全集の刊行を第一期とし、四二年完結、以後、早川純三郎に運営を交代、大正一一年までに八期二六〇冊を完成した。また、大隈重信を主唱者に立てて大日本文明協会を明治四一年創設、浮田和民を編集長に欧米名著（例　トインビー『英国産業革新論』、ウェルズ『第二十世紀予想論』、ローリェ『比較文学史』）を一八三巻、昭和二年までに早稲田の教員等を動員して訳述紹介した。

右の国書刊行会の刊本だけでなく草稿等や大日本文明協会出版物は早稲田大学図書館蔵書の充実にも反映していた。大学図書館人の枠を越えて図書館全体を理解し、たとえば佐野友三郎の活動を高く評価した人物でもあった。

大正四年「大隈伯後援会」会長就任を機に館長・大学理事を引退表明したが、正式には六年夏にずれこんだ。

晩年は随筆家として『蟹の泡』『鯨肝録』ほかが知られ、別に『回顧録』『春城八十年の覚書』等、資料的意味で評価される著書もある。昭和一九年四月二一日逝去。

＊

再び市島謙吉について触れる。

先に、早稲田大学図書館の明治三五年から大正六年までの蔵書統計、つまり市島館長時代の蔵書の増加振りを掲げたが、数だけ増やしたのではなかった。

一番最初に纏めて購入したのが、契約満期帰国する帝大史学お雇い教師ルドウィヒ・リース（一八六一―一九二八）の手離した二千冊の洋書である。

わが国最初の近代的大学「東京大学」が創設されたのは明治一〇年（一八七七）である。このとき、理・法・文・医の四学部が設けられた。文学部は二部門に分けられ、政治学・哲学・歴史学を併せた第一科と、和漢文学を扱う第二科を置いた。第一科の史学は専任の教師を置かれず専攻する学生もないまま、二年後に削除され、代りに理財学が設けられ、史学は第二科の中で日本史を扱うことでごまかしてしまった。学長に相当する加藤弘之には、理財学のような新しい学問のほうに眼が往き、昔からあって判るつもりの歴史学は後廻しにしたらしい。

市島が学生だったのは、この明治一二〜一四年である。

明治一九年、東京大学は帝国大学と改称する。この段階で、多くの部門の外国人教師が解傭され、育成された日本人教授が教壇に立ったが、歴史学に関しては独立の学科もなかった。

当時の文科大学（文学部相当）には、哲学・和文学・漢文学・博言学の四学科編成で、史学は西洋史は哲学の中で、日本史は和文学、東洋史は漢文学の中で扱われた。これでは不適当と翌二〇年、史学科が英文科、独文科の新設と一緒に設置された。

この際、大学総理渡辺洪基は、日本史学科を別に置くべきだと主張し、二一年七月に文部省に陳情した。政府は内閣直属の修史局の扱いに困っていて、その事業を大学へ移管と引換えに二二年六月に国史学科新設に踏切った。

こういう中で、史学科教師にドイツからルドウィヒ・リースが招聘された。彼はベルリン大学で、晩年のレオポルド・フォン・ランケに学び、英国に遊学して「中世イギリス議会選挙権」を学位論文にベルリン大学から博士号を得たが、ユダヤ系ゆえに国内で就職が思うに任せずアジアの新興国の大学へ赴任してきた。明治二〇年二月来日、それから一五年、三五年七月まで在留し、西洋史、ランケ流実証主義史学研究法、さらに人文地理学や史料論や系譜学など歴史補助学を教え、日本史についても、海外史料の採訪法などを紹介した。史学会の設立を勧め、運営を輔けた。この人の蔵書だから歴史の参考図書や史籍が詰っていたと思われる。

次に経済雑誌社社長田口卯吉（一八五五―一九〇五）の好意で、彼の著書・刊行書等一切の贈与を得た。

昌平黌教授佐藤一斎の外曽孫に当るというが、所詮御家人の一人として、慶喜の後に従い、静岡へ移り、沼津兵学校で英学を学ぶ。教授乙骨太郎乙が大蔵省翻訳官となるに及んで随行し自らも出仕したが、『自由交易日本経済論』を著し、政府の保護関税主義を批判、明治一一年官を辞した。一二年正月から『東京経済雑誌』を発刊、日本のアダム・スミスと呼ばれ、自由貿易論の看板男となる。

自由民権を主張し、東京府会・市会、さらに衆議院議員となり、政治を論じたが、もう一つ彼は他の人が持たない夢を持った。『英国百科辞典《ブリタニカ》』に感動し、その日本版を出版しようとしたことである。

その準備として、ヘンリー・R・ボーン編『政治事典《ポリティカルサイクロペディア》』を邦訳『秦西政事類典』（明治一五）を刊行、これに倣って『日本社会事彙』（明治二三―二四）を編刊、他方、『大日本人名辞典』（明治一九初版、二四2版、二九3版）を編刊したが、国史の不備を意識し、黒板勝美の協力を求め『国史大系』一七巻を編纂、また『群書類従』一八輯（二六―二七刊）の活字版化を実現、さらに『大系』『類従』の続編の編刊を進めた。

田口は反藩閥中立を標榜していたが、憲政党には好意的で、市島らの要請に快く応じた。

市島は百科辞典編纂の考えはなかったが、未刊資料の災害等で失われるのを惜しみ、それらを編集刊行する国書刊行会を組織した。大隈重信を総裁に、重野安繹を会長に担ぎ、『続々群書類従』を井上頼圀、萩野由之、吉田東伍、前田慧雲、畠山健、小杉榲頓監修で編刊出発した。編集所を吉川弘文館の倉庫に置き、印刷・配本も同社で担当した。会員制で毎月二冊配本したが、会員は三七六二名に達し、実業界に加入者が多かった。三菱銀行の豊川良平を理事に据え評議員に井上哲次郎、上田万年、大槻文彦、狩野亨吉、幸田露伴、島文次郎、坪井九馬三、坪内逍遙、三上参次、湯浅吉郎、和田万吉ら三四名を依頼するなど、学界を動員し、成果を挙げた。

坪内逍遙の示唆によって、江戸期の文芸の名品、演劇や歌舞の古典を集めた『新群書類従』と命名したシリーズを挿入したのも好評だった。当時、江戸文芸には親しみのある粋人も少なからず居たとも言われる。

加えて、大日本文明協会を明治四一年創設、欧米の名著の邦訳・紹介も行った。その際、浮田和民が編集長、早稲田の教員が総動員された。H・G・ウェルズ『第二十世紀予想論』など一八三巻を昭和二年までに刊行した。

それらはすべて早稲田大学図書館の蔵書の充実をもたらした。

東洋大学図書館の源流

手塚竜麿氏編『東京の大学』（都史紀要十）は「幕末・明治初期から二十年ごろまでに開業した私学で、その後専門教育施設となり、現在大学と称しているものについて、創設当時の記録その他の史料を収集し、私学専門教育の実態をあきらかにしようと試みた」と言う。「英学を中心に発達した大学」として、慶應義塾、立教、青山学院、明治学院を挙げ、「法律学を中心に発達した大学」として、専修、明治、法政、早稲田、中央、日本を挙げる。
「漢学・哲学などを中心に発達した大学」に二松学舎、東洋大学を挙げ、
「その他の大学」として、国学院、駒沢、学習院を挙げる。

この分類が適当かどうかは異論もあろうが、それなりの歴史的経緯があるようなので、一応これに沿って進めよう。第一英学から慶應、第二法学系列から早稲田を扱ったので、次に第三群から東洋大学を取り上げる。

東洋大学は、創立者の井上円了（一八五八―一九一九）から語らなければならない。

井上円了を井上哲次郎（一八五五―一九四四）の筆名か雅号のように思っている人に会ったことがある。生存期が重なり、同じく哲学者であったが、別人である。尤も無関係ではなく、三歳年上の哲次郎が師、円了は哲次郎の講義を受けた学生であった。哲次郎が筑前太宰府の医家の出に対し、円了は越後国三島郡浦村（新潟県越路町浦）の真宗大谷派慈光寺住職の長男として生れた。幼名を岸丸、一三歳（明治四年）で京都東本願寺で得度、円了と名乗った。世襲制の真宗寺院では、教団の次代を担う人材養成機関・本願寺付設教師学校へ進学するのが当然の道だったが、その前に、彼は長岡洋学で洋学を修得していた。戊辰戦争で敗れた長岡藩が、人材育成から取組んで再建を企るべく洋学校を設立したのだ。ここで英語を修めたお蔭で、東本願寺から東京大学予備門へ国内留学生として派遣された。明治一〇年、東大創立の年である。一四年文学部哲学科に進んだ円了は、一三年卒業したばかりの哲次郎助教授から東洋哲学を、原担山（一八一九―九二、禅僧）にインド哲学を、米人お傭い教師フェノロサにカントやヘーゲル、ミル、スペンサーの西洋哲学を学んだ。そして、西洋哲学の方法に魅せられ、求める真理がそこにあると信じた。

しかし卒業論文は「読荀子」で、中国哲学者の思想を扱う。

在学中から友人を誘い、哲学研究会を組織し、毎月カントやヘーゲル、コントの研究討議を行った。明治

一六年「文学会」が設立されると、参加したが充たされず、哲学専門の「哲学会」を一七年発足させた。一六年哲学科卆の三宅雄二郎、和漢文学科卆の棚町一郎の両先輩が相談相手であり、訳「哲学」を定めた西周にも意見を求めている。設立メンバーには、三宅、棚町に井上哲次郎、有賀長雄も加わった。

一七年一月二六日、第一回例会を神田錦町の学習院で開催、西周、加藤弘之、中村正直、西村茂樹、外山正一、原担山、島地黙雷、大内青巒、北畠道龍、佐々木東洋ら日本に哲学を導入し発展させる上で深い関わりを持った人々が来会、加入した。

翌一八年一〇月二七日には、第一回哲学祭を催す。釈迦、孔子、ソクラテス、カントの四聖像を画家渡辺文四郎に描かせた画幅に中村正直に讃を乞い、この画幅を祀る形で、哲学の発展を祈念した。

円了は一八年一〇月三一日、卒業式で学生総代として謝辞を朗読して卒業した。それから一九～二〇年とキリスト教批判文の作成に費し「耶蘇教を排するは理論にあるか」（のち『真理金針』として単行本三巻となる）を著し、二〇～二三年には『仏教活論』三巻（序論、破邪活論、顕正活論）を展開、仏教とキリスト教を西洋哲学の方法で比較し、仏教のほうが近代的宗教であると主張した。仏教界で大いに歓迎され広く読まれた。

円了は著述一筋だった訳ではない。中村正直が明治五年設立した同人社などで教員を数年勤めている。また二〇年一月に哲学会機関誌『哲学会雑誌』を刊行する出版社、哲学書院を開業した。ここで、『哲学会雑誌』（のち『哲学雑誌』と改題）創刊号巻頭に、円了が執筆した論文「哲学ノ必要ヲ論シテ本会ノ沿革ニ及フ」に触れておこう。

哲学の本質につき「ソレ哲学ハ通常理論ト応用トノ二科ニ分ツモ、要スルニ理論ノ学ニシテ、思想ノ法則事物ノ原理ヲ究明スル学ナリ。ユエニ思想ノ及フトコロ、一トシテ哲学ニ関セサルハナシ」と書いた。そして、①哲学が諸学の基礎であること、②哲学を研究・普及させることが国家の文明を発展させるためには不可欠であること、③西洋哲学の研究に加えて東洋哲学の研究が必要であり、哲学研究は究極には日本の文明開化を進め富強を助けるものである、としている。

このように、哲学についての考えを深めているが、円了の狙いは哲学普及の教育事業を経営することにあった。

幸いなことに、当時私学には何の特権も与えられないが、設立は届出があれば容易に認可された。円了は明治二〇年六月、「哲学館開設ノ旨趣」を発表し「諸種ノ学問中最モ其高等ニ位スルモノハ乃チ是レ哲学」「哲学ハ学問世界ノ中央政府ニシテ万学ヲ統轄スルノ学」と説き、その哲学を洋語に通ぜずとも邦語で速修できる捷徑を開くと述べた。一六歳以上なら無試験入学可、定員五〇名だが、超過分も認め、本郷龍岡町の禅宗寺院、麟祥院の一室を教場に九月一六日開講した。東京府庁へは七月二二日「私立学校設置願」を提出、三日後に許可された。

＊

哲学館の開館式で、館主井上円了は「哲学館における教育の対象者」を「第一　晩学にして速成を望む者」「第二　貧困にして大学に入ることが不可能な者」「第三　原書に通ぜず洋語を理解できない者」にまとめた。

哲学館はこうした人々に哲学を講じるが、哲学者の養成ではなく、社会へ出て、一業を達成しようとすれば、哲学が基礎になって助けになる。哲学館は、このような活動範囲の広い哲学を日本語で教え、速成する学校であると演説した。モデルは彼の学んだ帝国大学哲学科、その速成科版を目指した。

来賓として列席した帝大教授で、文科大学長（文学部長にあたる）外山正一は、哲学館創立の意義を強調する祝詞を寄せた。

「高等教育機関は帝国大学だけだが、これ修学の年限が長く、学費もたくさん必要である。現在学問をしたいと願う人々が多いという〝世の需要〟にも拘らず、学校は不足しているので、専門学校が必要になってくる。一国の文明を開くには、少数の知識人だけでは達成できず、一般人民が知識に富むようにならなくてはならない。そのために法律・政治・経済から医学まで速成学校（=専門学校）が多くできたが、哲学の学校はなかった。哲学館はその欠点を補う意味がある。世間では哲学思想をあまり重視しない人もいるが、歴史を書く、宗教を論じる、美術の改良を論じる、人倫を研究する、さらに国の隆盛をはかるにしても、哲学の思想によらずにできるものはない」と説いている。

帝国大学では、英語やドイツ語で外国教師が講義するから、予備門で語学を修得しなければならず、大学卒業まで七年を要した。他方、私学は速成主義で、授業は日本語・予備門的存在を省略していた。

日本語で教授できなくては、学問の独立はない、という主張も東京専門学校（後の早稲田大学）創立者の一人小野梓は述べていた。

入学した学生は、さまざまな年代だった。一六歳以上の男子なら制限なく、中には「孫持ち」の老書生もいた。入学試験はなく、定員五〇名を越えたが、追加入学させている。

第一期生の一人に歌人・歌学者として有名な佐佐木信綱がいた。彼は帝国大学文学部付属古典講習科（明治一五―二一年、国学者・漢学者養成の臨時的教育機関）に通い、別に国民英学会（イーストレイキ主宰の英語学校）を聴講しつつ、哲学館へも足を運んだ。井上著『哲学一夕話』を読んで哲学への興味を湧かし入学したという。

一九歳で入学し、後に第四代学長となった境野哲は、当時の印象を「学校とは名のみで、徳川時代の寺子屋式であって、湯島の寺の一室を借りた校舎で、学生の服装も洋服もあれば、破れ袴あり、金襴の袈裟に数珠姿の僧侶ありで、一種の仮装行列ともいうべき有様」と回顧を残した。

ネパールやチベットへ赴き、仏教原典を持ち帰った探検家で仏教学者の河口慧海は、哲学館創立時二二歳であった。学資がなくて、校外生として講義録を読んでいたが、苦学を覚悟し入館したところ「茶漬沢庵の下宿で、一か月二円、学校月謝と校費で一円一〇銭、残金九〇銭が雑費」と記録していた。併せて四円を得るために働き、疲労と戦い、勉強に努めた。

学ぶほうも熱意に燃えていたが、教える側も熱心だった。

それに教員のほうが若い場合も少くなかった。館主井上が創立時、二九歳であり、過半数が二〇代で、三〇代が残りの主流となっている。年長者には、井上が予備門時代に授業を受けた岡本監輔のような恩師が多い。岡本の場合は儒学担当だが、小中村清矩は国学担当であった。

帝大哲学科出身者に限ると、井上哲次郎以下、いや内田周平のほうが一歳年上だった。彼は最初、東大医学部に入学、のち文学部に転部、哲学者になって哲学館でハルトマンの美学などを講じ、三七年教授を勤めた。

次は哲学会創立時からの同志三宅雪嶺（本名＝雄二郎）と和漢文学科棚橋一郎である。三宅は、近世哲学や純正哲学の講座を担当した。棚橋は嘉納治五郎とともに倫理学を教えた。嘉納は講道館柔道の創始者として知られる。彼は政治学科及び理財科を卒業した上で、哲学選科を修業し、学習院講師に就任、傍ら哲学館にも出講していた。

清沢満之は尾張藩士の出ながら、一五歳で出家し、東本願寺の給費生として東大予備門へ派遣され、哲学科へ首席の成績で進み、褒賞給費生に選ばれた。二〇年卒業し、宗教哲学専攻で大学院へ進んだ。井上哲次郎の推挙で第一高等学校講師、円了に依頼された『哲学会雑誌』の編集、哲学館の講師も引き受けた。しかし翌年辞職、京都府立中学校長に転じ、さらに一切の世俗的栄誉を捨てて仏教改革運動に挺身して行く。彼の大学同期生岡田良平も哲学館講師陣に加わったが、文部官僚の途を選び、遂には文部大臣となるのである。

心理学を講じた松本源太郎や国学を教えた松本愛重も同窓生である。

このほか、科学講義として、学年共通の形で、人類学（坪井正五郎）、博言学（上田万年）、法理学（穂積陳重）、政理学（志賀重昂）、生理学（呉秀三）、地理学（鈴木敏）、進化学（石川千代松）、妖怪学（井上円了）が主に帝大教授の出講を掲げているが、帝大と隣接する位置で開館している便宜であったろう。

＊

次の段階、独立校舎の獲得が必要であった。

哲学館は新校舎を明治二二年建設するのであるが、その前に、井上円了の三八五日という長期に亙る西欧視察に触れなければならない。

哲学館開校後一年も経っていない二一年六月九日、横浜から英国船に乗って外遊する。円了は館主だから留守中の責任者を置かなくてはいけない。先輩の棚橋一郎に依頼している。そんなにしてまで外遊する理由は何であったか。

海外視察の眼目は、西欧先進国における政治と宗教の関係、特にキリスト教の状況が一つ、もう一つは西欧における東洋学の状況視察だという。その先には、哲学館の進むべき道、どんな大学にすべきかの方針策定に参考となる西欧大学の視察が併存していた。

それにしても丸一年は長い気がする。どうやら哲学館の枠を越えた仏教の近代化を模索する仏教界より尖兵的役割を荷なって送り出されたように推測されるのだが……。

明治初年の廃仏毀釈を想起しよう。神仏分離令発布によって神仏混淆が禁止された。それだけにとどまらず廃仏毀釈の嵐となった。神社付設の神宮寺などの破却、仏像等の破壊、信仰していた庶民との流血の惨事さえ生じた。

神道国教化の流れの中で、仏教界は、仏教の近代化を模索せざるを得なかった。明治五年に西本願寺の島地黙雷、赤松連城、東本願寺の石川舜台らが渡欧し欧州のキリスト教の視察から政教分離、信仰自由こそ近代宗教の本質と提唱、政府の神道の下に諸宗教統一策を竜頭蛇尾に終らせた。

明治二〇年前後、国家主義の興隆と共に神道の勢いが増大するのに対し、仏教教団も仏教復興と国家主義を結合させ、発展をはかる。井上円了もこの期の闘士の一人であり、代表して海外視察を非公式に委嘱されたのではなかろうか。

英国では、イングランドだけでなく、スコットランドも回り地方の事情にも目を配った。オックスフォード大学では、ヨーロッパで最初に仏教学を確立したサンスクリット学者マックス・ミュラーに会見し、ケンブリッジ大学ではインド学者カワーや漢字のローマ字表記で有名な中国学者ウェードらに面会、東洋哲学についての意見を交した。ロンドンでは、アジア協会でインド哲学の現況を尋ねたり、大英博物館を見学したりした。

一二月下旬にパリに渡り、西本願寺から哲学研究で留学中の藤島了穏の隣に宿をとり、日本で哲学を普及するにはどうすべきか、とか、果ては哲学館の発展法まで語り合った。

次いでベルリンに赴き、井上哲次郎に迎えられる。哲次郎は明治一七年から留学しており、ベルリン大学で研究の傍ら付属東洋学校で教えてもいた。円了は哲次郎に伴われて新カント派哲学者ニコライ・ハルトマンを訪問したり、新しい情報を現地でいろいろ入手した。パリから藤島もやって来て、三人で哲学の今後の方向や日本での哲学の普及方法を語り合いもした。

円了はパリへ戻り、フランス革命百年を記念する万国博覧会を観賞する。エッフェル塔が建てられたのはこの万博であった。

帰途はマルセーユから船に乗り、二二年六月二八日帰朝した。

外遊の報告『欧米各国政教日記』の上巻を八月、下巻を一二月に哲学書院から発行、二九一のテーマに分けて、説明している。

また、帰国後、円了は校舎新築に着手したが、東西両本願寺から各一〇〇〇円ずつ寄付を与えられている。総額四千数百円の残りは、勝海舟らの一〇〇円を上限とする零細な寄付の集合であった。

工事は八月一日着工、九月一五日竣工の予定であったが、九月一一日に大型台風に遭い、完成目前の校舎が倒壊してしまった。折から仏教振興運動の遊説に京都へ出掛けていた円了は、電報で知らせを受けると、直ちに東海道線で東京へ向ったが、鉄道が不通となり、四日市から海路、船で横浜へ戻る。九月二〇日に再建にかかり、一〇月三一日に完成した。翌一一月一三日、移転式を行う。その際、円了は外遊の結論から導いた哲学館改良策を

一　わが国旧来の諸学を基本として学科を組織する。

二　東洋学と西洋学の両方を比較して日本独立の学風

を振起する
三　智徳兼全の人を養成する
四　世の宗教者、教育者を一変し言行一致、名実相応の人となす

の四項目にしぼり、さらに「日本主義の大学」を目標にする決意を明らかにした。これは「西洋の大学」に対して、日本固有のものの改良を主張するもので、西洋の学問を学ばないのではない。しかし海外諸国を見て、その国独自の思想、教育組織があるのを認識、国粋主義に若干彼の量りの針が振れた感を否めない。

＊

先述の台風による校舎倒壊を「風災」と井上円了は言ったが、日清戦争後の明治二九年一二月一三日、今度は「火災」に遭って校舎や寄宿舎を焼失した。

その校舎は、本郷区駒込蓬莱町に在り、尋常中学郁文館と同居していた。火災も郁文館用の机や椅子修理にきた職人の火の不始末だったようで、郁文館長の棚橋一郎は、責任を感じ狼狽したが、円了は平然としていた。

東洋学図書館設置予定地として、小石川区原町鶏声ヶ窪（現白山キャンパス）の土地三・八千坪を既に取得していた円了は、予定を早め、校舎と図書館を併せ建立、三〇年七月に移転、開講した。翌月、宮内省から恩賜金三〇〇円を受け、これをどうしたら意義あるものに出来るか深思熟考し、新たに尋常中学京北中学校を、哲学館敷地内に設立、その校長を円了が兼任、補佐に哲学館講師湯本武比古を起用した。湯本が明治一九—二六年、皇太子の教育係を務めた関連を配慮したようだ（現在の京北学園は東洋大学付属高校ではない）。

哲学館設立時には、私立学校卒業者には、何の資格も無試験で与えられなかったが、明治三〇年代になって、中等学校の教員免許の無試験検定導入が認められる方向が出、三二年に文部省令で認可されることになった。

哲学館は国学院及び東京専門学校（早稲田大の前身）と共に、直ちに出願し、同年七月一〇日に認可された。「師範学校、中学校、高等女学校における教員

資格のうち、教育学部倫理科甲種卒業生には修身科または教育科、同漢文科甲種卒業生には漢文科の資格を無試験で付与するというもので、三年後の明治三五年の卒業生から適用されることになっていた。翌三三年には、中学高校国語科教員資格が漢文科卒業生に追加された。

学生を集めるもう一つの特典に徴兵猶予がある。こちらは東京専門学校や明治、和仏、日本各法律学校、慶應義塾では、明治二〇年代に獲得していたが、哲学館では、三三年に漸く取得している。

兎に角、哲学館は私立として第一級の高等教育機関としての基礎を、明治三五年確立した筈であった。ところが、同年一〇月二五日から三一日にかけて実施された卒業試験で担当教員と臨監した文部省視学官との間に確執を生じた。

倫理学の試験で、中島徳蔵講師が「動機善にして悪なる行為ありや」と出題、「動機ならざりし結果の部分を見て之に善悪の判断を下すべきに非ず、然らずんば自由の為に弑逆をなすものも責罰せらるべく……」と書いた答案を見た隈本有尚視学官が中島に、授業に用いた教科書、英国ミュアヘッド著、桑木厳翼訳『倫理学』の説を批判せず適当とする答えを得、「目的が善ければ手段を構わぬとすれば、星亨を暗殺した伊庭想太郎の如きはどう思うか」と尋ねた。前年、政友会の実力者星を賄賂まみれの国賊と老剣客伊庭が刺殺した例で試した。中島は「伊庭の動機は主観的で感情的で善ではない」と主張したが、隈本に都合よく解釈され、報告されて、哲学館の倫理学は不適当と判定されて、一二月一三日に哲学館の無試験検定教育資格を取消された。

井上円了は、一一月一〇日頃、文部省に中島、湯本両名同伴して、隈本視学官を訪ね、釈明、更に一一月一四日、文部省総務局長岡田良平を訪問、東大哲学科の同窓生であり、円了の頑強な愛国主義者ぶりを承知する友人として援助を依頼した。その上で、一五日円了は二度目の海外視察旅行に出発した。一二月一三日、日本で哲学館の特典剥奪が公表された頃、インドで卒業生河口慧海らと再会した円了は上機嫌だった。翌年一月二四日、ロンドン着、円了は事件の結果を知り、認可取消撤回に尽力を指示、哲学館留守当局は嘆願書を文部省に出したが、無視された。当時、文部省は教科書検定制に関連し、贈収賄が取沙汰され、検挙者も出ており、教科書事件に集中する社会の目を哲学館にそらそうとしたともいわれる。

三六年春には、新聞雑誌で哲学館事件を取上げないものはなく、文部省、哲学館どちらかの肩を持つ者、両方叱る者、学問の自由主張型などに分れ、にぎわった。

発端となった教科書の原著者ミュアヘッド教授が新聞等で発言、さらにロンドンの日本公使館に抗議した。日英同盟定結時であり、日本政府は影響の及ぶことを恐れ、文部省も深追いしなかった。

三六年七月二七日、帰国した井上円了は、文部省の仕打ちに疑問を持ち、今一度の特典出願を拒んだ。しかし特典を欠く哲学館の学生は一時は半減し経営を苦しめた。にも拘らず辞職した中島を再び教壇に迎え、守った。

第一回海外視察で、西洋に没入せず、日本独立の学風振起を誓った円了だが、第二回視察では、西洋各国の人々の国民性に比較し、日本人の道徳や社会習慣が低いと判定、宗教的・社会的教育の重要性を痛感、英国の国教会に倣う修身教会設立運動を起こし、その総本山として、哲学堂を建立した。

哲学館大学部設置予定地として準備してあった豊玉郡野方村江古田の地を充当、孔子、釈迦、ソクラテス、カントを祀る四聖堂始め、万巻の書を読み尽す絶対の妙境「絶対城（図書館）」や階上を向上楼、階下を万象庫と命名の無尽蔵（博物館）等を設けた修養場公園である。

三七年四月哲学館大学と改称した後、三九年初め、井上円了は哲学館を弟子たちに引継ぎ引退した。哲学館は三九年六月東洋大学と改称した。四〇年五月、教育免許無試験検定を再認可された。

以上、東洋大学創立百年記念事業の『井上円了の教育理念』『図録東洋大学100年』（共に東洋大学刊）を参照、紹介した。その後、日清戦争を経て、極東の最強国、欧米列強に外圧を受けながらも、列強の植民地ではなく、自ら植民地を抱える資本主義国家の端くれに連なかった意識に立ち、日本主義ではなく、東洋主義を標榜するに到った。

哲学館の将来像も、ここに来て「東洋大学」となり、二九年の新年挨拶から改まっている。

また哲学館大学付属東洋図書館を建設するつもりであると述べ、人々の協力を要請している。

学校に図書館がないのは、兵士に武器がなく、銃に火薬を欠くのと同じ、と表現している。国書・漢書・仏（教）書を備えた東洋図書館があって東洋学が樹立できると説いていた。

しかし、その実現には困難が降りかかり、その克服は更なる努力を要するのである。

大学図書館の連体組織

西欧の大学は、一二世紀中頃パリに始まり、次いでイタリアに法科専門のボローニャ大学が生れた。大学と言っても施設ではなく、教師と学生とが結成したギルド的組合であった。パリでは、ロベール・ド・ソルボン（一二〇一―七四）を核とする教師組合が大学の基盤となり、ボローニアでは学生組合が大学を支えたといわれている。オックスフォードやケンブリッジは学生の寄宿寮（カレッジ）が大学の構成単位となった。教師は聖職者であり、大学はローマ法王庁の監督の下に聖職者・法曹家・医師の三専門職を養成する機関であった。神学・法学・医学三学部のほかに学芸学部《リラベルアート》（又は哲学部）があったが、基礎学部であって、専門学部となるのは、一九世紀以降である。その前に、宗教改革を経験して、新教諸派の大学も現われた。その場合、主宰教団の影響が著しかった。

翻って日本では、明治政府は徳川幕府の最高学府、昌平黌に対応する洋学校・蕃書調所の後身開成所を継承する開成学校を基盤とし、次世代指導者養成を旨とした東京大学を明治一〇年創設した。外国人教授を揃え、西洋の大学レベル知識を外国語で伝習した東大初期卒業生から優等生を選んで欧米へ留学させ、その帰国を待って、曲りなりに主要教授を日本人で固め、帝国大学と改称したのが明治一九年である。同三〇年京都帝国大学が創設されるまで、地名東京を冠する必要がなかった。

　大日本帝国の呼称は、明治二二年の大日本帝国憲法の制定が発端といわれる。それより先に「帝国を冠した制度の名称としては最も早い用例であろう」（中山茂著『帝国大学の誕生』）ともいわれている。しかし江戸時代すでにシーボルトが幕府天文方高橋景保に献呈した書物の献辞に「帝室天文台《カイザーリッヒアストロノミー》」と書いており、この手の外交辞令は、明治維新後の御雇い外国人にも引き継がれドイツ人に限らず英米人もこぞって東京開成学校や東京大学あるいは工部大学校、東京医学校でもImperial college又はImperial college of engineering (or, medicine) と表示しており、帝国大学についてはImperial University of Japanが正式英語名として採択された。これを鹿鳴館的虚飾ともいえるが、国家権力の保護と制約のもとに育成された次世代の政府官僚養成機関であった。法科はもとより、科学技術部門も含めて、資本主義体制が未熟な段階では、官庁機構が就職の目標とされた。

　日清戦争後は、民間企業が発展し、官界だけが就職市場ではなくなったが、学歴による格差エリートの頂点に立った。

　三〇年には京都帝大、四〇年には仙台に東北、四三年福岡に九州、大正七年（一九一八）札幌に北海道、各帝大が新設されて行く。

　初期の帝大図書館規則では「…帝国大学ニ於ケル図書ヲ貯蔵ス」とあって、大正五年東北帝大で「所蔵ノ図書ヲ管理ス」と改めたのに倣い、他の帝大図書館則が順次改正された。但し利用者へのサービスという発想は全く見えず、第二次大戦後まで表現されることは全然なかった。

大正一二年、関東震災が生じ、その際、東大図書館が蔵書六〇万冊と共に焼失した。責任をとり図書館長和田万吉が辞職、後任には姉崎正治が任命された。ロックフェラー財団から被災見舞の寄付金四〇〇万円を得て、新図書館建設に邁進する。同大学建築学教授内田祥三による設計図を持って、姉崎は渡米、カリフォルニア大学やスタンフォード大学等の大学図書館を見学、図書館長らに持参図面の批評を乞うた。その結果、指摘された欠点を改めると、原案は廃棄せざるを得なかった。

日本の学校では、図書館は添え物扱いだが、欧米では、学校を作るなら、まず図書館の位置を決めてから、校舎や研究室を配置するので、順序が逆である。姉崎は「日本にはそれまでは図書館らしい図書館はなかったといっていい」とまで極言して書き残している。

姉崎は、もう一つ新しいことを興した。「帝国大学付属図書館協議会」を、大正一三年五月設けて、五館の共通する問題解決に努めた。各学部との関係、図書整理の方法、図書の寄贈交換、事務員の定員及待遇改善などを検討した。各館長や司書官が出席した。

大正一五年から京城帝大、昭和三年（一九二八）には台北帝大、同七年には大阪、一四年からは名古屋両帝大も加入、九帝大の会議になった。

戦時体制に移って、昭和一七年を最後に中断したが、第二次大戦後の昭和二一年、未だ帝国大学の呼称が残っていた時に再開、七大学図書館協議会となった。ところが、翌年には、国立綜合大学付属図書館協議会に変更され、さらに次年度から国立大学付属図書館協議会に拡大するが、その中でも「国立七大学付属図書館協議会」として存続を復活している。

他方、帝国大学を除く全国専門高等学校図書館協議会（全専高協と略称）が関東震災の翌年（大正一三）秋に発足した。

右には、各単科大学、私立大学、高等学校（文科及び理科）、女子大学、高等師範学校、高等を冠した実業（商業、工業、農林等）学校や専門分野（医学、薬学、外国語、音楽、鉱山、水産等）を先に掲げる専門学校を網羅している。地域的には満洲、朝鮮、台湾、上海（中国）を含め、発足当時、六二校、昭和六年には一七六校に増えた。この組織作りには、第三高等学校教授安藤勝一郎が尽力した。文部省の許可、支援を受け、補助金まで交付されている組織で、実際上、情報交換以上の活動はできなかった。

＊

「帝国大学ハ国家ノ須要ニ応スル学術技芸ヲ教授シ乃其蘊奥ヲ攷究スルヲ目的トス」

右は明治一九年三月公布の勅令「帝国大学令」第一条である。

日本では〈国家の求める学術技芸〉を教え、〈その奥義を極める〉のを目的として〈大学〉は存在するというのだ。

後進国として、西欧先進国に追い着け、追い越せ政策の下、国直営の大学が、国の期待する官僚や学者を育成する近道と考えられた。

大正時代に移り、明治末の大逆事件に驚いた貴族院の建議により教育改革が計画されるが一向に進捗せず、大正六年寺内正毅首相は、彼直轄の臨時教育会議を設置した。そこでは、義務教育年限の延長が要望されたが、財政措置ができない。それと並んで要望された進学希望者増加に対する答申は、①帝国大学の分科大学を学部に改め、総合大学の性格を強化、②単科大学や公立、私立大学も認可、③高校や実業専門学校の増設、を求めた。

折から米価高騰、米騒動を生じ、寺内内閣は倒れ、原敬内閣が生れた。原敬は高校一〇校、実業専門学校一七校の増設を画った。それに伴う帝大拡充を含め四・四千万円の予算を要したが、皇室財産一〇〇〇万円負担でまとめた。皇室財産管理の委員長だった山県有朋は、高等教育機関増設が危険思想の拡大を助長すると難色を示したが、原敬は、進学できない状況への不満の方こそ危険思想の温床と指摘、皇室の援助の効用を強調した、と山住正己氏が解説している。

大正七年一二月公布された「大学令」では、学術の研究と教校に加えて、人格の陶冶と国家思想の涵養に留意すべきことを付加した。

このように「学問の自由」の雰囲気とは反対の暗い

世の中であったが、大正九年二月慶應義塾と早稲田が最初に大学として認可されると、同年四月には明治・法政・中央・日本・国学院に京都の同志社が加わった。その後、戦前に増加して二六校となったと、阪田蓉子氏が報告されている。追加分は、龍谷・大谷・専修・立教・東洋協会（拓殖と改称）・立命館・関西・立正・曹洞宗（駒沢と改称）・高野山・大正・東洋・上智・関西学院の一四大学と東京慈恵会医科・東京農業・日本医科・満州医科の四単科大学である。

以上のように、私立大学の制度的確立が遅かっただけでなく、中心的大学図書館人が、日本図書館協会（以下日図協）の枠組で考える人だったことも、私立大学図書館の連合組織成立を遅らせた。

昭和三年の日本図書館協会総会に出席した明治大学図書館の森本謙蔵が、日図協理事を務める早稲田大学図書館長林癸未夫に、私大図書館の協議会設立を要望したが、林は日図協の枠内で考えていて、同意しなかった。他方、大学図書館の人びとは、公共図書館中心の日図協における論議にうんざりしていて、不満だった。

それから二年後、昭和五年になって、やっと森本は林の同意を得、その年の六月一六日、早稲田、明治に法政を誘って、主唱校とし、東京地区の慶應、中央、専修、日本、拓殖、東洋、国学院、立教の八校に参加を勧誘し、東京私大協の創立会を催した（国学院のみ不参加）。

日図協と違い、東京私大協は各大学図書館の組織単位で会員として組織しており、出席者は図書館長か図書館事務主任に限られていたが、提出議題によって現場の館員の方がふさわしいこともあり、昭和一〇年以降必要に応じて、関係館員の出席が認められた。

協議会は毎年二回開催、会場は参加大学の輪番制〈五十音順〉と定め、最初は一般的な問題たとえば、研究室と図書館との関係、卒業生その他の校友の大学図書館利用上の取扱い、あるいは、版画の取扱い法などが議題に挙ったが、第二回協議会では切り取り図書の対策が論じられたり、学生用参考図書の複本備付の状況の情報交換がなされ、次第に実務に密着した議題が多くなった。昭和一一年から国学院大学が参加、同年秋から大正、上智両大学が加盟した。

　昭和一二年に到り、全国組織化が要望され、幹事校明治が委任されて、全国私大図書館に呼びかけ、全国組織化に乗り出した。その結果、昭和一三年から東京農業、同志社、龍谷、関西学院の四校が参加の通報を提示した。此処において、明大図書館が報告を兼ねて臨時総会を招集して「全国私立大学図書館協議会」の第一回総会となった。昭和一三年五月のことである。ところが、実際に加入したのは同志社、龍谷、東京農業および高野山の四校で、参加を通告してきていた関西学院は加盟しなかった。

　全私大協は、関東一四、関西三の一七校で発足、「毎年大会ヲ東京ニ於テ開催シ会場ハ各私立大学図書館輪番ニテ斡旋ス」「但四回毎ニ関西ニ於テ開催ス」「本会ハ分会トシテ東京並関西毎ニ開催スルコトヲ得」等の新しい状況に合せた規約を定めた。

　前回紹介した「全国専門高等学校図書館協議会」は、昭和一六年、第一六回協議会を最後に解散した。それは全私大協会にも影響を与えた。全高協のみに参加していた立正、関西、関西学院の三大学が全私大協に加盟したのである。昭和一八年になると、大谷、興亜工業の両大学も加わって、計二二校になった（医科大学を除き、全私大のうち、未加入は、立命館、駒沢、藤原工業の三大学だけであった）。

　昭和一八年には、規約改正し、「私立大学図書館協会（私大協）」と改称、形式的に協議会よりも密度の濃い団体になった。

＊

　私立大学図書館協議会成立に先駆けて、もう一つ医学図書館の連合組織の設立に触れる必要がある。

　昭和二年、新潟、岡山、千葉、金沢、長崎の五医科大学付属図書館により、官立医科大学付属図書館協議会が創立した。

　昭和四年、冠していた「官立」を省き、京都府立医大の参加を得た。

　この団体の目標は、文献利用の相互協力にあり、総合目録の編集刊行に結実させることだった。初回は、『医科大学共同学術雑誌目録』の書名で昭和六年に出版された。内容は、前記六医大と東北及び大阪両帝大医学部図書館所蔵雑誌で、新潟医大図書館が編集を担当した。

次いで、昭和九年に第二版を刊行したが、同版には、熊本、名古屋両医大が加わり、編集は岡山医大で引受けた。

第三版には、更に五館が参加一五館に達した。編集は、再び新潟医大が当っている。戦時下の昭和一七年厳しい情勢の中、辛うじて完成、刊行するを得た。

それより前、昭和一六年初め、日本図書館協会理事長高柳賢三から帝大協、医大協、全私大協それに全高協へあてて、全国図書館綜合協議会（以下、全図協）結成のため、それぞれ代表者を出すように要請した。

三月一八・一九日、第一回全図協を催し、学校図書館部会に上記各団体代表が協議の席に着いたが、全私大協以外の団体からの出席者は代表権を持たず、この会合の結論を持ち帰って協議の上、改めて結論を出す意向であった。結局、学校図書館部会を、日図協の協会規則に準じ第二部と称すること、部会の中を帝大図書館部会、医科大学図書館部会、私大図書館部会、高等諸学校図書館部会、中等諸学校図書館部会に分け、既存の協議会をもってこれに代えるという所に落ちついた。

翌一七年六月、髙橋誠一郎慶大図書館監督を学校図書館部会長に委嘱し、一二月、部会長の招集で学校図書館部会の公式協議が行われたが、意見交換に終った。

＊

戦後に移る。

占領下の教育改革が、高等教育を一新した。旧制高等学校や専門学校、高等師範や師範学校などが、大学へ横並びになったのだ。昭和二五年一一月現在で、国立六九、公立一八、私立九二、計一七九校に増えた。

旧帝大は別として、国立大は性格を異にする官立校を府県レベルで再編統合したため、いわゆるタコの足大学となり、他方私立大学は、大都市に偏在し、戦災に遭った大学も少くない。従って図書館の整備も格差が大きかった。

GHQは、アメリカ流に、大学人による自主的な設置基準策定を望み、民間組織「大学基準協会」が設立され、昭和二二年から活動を開始、基準の制定から運用まで自治的に運営された。

しかし昭和三一年、文部省は「大学設置基準」を省令で定め、法的制約を強化した。

図書館については、大学基準協会段階に、昭和二三年二月「大学図書館基準」を作成する図書館研究委員会が関東・関西両地区別に設置され、関西案は二三年九月、関西案は二四年三月出来、一本化の調整が難航し、改めて図書館基準研究小委員会を設け、明治大学の佐々木吉郎が主査となって草案をまとめた。旧帝大図書館では、別個に基準を検討し、日図協の大学図書館部会も基準制定委員会を設けたが、大学基準協会は佐々木草案を最低基準として昭和二六年六月承認した。

その後、日図協大学図書館部会、各地域ブロックの協議会などで向上を目指す改善計画が立てられた。また、文部省も二六年七月に、新制大学図書館のあり方と改善を検討するため、国立大学図書館改善研究委員会を設置、「国立大学図書館改善要項」を二八年一月、発表した。次いで私大協が三一年五月、公立大学図書館協議会が三六年一一月、それぞれ私立、公立大学の範囲で「図書館改善要項」を作成発表している。また、日本私立短期大学協会が「私立短期大学図書館改善要項」を三六年一〇月、提示している。

アメリカ型の教育体制に改革される中で、図書館の重要性を大学運営当局に再確認させた形であるが、たとえば、学生数に対する蔵書数の基準は、各改善要項すべて異なっている。

国立大の要項では「人文科学系で一人当り五〇冊、自然科学系で三〇冊程度はなるべく早く備えつけるように努め、この基礎の上で累年増加されねばならない」とあり、公立大の要項では、「在籍学年一〇〇〇名程度までは、文科系で五万冊、理科系で三万冊を最低基準とし、学生数千名を増すごとに文科系で一万冊、理科系で五千冊を加えるものとし、累年増加数は学生一人当り二冊以上とすること」となっている。私大の要項では「実用的基準として蔵書の最低数を

学生数　千人程度一人当五〇冊
〃　五千人程度　〃
〃　一万人程度　〃
（夜間部学生は二人を以て昼間一人相当と計算する）
逐年増加冊数については、
①学生数が千人程度まで大学は、年五％とする。
②これ以上の学生数を有する大学は年二～四％とする。
③現在の蔵書数が前項の最低基準冊数に到達していない大学は基準に達するまで二倍程度の努力を傾注する必要がある
定期刊行物については、
単科大学で最低四〇〇種以上、
総合大学では、一〇〇〇種以上を具える必要がある。
また、継続的に刊行の雑誌記事索引を備えて、記事の能率的利用を計らなければならない。」とそれぞれ違っていた。

＊

日図協の大学図書館部会設立を足がかりに企てられた大学図書館の全国組織設置は、大学設置主体の国公私別に細分化、編成されて行った。

ただし、医科大学付属図書館協議会の場合は違っていた。学術情報の共有を目指しており、設置主体の違いは、本質的問題ではなかった。

ことに戦後は、教育制度改革により、旧制医学専門学校の新制医科大学、あるいは大学医学部に昇格、加盟校二一校に増え、「日本医学図書館協議会」と改称、更に昭和二九年「日本医学図書館協会」と改め、機関誌『医学図書館』も創刊した。

『医科大学共同学術雑誌目録』も『医学雑誌総合目録』と改めて、従来は和欧文誌併せて同時に収録していたのを分け、まず昭和三六年「欧文雑誌編」を、四八館（二八七五誌）加盟で刊行された。続いて三八年「和文雑誌編」が五〇館（二四二一誌）を収録、刊行された。この両版は、戦前の『医科大学共同学術雑誌目録』の「第3版」を継ぐ「第4版」に相当する。

「第5版」は「欧文雑誌編」が四四年に六一校（六六六一誌）収録で、「和文雑誌編」が四七年に六七校（三七一七誌）収録で出版された。

同じく五二年には「第6版欧文雑誌編」が八二館、収録七〇〇〇誌以上、コンピュータ編集と装いも新たにされた。

単行書についても『Union Catalogue of Foreign Books in the Libraries of Japanese Medical Schools（日本医学校図書館所蔵外国図書総合目録）』も昭和二四―三一年八冊刊行されている。また、戦時中の外国雑誌輸入途絶による欠号を米国の大学図書館や地方医学協会、軍医図書館の寄贈で補ってまとめた『外国雑誌総合目録1941～1952』の昭和二九年刊もある。

『医学雑誌総合目録』は一〇年単位で改訂されるので、その間の最近の変化については『現行医学雑誌所在目録』が昭和二七年から毎年刊行されて、補遺の役目を果たしている。

以上、菅正信「総合目録と日本医学図書館協会」（『図書館と出版文化　弥吉光長先生喜寿記念論文集』（昭和五二）所収）で明らかである。

その後の『医学雑誌総合目録』は「第6版和文誌編」が昭和五六年、「第7版欧文誌編」が六三年、同「和文誌論」が平成三年に刊行され、継承発展する。

学術情報共有の功徳は、隣接領域に及んだ。

日本薬学図書館協議会の誕生である。産婆役は、東大薬学部伊藤四十二教授だが、協力を依頼されて、小踊りして参画した人物がいた。村上清造である。

村上は明治三四年富山の薬種商の長男に生れ、当然の就学路として薬学専門学校へ進み、卒業後、兵役を経て沖縄県立女子師範学校で五年間化学教員を勤めたが、帰郷して母校図書館の司書に迎えられた。村上は、図書館蔵書を教官が借り占めるのを制限し、生徒への貸出自由化を計り一躍利用の一〇倍を実現した。

昭和三年、青年図書館員聯盟に入会し、間宮不二雄に師事、それが図書館改革へ一層駆り立てた。昭和一一年、富山薬専教授から岐阜薬専校長になって赴任した宮道悦夫氏から岐阜薬専の図書室を見に来て欲しいと招かれ、村上は同年秋、岐阜を訪ね、出合ったのが、岐阜薬専図書課長に就任したばかりの伊藤四十二教授であった。「村上司書に師事して数年間図書館の仕事を勉強した。このお蔭で、教育上に占める図書館の役割が如何に重要なものであるか、また学校図書館の合目的運営を完璧なものにするには図書館員が如何に不断の勉強と蔭の努力をしなければならないかを身をもって体得した」と述べ、また、医学図書館界の協力体制を範にするに足ると認め、薬学図書館界にも同様の組織化を望み、戦後の教育改革の中で、学校図書館が重視されたのを機会に、連帯を企画したという。

日本薬学図書館協議会（略称、薬図協、JPLA）は昭和三〇年設立、全国の薬学系大学、研究所、製薬企業の図書館・室などから構成される。雑誌所在目録発行や研究集会開催など、図書館間の相互協力や研修事業などを行う。機関誌『薬学図書館』（昭和三一年創刊、季刊）。村上は、同誌に「薬学文献探索法」を一三回連載した。なお、村上は、富山県立図書館設立（昭和一五）に努め、終戦まで同館勤務、戦後は富山大学に戻ったが、二六年から併任教育学部助教授として図書館学を教え、四五年退任後、北陸学院等に教え『富山市薬業史』（昭和五〇）、『北海道売薬史』（昭五二）『越中に於ける印刷・出版の研究』（昭和三四）の著もある。昭和六二年没。享年八六。

医薬とは別に、農学分野の図書館の連合組織も出来ている。

この分野の中核は国及び地方自治体の農林水産関係試験・研究機関である。勿論、農学系大学や民間研究機関も含め、昭和四一年七月「日本農学図書館協議会（JAALD）」が発足した。一一〇機関が正会員として加入、別に事業に賛同する特別会員三五機関がある。『日本農学文献記事索引』を昭和四五年以来作成配布、機関誌『日本農学図書館協議会誌』（創刊時は『日本農学図書館協議会会報』）や『日本の農学関係書誌の書誌』（平成元）などを編集刊行している。

巻末の辞　あとがきにかえて

本稿は『日本古書通信』に平成一三（二〇〇一）年一月から平成二〇（二〇〇八）年六月までの七年半九〇回にわたり連載してきたものをまとめたものである。まずこのような機会を与えて下さった日本古書通信社社長八木福次郎氏に御礼申し上げる。八木社長とは、私が図書館員になった最初の年に知り合い、以来、古書に限らず、出版界をめぐる諸事情など、教えられることが多かった。そして、図書館にも深い関心を寄せておられた。有難い先輩である（一昨年逝去）。

連載中は目障りに思われた方もあろうが、興味を持って下さる方が結構おられ、わざわざ手紙を寄せて質問や激励して下さったり、注意を賜った。改めて厚く御礼申し上げる。

さて、わが国の近代図書館の源流は一系統だけではないように思われる。

第一の町田久成が推進したのは、大英博物館をモデルとした宝物館で悪ければ、古文化財保存・展示館の設置であり、書籍館は博物館図書部門であった。多くの図書館史書が市川清流の書籍館建設を求める建白書から記すが、その源は博物館であることを省略すべきではないと思う。

第二の流れは、岩倉使節団に加わった田中不二麻呂のもたらした米国公共図書館思想に基く無料制を伴う東京書籍館設立である。ただし西南戦争の戦費調達の行政整理では、書籍館は廃止、教育博物館は生き残る。

第三は、京都の集書院設置である。モデルは西欧の都市公共施設の整備であり、来日オランダ人医師の助言に従い、江戸遷都後の京都再興資金の使い途の一端であった。

第四は、新聞縦覧所や地方読書組織・施設の発展である。

これらの類型を一本の系統の流れの中にまとめるべきでなく、変革期の諸現象として、並列的に理解すべきであろう。

次に、図書館事業に徹して、生涯を捧げた先覚たちを偲んだ。

維新政府成立時には、伊藤博文・大隈重信・寺島宗則らと同じ参与職に並んだ町田久成が、文化財保存にこだわり、出世を捨てて博物館・図書館に尽す。田中稲城も国立図書館確立の一生であった。

田中稲城は、図書館員の団体「日本文庫協会」を作ったが、直接会合に出席できる東京在住者に会員を限り、全国的発展を妨げた。

明治三三（一九〇〇）年、関西文庫協会が京都帝大総長木下広次と所属図書館長島文次郎の尽力で、全国の図書館人ばかりでなく、関西の文化人を糾合する団体として発足した。機関誌『東壁』が刊行されると、東大図書館長和田万吉は祝詞を寄せる一方、東京の文庫協会でも機関誌刊行を決意、丸善の内田魯庵の協力を得て、強引に『図書館雑誌』を創刊、結果は会名の変更をもたらしたが、漸く全国組織を固めた。関西文庫協会は、先駆的働きを残したが、僅か二六か月の短命に終る。

明治・大正の公共図書館界で、最も成果を挙げたのは、佐野友三郎である。彼は大正四年文部省の命を受け、米国出張を得たが、それより前、英書を読んだだけで巡回文庫の効用を把握し秋田山口両県で成功したのは、学友だった県知事の信頼を得たお蔭だが、偉業である。

京都府立図書館の創館時から米国留学帰りの湯浅吉郎が招かれ、館長となり、腕を振うが、酬われることは少なかった。最近の高梨章氏の研究「半月湯浅吉郎、図書館を追われる」（日外アソシエーツ刊『図書館人物伝』所収）が湯浅の多面性を語って興味深い。

大日本教育会付属書籍館主事から、大橋図書館主事、次いで東京市立図書館開館準備主事に移り、同館が出来上るのを待たずに、宮城県立図書館改築に招かれ、ここも一定の基礎を確立すると、旧佐賀藩主鍋島直大の依頼で、私立佐賀図書館創設に向い、成功する。更に横浜市立図書館も創立（関東震災による焼失後の再建も指導）、生涯四度も五度も自らの手で開館を祝った伊東平蔵の姿も忘れられない。

個別に先学を顧る余裕がなく、この辺で閉じなければならないが、以上挙げた次の世代の人びとには、生前お目にかかる機会のあった方がおられる。

今沢慈海師には、晩年に先輩に連れられて成田山新勝寺の近傍のお宅に伺ったことがある。

昭和一五年まで満鉄奉天図書館長を勤め、戦争直後の日本図書館協会理事長衛藤利夫氏にも理事長時代にお会いした。

竹内善作氏の講演も一度聞いたように覚えている。これらから見ると、一八八〇年代生れの方で戦後の昭和二三年頃まで館界に出ておられた方には、お目にかかれた場合が多かったように記憶する。

東京上野の図書館職員養成所へ通ったこと、上野図書館に勤めたことが重要だろう。上野図書館の裏に日本図書館協会事務局があったことも大事な要素かも知れない。

それより、戦後の図書館発展の少なからぬ諸問題を素通りしてしまい、叱られるに違いない。

何よりコンピュータ導入過程について全く触れないできたのだが、忘れてはなるまい。何時か改めて考えてみたい。私自身、国立国会図書館で電算課を担当したので、反省してみようと思っている。

もう一つ、蔵書や目録についても、もっと深入りする気持があったが、何もできなかった。今後、自分なりに整頓したものを示せるように精進したい。

本書の出版に関して多くの方々のお世話になった。『日本古書通信』に連載中は樽見博氏のご苦労に感謝したい。また単行本の出版に際し気長に待ってくださった日外アソシエーツ株式会社大高利夫社長に厚く御礼申し上げる。さらに三部構成に再構成し、文字の問題まで細かく見直して下さった比良雅治、我妻滋夫両氏に深謝する。表記に当たっては旧漢字も多くもっと細かく修正をしたかったが出来るだけ直せる程度に止めざるを得なかったことをお詫びして筆を置きたい。

二〇一四年一二月

石山　洋

【け】

【こ】

【さ】

【し】

【す】

索　引

著者紹介

石山 洋（いしやま・ひろし）

1927年生まれ。1951年東京大学地理学選科卒。国立国会図書館奉職。索引課長、電子計算課長、外国逐次刊行物課長、資料収集担当司書監、同図書館研究所長、1988年退職。東海大学文学部教授、日本文明論、図書館情報学を講じる。
著書に
『幕末の洋学』（共著 1984年）
『目録作成の技法』（共著 1986年）
『科学史研究入門』（共著 1987年）
『伊能図に学ぶ』（編著 1998年）
など、ほか論文多数。

源流から辿る近代図書館
―日本図書館史話

2015年1月25日　第1刷発行

著　者／石山 洋
発行者／大高利夫
発行所／日外アソシエーツ株式会社
〒143-8550 東京都大田区大森北 1-23-8 第3下川ビル
電話 (03)3763-5241(代表) FAX(03)3764-0845
URL http://www.nichigai.co.jp/
発売元／株式会社紀伊國屋書店
〒163-8636 東京都新宿区新宿 3-17-7
電話 (03)3354-0131(代表)
ホールセール部(営業) 電話 (03)6910-0519

組版処理／日外アソシエーツ株式会社
印刷・製本／株式会社平河工業社

ISBN978-4-8169-2521-4　　*Printed in Japan,2015*